理论探索
与实践展望

影视教育的新发展新路径

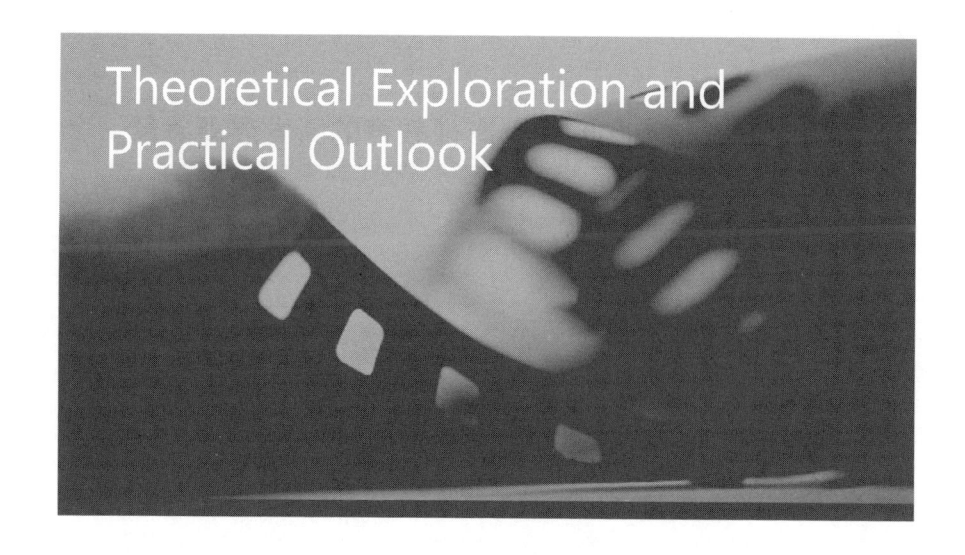

Theoretical Exploration and
Practical Outlook

周 星 任晟姝 主编
张黎歆 何东煜 副主编

中国国际广播出版社

图书在版编目（CIP）数据

理论探索与实践展望：影视教育的新发展新路径 / 周星，任晟姝主编. —北京：中国国际广播出版社，2023.4
ISBN 978-7-5078-5313-1

Ⅰ.①理… Ⅱ.①周… ②任… Ⅲ.①影视艺术－中小学教育－研究 Ⅳ.①G633.950.2

中国国家版本馆CIP数据核字（2023）第069196号

理论探索与实践展望：影视教育的新发展新路径

主　　编	周　星　任晟姝
责任编辑	屈明飞
校　　对	张　娜
版式设计	邢秀娟
封面设计	赵冰波

出版发行	中国国际广播出版社有限公司［010-89508207（传真）］
社　　址	北京市丰台区榴乡路88号石榴中心2号楼1701
	邮编：100079
印　　刷	天津市新科印刷有限公司

开　　本	710×1000　1/16
字　　数	290千字
印　　张	19
版　　次	2023年6月 北京第一版
印　　次	2023年6月 第一次印刷
定　　价	42.00元

版权所有　盗版必究

本研究系2018年度国家社科基金艺术学重大项目"中国电影学派理论体系构建研究"（项目编号：18ZD14）之子课题"面向新时代的中国电影教育新体制研究"、2019年度国家社科基金"十三五"规划教育学重点课题"中小学艺术教育改革研究"（项目编号：ALA190017）和2021年度北京市教育科学"十四五"规划青年专项课题"首都中小学生借助影视文化传播进行'四史'教育效果研究"（项目编号：CECA21110）的阶段性成果。

目 录

第一章 理论·影视教育的文化生发　　001

青少年影视教育的历史使命与实施路径　　003
影视教育中"教育"的重要性　　014
浅谈培养中小学生良好影视思维的重要性及方法　　019
浅析影视资源在中小学课堂中的运用现状及前景　　024
试论影视教育中职业性教育与电影观念教育　　029
影视教育活动融入高中语文小说教学的意义与优势　　034
浅议历史影视资源在教育教学中的应用　　041
浅谈影视教育对幼儿教育的影响　　048
试探中小学影视教育如何推广和普及　　052
传媒经济学视角看影片角色的塑造对中小学影视教育的
　重要性　　057
新媒体时代的中小学影视教育发展研究　　065

第二章 探索·影视教育的多元融合　　071

多元格局的影视教育面面观　　073
探讨中小学影视教育　　079

初中影视教育课程探索 084
全国中小学影视教育对策研究 090
微电影对初中学生影响的研究 099
《寻梦环游记》对中小学生的教育启示 104
青春题材影片的创作浅析 109
——以《少年的你》为例
新主流电影的历史使命与教育功能 113
——以《红海行动》为例
国产电影的文化表征与育人价值探析 118
影视作品对中学生成长的积极影响 131

第三章 实践·影视教育的路径延展 137

光影萌生 139
——小学生影视实训创作的成果和思考
小学生电影社团实践与探索 149
——武汉小学生电影社团策划组织衔接工作
青岛市中小学影视教育现状及发展研究 153
新时代河南省中小学影视教育的发展途径 159
普及中小学影视教育 与时代同行 166
——以甘肃省中小学影视教育为例
西北地区中小学影视教育推行现状分析 170
——以甘肃省兰州市"中小学影视教育师资人才培养项目"为例
中小学影视教育推进中的问题探寻 181
——以京津冀地区影视教育调研数据为参考的观察
以主题班会为路径探索高中影视教育的方式 193
中职影视课程的实践研究 199

从影视教育到素养教育	204
——基于英国经验的本土化建设构想	
红色文化影视教育资源在高中思政教学中的探索及运用	213

第四章　展望·影视教育的价值创新　　219

青少年艺术教育现实考察和发展思考	221
中小学影视教育的困境与出路	228
美育观念辨析与高校美育难题再认识	235
校园微电影创作分析及反思	243
挑战与机遇	250
——中小学影视教育发展策略探究	
百年光影　生辉校园	255
——关于中小学影视教育发展之路的思考	
基于语文核心素养的中小学影视文化价值研究	262
图像时代下中小学影视教育课程建设的几点思考	267
关于"翻转课堂"进入中小学影视教育的思考	272
开展中小学影视教育的价值意义与路径思考	277
泛论青少年影视教育的价值、意义和任务	284

第一章　理论·影视教育的文化生发

青少年影视教育的历史使命与实施路径

摘要： 针对青少年的影视教育及中小学影视教育培育工作，教育部、中宣部联合出台了有关文件，我们迎来了基础影视教育的良机。实际上，青少年影视教育是时代需要，且迫在眉睫。但师资缺乏、制度建设需要筹划、教材和适应性影片亟待确立等都是当前面临且迫切需要解决的问题。但这不是一项急就章的工作，需要我们尽早建立短期和长期的中小学影视教育师资培养途径、建立全国中小学影视教育指导委员会、出版适应性培训教材和鉴赏课程教材、实施线上线下培训课程等措施加以保障。

关键词： 青少年影视教育；中小学影视教育；师资培养

2019年春节档期电影最大的收获，是被誉为"中国科幻片新高地"的《流浪地球》引发的观影热潮。《流浪地球》为中国电影所做出的贡献不仅仅体现在票房上，对此导演郭帆曾说："希望《流浪地球》能给青少年埋下想象力的种子。"[1]

网络时代，电影作为一种特殊的文化产品能够呼应时代、给予青少年希望，这也正是电影的价值所在。如今以影视为代表的视觉文化在文化消费中已成为主流，影视文化与青少年文化生活密不可分，青少年影视教

---

[1] Daan-达岸电影.《流浪地球》发布想象力主题海报 愿在孩子心中埋下想象力的种子 [EB/OL].（2019-02-02）.http://k.sina.com.cn/article_6351053116_v17a8d613c00100dn15.html.

育的重要性不言而喻。但是对青少年而言，他们仍处于教育启蒙阶段，面对五彩斑斓的视觉信息，影视的多元化与两面性既可以促进青少年形成正确价值观，也可以使其迷失价值观；而且我国传统教育一直是沿袭文字媒介方式，我们所倡导的影视素质教育对传统教育而言可谓是较大冲击，随着两者之间的差距日益扩大，解决这一问题已迫在眉睫。要想让影视发挥更多的积极作用，最根本的方法就是从国家层面高度重视影视的教育作用、影视的文化感染价值以及影视作为新时代精神生存的意义。令人欣慰的是，2018年年底教育部、中宣部联合印发《关于加强中小学影视教育的指导意见》。[1]在文件发布之后的2019年年初，由北京师范大学中国艺术教育中心倡导，并联合北京电影学院未来影像高精尖创新中心等单位，在全国率先举办了"影像透视时代生活，少年熏染影视文化——贯彻落实两部委文件，强化青少年影视教育精神学术研讨会"，邀请了全国相关专家参与热议青少年影视教育这一宏观命题。这是全国首个研究机构对该文件进行的呼应与探讨，规模之大、速度之快都象征着广大专家、学者对于青少年影视教育的重视。

　　当前，对于青少年影视教育的重视已经成为全世界的共识，比如"欧盟在'多元一体'的思想指引下注重对青少年普及电影教育"[2]。以法国电影教育为例，其电影教育分为职业教育和通识教育两部分，职业教育主要是面向电影产业培养专业的电影人才，而通识教育是从幼儿教育开始一直贯穿至高等教育阶段的教育体系，着重培养青少年的综合素质。对于我国来说，目前针对青少年的影视教育尚未成熟，无论是理论还是实践都亟待加强。总结其原因主要有两点：一是青少年影视教育在过往并未得到学术界和教育界的足够重视，二是没有更多的良策和措施来改变现状。如今青少年的影视教育得到了国家的重视，并出台专门的文件加以改进、督促，这具有重大而非凡的意义。对于两部委文件，相关专家、学者需要认真研讨才能够更加清楚地认

---

[1] 中华人民共和国教育部.教育部、中央宣传部联合印发关于加强中小学影视教育的指导意见［EB/OL］.（2018-12-25）. http://www.moe.gov.cn/jyb_xwfb/gzdt_gzdt/s5987/201812/t20181225_364730.html.

[2] 刘军.电影教育：溯源 传承 百年回望——北京电影学院第二届电影教育国际论坛论文集［M］.北京：中国电影出版社，2018：303.

识到其精神与意义,从而推动我国青少年影视教育的改进、发展。像中小学的影视作品到底指的是什么,什么作品需要限制青少年观赏,什么年龄阶段的青少年才是适合影视教育的对象,面对不同年龄阶段的青少年应怎样设置课程内容,如何提高教师自身的影视素养,怎样才能更好地为基础教育服务,等等。就目前存在的这些问题而言,完善青少年影视教育仍有很长的路要走。

从理论和现状上来讲,我们的当务之急是提出一个适合青少年观摩的影视作品的标准,并考虑如何让我们理想中的、适合青少年观摩的影视作品发挥最大的效益。同时我们也应当在践行文件的基础上理性思考是否将这些影视作品分层次,并从深度上解读文件精神、从分类上确认作品的适应性、从实践上提出一些更好的实施方略,以实现3~5年时间基本普及全国中小学课堂的影视指导教材的目标。① 从教师层面来讲,教师自身的艺术素养直接影响青少年影视教育的成果,因此开始实施教师培训也是真正实现影视之于青少年教育的重要途径。

总而言之,我们的初衷就是顺应国家政策的要求,不仅要从理论上进行论证,还要就如何实施达成目标这一问题进行探讨。随着中央部委文件的出台以及全国影视专家跟进研讨,我们应该思考影视教育向下延伸还能做些什么。青少年是电影产业发展的未来,要想青少年影视教育迎来新局面,每个人都应该提出真知灼见,更重要的是在呼应、推动影视教育的同时使其引起全社会的关注。

一、青少年影视基础教育的条件

"当今青少年是在电影、电视的陪伴下成长起来的"②,因此,对视觉

---

① 中华人民共和国教育部.教育部、中央宣传部联合印发关于加强中小学影视教育的指导意见[EB/OL].(2018-12-25). http://www.moe.gov.cn/jyb_xwfb/gzdt_gzdt/s5987/201812/t20181225_364730.html.

② 刘军.电影教育:溯源 传承 百年回望——北京电影学院第二届电影教育国际论坛论文集[M].北京:中国电影出版社,2018:321.

文化的认知能力的培养是非常重要的。由此，我们的影像应能透视时代生活、呈现丰富多彩的主流生活形态、体现价值观的内容，使青少年能透过影像更好地认知生活、认识自己所处时代的特色。

1. 关系再认识

理解影像和青少年之间关系的前提是要认识到影像对青少年生活和青少年成长的巨大影响力。但是，对处于特定成长和学习阶段的青少年而言具有两重性。客观来说，我们专门针对青少年的影像作品既不多，也并不完美，即便有一些专门为青少年制作的影片，在内涵上仍存在着各种缺陷。特别是在动画类的作品中，不是有幼稚化和市场化倾向，就是在价值观和审美引导上有失偏颇。同时，一些打着为青少年创作旗号的作品，也未必有益于青少年情感接受和满足国家民族价值观的要求。当下，既能很好地适应青少年身心需要，又具备强烈时代特色，且能和整个学校教育及人生成长相得益彰的创作少之又少，而这也正是我们遇到的真正意义上的现实问题。恰恰是青少年通过各种途径，主动或被动地接触到各式各样的影像作品，他们是影像作品天然的受众群体，这一点无可回避。反过来看，影像作品对于青少年而言，具有更自觉、更容易地促发他们展望生活理想和舒畅身心的作用，对于他们对世界的认知与拓宽视野也都有积极作用。由此而论，影像作品已经是青少年成长不可或缺的元素，这正是中央文件专门针对中小学生强化影视意识，要求影视作品进校园的最重要的意义所在。

2. 适应性探讨

什么样的影像作品适合青少年需要我们细细辨析。曾经很长一段时间我们是屈就所谓的青少年生理心理阶段的，主观认定某种作品适应某种对象。这样的出发点固然很好，但现在看来，只专注一面即所谓的适应年龄段和心理需要，却时常忽略青少年真正需要的复杂性，提供的所谓的纯洁性、教育性作品反而不受欢迎。影像如果不能满足向上的心理需要，没有给予更高的精神提升，就没有价值。我们需要认识到的关键是：青少年需要更好地培育锻造，因此需要激发精神；影视作品更应是情感抚慰和熏染的作品，相互投合才能获得效应。因此，优秀的影视作品具有折射生活的多样性和真实性、渗透进更为美好的精神内涵的作用。影视作品实际上是以现代科技支撑的方式、以视听诱惑的方式让青少年自然接受，进而提高精神世界，不是俯就低端，更不是硬性区隔社会生活的现实去教育。影视艺术是依赖自身的优势来进行审美教育从而实现自己的价值的。

青少年教育是对精神的养育和升华，而不是温柔的呵护和限制。实际上，青少年影视作品固然不能过早呈现超越身心的成人接受的画面，但要持续不断地给予一种端正美好价值观和人类理想与成长一定会遇到挫折的观念、突破痛苦去创造美好世界的渴望，那么一个成人积极的价值观和美好的人类价值观、一种人类奋斗所要实现的价值观就要以青少年所能接受的方式加以引导，这就是影视艺术对青少年教育特别重要的东西。我们也应纠正俯就儿童唯恐出格而循规蹈矩的平庸作品肯定不能受到青少年欢迎的片面认知。

3. 系统性意义

两部委发布此类文件，也说明青少年影视应在有限的时间内把握网络视频、认知影视视频所要接受的影像认知内涵、分辨艺术手法，以及判断它的价值所在，这也是互联网时代不可忽视且必须要做的工作。

此外，还要明确青少年影视选择和引导，应以重在鉴赏为主方向，并以在鉴赏中加以引导为根本方略。中小学机构认真贯彻两部委的文件，不应仅仅停留在字面上，而应在实践中总结方式方法，让学校和学生都能参与其中，让影像作品成为青少年成长的助力，为青少年能够在将来全面认识影视及在视觉年代形成通透感知打好基础。所以，将影视作品的选择、分析和评判置于艺术鉴赏的层面是非常重要的。

二、影视教育对于青少年的多重意义

两部委文件强调指出："优秀影片具有生动、形象、感染力强等显著特点，蕴含着丰富的思想、艺术和文化价值。利用优秀影片开展中小学生影视教育，是加强中小学生社会主义核心价值观教育的时代需要，是落实立德树人根本任务的有效途径，是丰富中小学育人手段的重要举措。"这是在国家观念上确认优秀影片对于青少年教育的根本价值，我们在此基础上还需要分析几个主要问题。

1.影视艺术的时代性已经成为共识

十余年以来影视教育已经在高等人才的培养上渐显规模，尤其是艺术升格为一大门类后，包括影视学科在内的"传媒艺术学科获得更为开阔的发展空间"[①]。然而中小学此类学科的面貌却没有跟上高等教育的步伐，青少年影视教育相对薄弱。强化对于青少年的影视教育虽然是时代需要，却没有得到应有的重视。基于图像时代已经到来并且迅猛发展、人们的思维观念与影像认知息息相关、知识学习偏向影像的趋向日渐明显，缺乏影像艺术的教育已经难以适应现实生活，而回避对影像艺术的认知就将落伍。由此，影视艺术的时代性已经成为共识，强调学习影视艺术是适应整个时代发展的需要。影视是视觉艺术的一种现代形式，也是现代文明的一种体现。青少年通过视听的锻炼，能够更快地掌握认识世界的方法，并且借助影视拓宽视野，培养贴近网络的视觉认知，从而更加贴近现代影像创造的趋势。

在21世纪大跨步进入智能时代的背景下，影视工作者更要有广阔的视野，不仅要将影视放在艺术的一个领域中看待，更要在认知世界发展规律，在投合新一代人感知世界的习惯方式的基础上来确认影视的价值意义。影视工作者要用世界的眼光、世界的创造性、世界的设计理念和创造手段定义好影视作品，使青少年影视能够与生活密切相关。

2.强化影视教育是青少年认识生活的必要途径

如果说以往青少年主要在学校、书本中了解既往生活经验，那么时代带来的新的认知就更离不开影视和网络视听对生活的透视。从"学习影视

[①] 刘军.电影教育：溯源 传承 百年回望——北京电影学院第二届电影教育国际论坛论文集[M].北京：中国电影出版社，2018：327.

也是透视生活"的意义上来理解,因为影视具有凝聚生活的视听直观性,所以在感受拥有多方面复杂关系的世界时,影视作为直观的认识世界的方式不仅具有理论优势,还具有现实意义。新一代人形成影视视听的习惯,透过影视和网络视听交流感受已经越来越普遍。当我们困惑于粉丝云集的时候,当让老一辈人匪夷所思的"弹幕"闪现在网络视频甚至电影银幕的时候,须明白这正是新一代人认为的自然的"主战场"和习惯的"投射物"。我们也许不会去推崇或者放任,但至少要意识到这是一种真实生活的呈现,而他们把这一切当成真实生活。事实上,通过影视认识生活不论是正是误,一定具有某种影响力。因此,在影视的世界中不能简单地按照过去的传统,以相对年龄给予青少年影视的相近感,事实上作为更快更直观的透视世界的对象,青少年就应该被给予更多、更丰富、更高的认知的形象。所以,复杂生活的呈现是必要的,不能动辄止步于那些不符合既定认可的生理或心理要求,而要有一种新的认识:影视世界就等于一个平行的生活世界,让孩子们在得到保护的同时又得到更开阔的世界认知才是切要。因为他们虽然在影视作品中感知到生活的复杂性,但这有利于他们的成长,影视作品肯定不能创造一个温室,把一个筛去了生活的无常和丰富性的世界给青少年,事实上这样反而会害了他们。因此影视作品要更注重更纯正的、对于人类文明更积极的生活观念的灌输。其实,无论是对青少年,还是对成年人,好的影像作品都能起到鼓励作用。当他们设身处地地感受影视作品所反映的生活时,他们也在以更丰富的人生积累形成对影像作品和生活之间关系的新的认知。

3.学习影视可以更好地认识网络

影视的延伸无疑是网络时代的需要,从微电影到"抖音"等网络视频的兴旺,让人不得不感慨网络的吸引力和感召力之强。从网络作品的发展来看,新一代人被称为"网生代",他们直接接触的就是网络时代,他们很好地适应了网络时代的生活,而影视作品也可以从中得到新的"土壤"。对青少年而言,他们难以抵挡网络的诱惑。但我们也要明了,网络时代其实是传播交流纷繁复杂的时代,而网络视频的多元化、复杂性和直观呈现性也直逼我们面前。过去我们可以在电影、电视等传统媒介中，为青少年提供适当的作品来观赏，而如今网络带来的影视视频的复杂化，使我们认识到影视和网络素养教育迫在眉睫。让青少年感知生活的影视作品，既不能过于复杂、超越他们的认知，又必须给予他们生活复杂性的警示。所以，教育绝对不能按部就班，只在一个遮蔽外界的温室之中给予青少年一些简单的生活教化。影视作品应该具有更高意义上的无害性，以及能够让青少年接触到的生活复杂性。触及生活难处的一些内容，不妨超越青少年的年龄，稍微复杂一些，不能再因循传统，简单地用一种直线的、平面覆盖的方式，这让孩子们觉得无趣而排斥，因为他们所接触的现实生活已远远不是学校、家庭所希望和维护的一种简单生活。切记影视作品会是另外一种生活的启示，它将现实生活延伸到网络之中，又再度影响现实生活，这正是对现实生活丰富多样性的一种演练。因此，影视进入中小学教育的意义还有一点：将好的影像素养培育作为引导网络视频正确把向的一种支撑，给孩子们更多的影像素养培育引导、更多的正确思想启迪、更好的人格锤炼、更积极向上的情感渲染，以及能够为了人类命运而搏击的一份担当。

4.影视教育的审美价值

影视教育兼有多样功能，所谓"用优秀影片开展中小学生影视教育，是加强中小学生社会主义核心价值观教育的时代需要，是落实立德树人根本任务的有效途径，是丰富中小学育人手段的重要举措"便已指明了要旨。但落实在青少年影视实践中，则必须指出审美的体现核心。我们的影视教育应当注重艺术审美教育，以审美作为教育的宗旨，从而让人真正对人类内心世界的美好有更深入的体会和体验。

三、中小学影视教育的实施方略

中小学影视教育迫在眉睫，但如何实行才是关键。这其中的困难在于师资严重缺乏、青少年影视教育体制还未建立、具体落实措施尚未明确等问题。此外，如何确立新环境下的青少年影视教育作品、如何进行青少年影视教育也是难题，但最为重要的是师资培育。

师资培育难题在于基本条件的阙如。尽管影视教育在高校已经有相当大的普及面，但基础教育的影视教育薄弱却倒逼高教影视加强针对性。这不仅是因为要为中小学影视教育培育师资，还因为中国影视行业的发展需要各式各样的人才。因此，从专业的独立影视院校到艺术的综合性影视院校，再到综合性大学的艺术院校，包括综合师范院校和各类型的大学，开设影视和传媒学科已经成为一个趋势。从大学的角度来说，要完成良好的影视教育的普及和培育工作，还需要很长时间。对中小学影视教育来说，它不是以专业的培养为目标，而更多的是关于影视艺术普及性的审美规律教育，尤其是要培养中小学生对影视作品的分析、理解和评论能力。但显然，无论哪一种任务的完成，都映射出青少年影视教育还在谋划阶段。学校的影视教育还是一个极其薄弱的环节，这正是教育部、中宣部联合发布文件的背景。正如文件所指出："总体上看，我国中小学生影视教育工作基础还比较薄弱，一些地方存在思想认识不到位、条件保障不完善、活动开展不经常、体制机制不健全等问题，导致影视教育的针对性和实效性还不够强。"[1]

现在的问题还在于，即便是给予普及性的影视指导也需要一定程度的专业化，或者是具备专业认知能力的必要师资。这就是现实的第一个难题。长远而言，要建立能够进行青少年培育的相当数量的影视教学建制教师队伍，并积累一定数量的兼职教师，必须进行一定的影视语言知识的培训工作。能够在中小学指导学生进行影视学习的教师，相当程度上都是以跨专业、跨课程的方式来进行，一般主要是语文、政治、历史教师或者一些其他艺术课程教师。但即便如此，没有基础的影视语言和对影视的认

---

[1] 中华人民共和国教育部.教育部、中央宣传部联合印发关于加强中小学影视教育的指导意见［EB/OL］.（2018-12-25）. http://www.moe.gov.cn/jyb_xwfb/gzdt_gzdt/s5987/201812/t20181225_364730.html.

知，他们也未必能够给予学生很好的指导，自然也就不能完成影视教育任务。故此，高校对未来中小学影视教育从业者的影视知识技能和素养培训迫在眉睫。

师资培训需要体制。国家应当建立短期救急和长期制度性的影视教育的师资培训体制。就长期而言，应当号召已经较为成熟的大学影视教育专业来重点培养针对中小学的专业师资。而中小学应当设立容纳必要的影视教育师资的职位。如果某些学校暂时不能设立职位，应当由教育部门在有条件的学校设立职位，并同时为多所学校承担影视教育的课程服务。从几个学校共同使用师资开始，建立影视教育师资的跨校使用机制，避免出现过去其他领域艺术师资设立困难或者一校据为己有而不能发挥多重作用的问题。针对当下急迫的影视艺术教育工作，从短期的角度来说应当立刻开始对可以兼职教授影视的教师进行专业性的培训。这种培训可长可短，但指定性要明确，即在培训中要了解影视创作的基本知识、影视语言的特殊性，逐步实现影视教育师资从无到有的教育和指导工作。同时，出台一些短平快的方法，如协调建立网络培训体系，进行如网络授课、"微课"等针对性指导，并尽快出台关于影视教育师资培训的网络课程教材和课程纲要。教材的问题迫在眉睫，我们已经开始筹划针对中小学影视教育师资的培训教材、鉴赏影片的教材等相关工作，希望尽快使这项工作得到实施。此外，可以筹划利用寒暑假时间，委托相关的大学承担专门性中小学影视教育师资培训班，进行有一定专业性的培育工作，以弥补当前的缺憾。为了较快开展培育工作，需要更多大学承担起基础影视教学师资的培育任务。首先由几所影视重点高校联合着手培训工作，开展专门性培训中小学影视教育的讲习班，并分工进行、建立队伍，培养兼职教师的影视拍摄基本技能、影视鉴赏和评论等影视素养，让兼职教师尽快完成从"隔"到"融通"的过程。有必要的话，国家应该在若干影视重点高校设立专门的研究生进修课程，或在研究生教学中建立培育影视教育中小学师资的艺术教育专业学位培养的名额和制度。各地教育行政部门和宣传部门，应建立中小学影视教育工作协调机制，统筹推进中小学影视教育工作，既有利于中小学影视教育的有效实施、统一规范，又有利于采用线上线下多种方式来组织中小学影视教育的师资培养。

结　语

加强青少年的影视教育是时代的迫切需要。在当下的网络文化场域里，影视已经成为青少年文化生活乃至生存的重要组成部分，无论是常规的影视作品，还是抖音、快手、弹幕等新兴影视文化形态，都已渗入青少年的日常生活，因而影视的教育作用到了需要向青少年加以倾斜的时候。中国的青少年影视教育理论和实践都亟待加强。理论上我们要对影像作品与青少年之间的关系进行再认识，生产制作出价值观和鉴赏性既能很好地适应当下青少年身心需要，又具备强烈时代特色、能与中小学教育和学生个人成长相得益彰的影视作品。在实践上则应该呼应《关于加强中小学影视教育的指导意见》，建立青少年影视教育体制、培育中小学影视教育师资并较为具体地明确相关落实措施。但须知这不是一项急就章的工作，需要我们尽早建立短期和长期的中小学影视教育师资培养途径、建立全国中小学影视教育指导委员会、出版适应性培训教材和鉴赏课程教材、实施线上线下培训课程等措施加以保障。

作者：北京师范大学　周星

影视教育中"教育"的重要性

摘要：影视作为显学，在当今社会中的影响力变得越来越大。近年来，各种短视频的兴起、各种市场化影片的炒作大卖，使成年人的艺术欣赏水平在短、平、快的市场化运作方式下不断下降。与此同时，也在一定程度上影响未成年人的艺术鉴赏水平。因此，影视教育中的"教育"变得越来越重要。

关键词：影视教育；影视；教育者

一、影视教育中"影视（视频）"鉴别能力的教育

根据中国互联网络信息中心（CNNIC）发布的第44次《中国互联网络发展状况统计报告》，截止到2019年6月，我国网络视频用户规模达7.59亿，较2018年年底增长3391万，占网民整体的88.8%；其中短视频用户规模为6.48亿，占网民整体的75.8%。

首次触网最集中年龄段，已经由15岁降到了10岁，占46.8%，最低触网年龄3岁以下的，也占1.1%。研究数据表明，在中国，向未成年人提供网络保护，已经是一个迫在眉睫的重大问题。国家对未成年人的网络保护非常重视，正在抓紧制定《未成年人网络保护条例》。2019年5月11日，国务院办公厅发布《关于印发国务院2019年立法工作计划的通知》，根据立法计划，2019年拟制定、修订42部行政法规，包括拟制定《未成年人网络保护

条例》。[2022年3月14日，国家互联网信息办公室发布《未成年人网络保护条例（征求意见稿）》]相信该条例的颁布实施会更好地促进未成年人的网络保护工作。

与此同时，低门槛和强随意性的短视频在某种程度上也促成了低俗内容滋长，加强此方面教育和管理也非常重要。尤其是在城镇化过程中，一些遭遇生活、学习、信息环境突变又缺少父母监管的留守儿童，更加需要有效的教育和管理。在"堵"和"疏"方面，网络保护不是要完全阻挡未成年人上网的渠道，而是要从政府和相关机构入手，重视和关注如何提高未成年人鉴别网络不良信息的能力。

二、书写时代向影像时代的转变，对教育者的要求在变化

由于网络的快速发展，正如培训过程中周星教授所说："视听化的语言表达和接受成为必然，对于影像、图像的解读和赏析成为每个人的日常活动，让学生学会如何鉴别优秀的影视作品成为必然的功课。我们平时谈到中小学影视教育，往往会想到教学生怎么拍电影。今天讲到影视教育避不开技能教育和观念教育，影视教育是艺术教育、审美教育。"

在大环境下，一方面，部分教育者和家长的艺术鉴赏能力不断下降。另一方面，不良的网络内容对于是非观念模糊的未成年人也产生了不少负面影响。

对于当今社会教育环境而言，影视教育的重要性迫在眉睫。在国家政策下，中小学教师应该了解影视教育对学生的影响，推进优秀的影视作品走进素质教育的课堂。学生看过美好的影视作品，从思维角度提高审美能力的同时，还会摒弃一些糟粕的网络内容。首先从适合学生年龄特点、教育性强的影片开始，引导学生思考，对电影反映的价值观进行深度思考与体验性学习。提升学生审美和艺术素养的同时，提高学生辨别是非的能力和思考能力。

三、非影视专业教师该如何介入影视教育的内容

在第二次中小学影视教育培训中,各位教授、老师从很多角度让学员认识到:影视教育不是局限性地教育中小学生看电影,而是对于整体审美和艺术教育的提升。

影视教育确实面临着很多现实问题,如在培养影视教育教师方面,不仅可以通过本校师资进行培养,还可以吸引校外优秀的影视教育者走进学校。

一方面,弥补现实的不足。对好多中小学教师来讲,自身观看的影视的数量和素养不足,在看待影视作品时会缺少思想,因此当前的工作是要拓宽教师的视野。如邀请影视教育专家来为中小学教师进行相关知识的培训等。

另一方面,要把影视教育看成一种人文素质的教育。正如周星教授在培训过程中列举的日本纪录片《风的电话》——在一个没有通信网络的电话亭前,人们向逝去的亲人诉说思念之情。这种情感是人性中非常美好的东西,作为教育者的我们让学生去感知这种美好,就是一种人文素质的教育。

作为教育者该通过何种方式让我们的学生感知到情感世界的艺术性呢?第一步就是艺术动人。无论是谁,如果你人生有这样的感触,你才能真正懂得艺术:你在那个情境里头,影像作品,或者是纪录片,或者是我们自己,你想象的时候,你就具备了艺术气质,因为它直贴人性。

此外,影视素养也包括公共素养的教育。这对于教育者来说,就可以将其列入道德与法治的课程中去,让影视素养教育多角度的广泛开展。例如,在视觉时代如何在公众环境中做到看视频的时候不打扰别人。做到不发送不符合社会价值观和道德观的视频到公开的环境中去,以免对社会产生不良影响。

四、将影视教育作为通识教育的内容与相关影视融合

影视教育涉及的内容是多方面的，在影视教育的过程中可将其作为通识教育列入学校课程体系中，如文史哲课程都可以加入影视教育的内容。通过跨学科、跨文化的培养方式使学生最大化地汲取人文知识，形成批判性、辩证性思维。

（1）通过影视来提升学生的素养、知识和技能。

对于情绪管理能力较弱的学生来说，单调的情绪管理课程很难理解，结合影视作品开展的情绪管理课程更能收到理想的效果。优秀的影片《头脑特工队》，用动画人物的形式将情绪中几个主要的情绪形象化。教师再结合影片加以引导，就可以让学生体验到不同的情绪对人产生不同的影响。更重要的是，这种直接的影像让学生有了理解情绪的渠道，让生活体验更加丰富。

（2）在一些经典的人性影片中获得人生经验。

如《阿甘正传》，会让学生产生带入感，在体会到主人公人生经历的同时，去思考自己的人生，既拓宽了学生的思维角度，又使其获得了可贵的经验与智慧。

（3）价值观的传递和兴趣的启发。

任何事情都有两面性，既要看到电影艺术美学传递的价值，也要看到其对社会价值观的宣传凝聚作用。如《战狼》《建国大业》《建党伟业》等影片，既有艺术观赏性，又有爱国主义教育的实用性。让学生在爱国主义教育中获得更大的归属感和荣誉感。

在历史教育过程中，通过影视作品去理解历史人物，找到人物的存在感，从而让历史变得更加"真实"和"灵活"。

（4）通过影视增加写作的输出广度。

观后感、剧本创作都将帮助学生提升写作的广度。影视和文学是密不可

分的，一部优秀的影片在台词和艺术性方面都具有较高的艺术欣赏性。

一部优秀的影视作品的台词、故事的冲突性、结尾的艺术性，也如一部优秀的文学作品一样，在学生学习文学写作的过程中，起到巨大的参考、借鉴作用。

（5）影视创作将更高阶地培养学生多方面的能力。

正如陈旭光老师提出的"电影工业美学"的概念一样，影视创作的过程中，有大量的工作需要不同的人去完成。在这个过程中，对于学生来说，将会是一个对职业的探索和增强各种能力的过程：编剧能提高学生的写作能力，摄影能提高学生捕捉美的能力，制片能培养学生的整体统筹能力，剧务能培养学生的协作和协调能力。

结　语

正如教育部、中宣部联合印发的《关于加强中小学影视教育的指导意见》所说："利用优秀影片开展中小学生影视教育，是加强中小学生社会主义核心价值观教育的时代需要，是落实立德树人根本任务的有效途径，是丰富中小学育人手段的重要举措。"在5G时代，既要培养未成年人识别网络不良信息的能力，也要开展更丰富多样的影视教育。

要让我们的下一代在影视教育中学习到人文素养，就要加强对影视教育相关教师的培养，同时，从事影视教育的教师也要大胆创新和实践，通过各种形式去促进这项事业的顺利开展，让影视教育发挥应有的育人作用。

作者：珠海橙长教育公司　葛荣

浅谈培养中小学生良好影视思维的重要性及方法

摘要：影视从走进我们生活的那一刻起，以其传播速度快、传播范围广、直观表现性等特性很快和受众建立了黏性，时至今日影视已成为我们生活中很重要的组成部分。我们的思维方式受影视的影响，这种新的思维方式就是影视思维方式。

影视文化对中小学生的影响具有两面性，中小学生可塑性强且深受影视的影响，如何在纷繁复杂的影视作品中摘取适合中小学生观看的影视作品，培养中小学生良好的影视思维极其重要。本文就培养中小学生良好影视思维的重要性及方法发表一些拙见。

关键词：影视思维；培养良好影视思维；影视教育

一、影视思维阐述

影视已深度融入了我们的日常生活，可以说从行为习惯的改变深入到了思维方式的改变。追溯过去和传媒相关的几次思维变革。报纸的出现使眼睛带动了思维，广播的出现使耳朵带动了思维。如今，打开报纸看新闻和打开收音机听天下的单纯靠眼睛和耳朵加想象的思维方式已渐行渐远，取而代之的是可视可听省去想象的影视。看新闻隔着屏幕感受国家领导人忙碌的身影，学名著六小龄童给孙悟空定了型，走天下赵忠祥的声音带我们走进动物的世界，谈教育不要像香港铜锣湾的陈浩南学习，论娱乐有人喜欢上了朱茵和刘德华……影视已融入我们的血液，植入我们的脑海。

同时，网络的出现又为影视的发展推波助澜。网络的出现不仅丰富了影视的表现形式，还使影视的表现更加灵活。网络平台是一个很好的储存器，弥补了曾经影视转瞬即逝的弱点，为调用影视资料提供了强有力的后盾。

二、培养良好影视思维的重要性

从影视思维到影视语言，从被动接受到主动参与。影视曾经离我们很远，一是技术，二是传播平台。随着互联网时代的到来，影视作品对中小学生的影响无处不在。中小学生随时随地都能看到各种影视作品和短视频，有的还成了视频的传播者和制作者。在这些影视作品中，有的严重违背社会道德，有的充斥着各种拜金思想，有的带有严重的感情色彩和偏激思想等，对此我们必须高度重视。

培养良好的影视思维有助于中小学生树立正确的价值观、提高学生鉴别真假、善恶、美丑的能力、提升中小学生的美学修养。

三、对于培养中小学生良好影视思维方法的思考

就在我们不断呼喊影视作品对中小学生影响如何如何的时候，教育部、中宣部联合印发了《关于加强中小学影视教育的指导意见》。影视教育既然是"教育"，就绝不是向中小学生推荐优秀影视作品这样简单。

（一）增拍适合中小学生观看的影视作品

目前针对中小学生的影视作品非常少，教育部办公厅和中宣部办公厅于2019年公布了《第39批向全国中小学生推荐优秀影片片目》，只有14部作品入围。在商业电影占据了半壁江山的今天，我们应该思考让一些教育片多多呈现在银幕前。笔者认为可以考虑将一些教育片列入公益影片范围，比如为了鼓励各大导演多拍教育题材的影片，可以减免一部分税收甚至出台一些观影补贴，减轻观影者的观影负担，降低影片观影门槛，让更多人受益。

（二）促进影视作品和各学科融合

影视的文学性与中小学的作文写作紧密相连。影视和文学是息息相关的，电视片中的解说词，例如纪录片《舌尖上的中国》中的解说词被称为"舌尖体"，语言优美、情感饱满、画面感十足。又如电影的创作中环境的布置、人物的塑造、矛盾的处理，等等。

影视题材的多样性渗透到中小学教育的方方面面。包括爱国教育、国学教育、家庭教育（父子关系、母子关系、兄弟姐妹关系、祖孙关系）、社会关系教育（师生关系、朋友关系）、人文自然科学教育，等等。通过影视教育丰富教学形式，增加教育的趣味性和直观性，胜过说教式教育。

影视的艺术性和综合性与中小学其他门类的艺术课完美融合。电影被称为第七艺术，其他艺术门类以一种新的表现形式在电影中呈现，如电影画面中的色彩与美术的融合，电影声音与音乐的融合……

提高学校对影视教育的重视程度，建议学校将影视课作为一门公益课或者成立影视兴趣小组，派专业教师进行辅导。并对此科目进行考核，对教师的教学进行考核。

现将笔者在实际教学中涉及的一些电影以及一些关键词做一个陈列。

1.动画片：关于成长、友情、亲情、冒险、中国元素

《哪吒之魔童降世》《大鱼海棠》《疯狂动物城》《飞屋环游记》《寻梦

环游记》《千与千寻》《悬崖上的金鱼公主》《风语咒》。

2.爱国题材与人文自然科学题材

《建国大业》《建党伟业》《建军大业》《战狼Ⅱ》《红海行动》《我和我的祖国》《海洋》《大国崛起》《舌尖上的中国》《航拍中国》《海豚湾》。

3.关于家庭情感、校园情感、社会情感、个人成长

《孙子从美国来》《洗澡》《小鞋子》《那山那人那狗》《落叶归根》《老师·好》《印式英语》《奇迹男孩》《少年的你》《银河补习班》《阿甘正传》《亲爱的》《百鸟朝凤》《全民目击》《摔跤吧！爸爸》《我的个神啊》《忠犬八公》《罗拉快跑》《万箭穿心》《十二公民》《飞越老人院》《小萝莉的猴神大叔》《神秘巨星》《三傻大闹宝莱坞》《起跑线》《放牛班的春天》《菊次郎的夏天》《我不是药神》《钢的琴》。

4.关于艺术

《英雄》的色彩、《音乐之声》的音乐。

5.关于历史

《拯救大兵瑞恩》《辛德勒的名单》《天堂电影院》。

（三）提升家长教育

就在今年前半年，笔者接触了一个关于社区教育的项目，我的想法是开设社区书店，通过家门口的书店树立一种"你家楼下的书房"的理念，通过优美的环境引导社区居民前来学习，达到全民阅读与提升家庭教育的目的。家庭教育包含着对家长的教育和对孩子的教育，而这些孩子多以中小学生为主。同时笔者又提出了教育孩子先教育家长的理念（如影视进入中小学校园先改变学校领导和教师的理念）。一家人坐在一起看一部电影、在教师的带领下互动分析一部优秀影片都是非常好的教育方式。

这个项目目前也处于摸索阶段，需要多方努力，尤其需要教育部门的支持和帮助。我们满怀憧憬，希望影视教育能够更好地为中小学生服务。

中小学生是国家的未来和希望。没有哪一棵小树苗是不经过精心培育就可以长成参天大树的，施肥的配方只能从实际出发，从现实中提取。但

是我们可以肯定的是要想培养中小学生良好的影视思维，单靠学校教育很难完成，广大中小学生家长必须自觉提高自身教育素养，在家庭教育中引导孩子接触优秀影视作品，降低中小学生接触不良影视作品的概率，将不良影视作品对中小学生的影响降到最低。

作者：山西一粒书屋　孙瑞

浅析影视资源在中小学课堂中的运用现状及前景

摘要： 中小学新课改以来，教师越来越注重以非传统的方式提高教学质量、增强教学趣味，以强化学生兴趣，继而提高其对教学内容的接受、理解和认同能力，最终目的是提升学生的综合素质。现如今，影视资源在人们生活中越来越流行，将其应用在课堂教学中，能够有效激发学生兴趣、增大课堂信息量、提升教学效果，只要我们遵循规律、扬长避短，未来影视资源在中小学课堂中会发挥越来越大的作用。

关键词： 课堂教学；影视资源；运用；中小学

近年来，随着第三次教育革命的深入，影视资源在中小学课堂实际教学中的运用越来越广泛。据统计，平均每三节课中有一节课在使用影视资源来进行教学。这符合了学生实际生活中的流行趋向，也适应了当前科技信息化时代的发展要求。与此同时，一些潜在的问题也随之产生。如何在教学中恰当合理地使用影视资源以达到更好的教育教学效果，成为一个亟待关注和思考的问题。

一、中小学课堂运用影视资源时应遵循的原则

1. 选取影视资源时的严谨原则

影视资源教学具有一定的娱乐性、启发性，但如果选取资源不当，盲

目使用泛娱乐性的影视资源，反而会适得其反。有些教师太过注重学生喜好，导致选取资源不够严肃、科学与真实。例如学生看了《美人心计》《如懿传》等影视剧后，可能会对历史失去真实、科学的认识，影响学生更科学地认识真正的历史，继而削弱了影视资源教学的有利影响。

2. 坚持运用适度原则

中小学教育以教学为基础。课堂教学时间是有限的，真正科学的课堂应适当分配理论学习与影视学习的时间。我们不提倡不观看任何影视、只讲理论的课堂，同样，我们也不提倡只观看影视、不讲或者少讲理论的课堂。切忌将课堂变为"影片"，将教室变为"电影院"，用一部影视剧来代替一堂课的内容，过犹不及，学生在观看太长时间影片时，极大可能会沉浸其中，淡化其原本与课堂教学相关的启示性，从而偏离课堂教学正轨。这种情况下，课堂教学效果会大打折扣。

3. 教师要注意引导，发挥学生主体作用

影视资源走进中小学课堂，不代表减轻教师的负担，相反，教师更应该以学生为中心，精心设计，充分调动学生主动性。教师在收集影视资源的过程中，投入时间和精力比较少，认为学生欣赏一些影视资料就是为了缓解一些压力，为学生提供一些娱乐，对教学并不会起到很大的作用，反而不去引导。[①]这是一种错误的观念。在整个教学过程中，教师要注重关注全体学生对影视资源的接受和认知程度：鼓励新想法的产生，纠正产生偏差的观点，汇总集体性的意见，直到最后得出满足甚至超越课堂教学目标的理论性知识。这样，教师作为引导者的身份就更为突出且明确，既推进了学生的主体性参与，又为其提供了鲜明的指导。

4. 尊重规律，反映规律

在中小学课堂教学引进影视资源的同时，既要关注教学规律，又要关注学生身心发展规律。在教学过程中，影视资源的运用是为了启发其更深刻的间接经验，要坚持理论联系实际，加深学生对知识的理解、掌握与应

---

① 黄梅. 影视资源在小学语文教学中的有效运用 [J]. 教育观察（下半月），2017, 6(5): 111, 116.

用。在教学活动中，以理论知识的传授为主，影视资源的引进为辅，将课本理论与影视作品中的实际结合起来，正确处理理论与实践之间的辩证关系。同时，针对学生实际情况，择取不同的影视资源，满足学生多样化的需求，以期提升各类学生的素质。

二、影视资源运用到中小学课堂的重要性

1.丰富教学内容，提高学生积极性

面对中高考的压力，一部分教师只是功利地以成绩为目的，采取"满堂灌"的教学方法应对学生，"能多讲则多讲"，教师从传授引导者转变为知识的灌输者。单一教学资源的使用，使学生越来越成为学习的机器，麻木、被动地接受知识。影视资源进课堂，让课堂集文字、音乐、摄影、绘画等为一体，让视觉与听觉双重的集合丰富课堂教学内容，更有利于学生积极主动地汲取知识，将书本上生硬枯燥的抽象语言转变为灵动有感的具体影像，加深对教学内容的感悟。

2.激发学生的情感，培养学生正确的三观

情有所感，心有所思，而后才能有所作。对于社会经验不足的学生，一些好的影视作品，不但能够开阔其视野，增长其知识，提高其生活品位，积累好的写作素材，更重要的是潜移默化地树立其正确的世界观、人生观和价值观，使其在日后的人生道路上坚定不移、乐观积极。

3.简化教学重难点，启发学生思考

中小学教学过程中的重难点对学生来说难以接受，对教师来说难以讲解。面对这样的矛盾，如果能够利用影视资源将其加以呈现，再结合教师的讲解，不仅能够化难为易，更能够让学生深刻掌握某些重难点，增强对疑难知识的接受程度。影视资源的启发性，让学生自主想象与其相关联的教学内容中的对应知识，能够促进学生理解，同时也加深对知识的记忆，引发进一步的思考与探索。

三、对未来中小学课堂影视资源教学的思考

1.教学以授课为基础，灵活运用影视资源

影视资源在中小学课堂教学中的重要性越来越大，它有效提高了学生的素质，增强了学生对学习的积极性，适应了新课改的要求，丰富了中小学课堂资源，转变了中小学课堂教学手段，提高了中小学课堂质量，是被教师、学生普遍认可的教学方式。但在实际教学中也出现了许多问题。影视资源在课堂教学中的运用并不能完全取代中小学传统课堂教学。中小学教师无论在何时都应该以教学授课为基础，以学生为中心，以教材为主体，而不是将课堂依赖甚至"甩手"给影视资源教学。在未来中小学课堂上，教师还应该提高运用影视资源的能力，制定合理的使用规划，在全面深刻了解学生需求的前提下灵活采用各种不同样式的影视资源。

2.积极克服客观环境，提前充分备课

影视资源在课堂教学运用中，受客观因素影响较大。目前我国还有很多学校多媒体设施配置较低甚至缺乏，这种情况下，要想利用多媒体设施进行课堂影视资源教学就显得不现实。因此，提升教学环境设施迫在眉睫。另外，在课堂影视教学中，还会受到不可逃避的教学环境影响，例如教室光线过强或过弱、教室突然停电，等等。这些情况下，就需要教育行政部门尽量优化学校教学环境，教师应在不可避免的情况下，提前做好应急准备，做好备课方案，切忌依赖影视教学。

3.转变教师思想，提高教师的思想性、创新性

中小学生正处于思想的形成阶段，需要有一个积极的引导者。传统教学的种种弊端容易让学生对学习产生懈怠疲倦之感，无法激发学生的积极性、展示学生的个性。在影视资源进入中小学课堂前期发展阶段，部分教师可能难以接受，甚至走形式，这样不仅浪费了学生课堂学习时间，效果也会事倍功半。因此，转变教师传统教学思想势在必行。

除此之外,影视资源进入中小学课堂,不能只是盲目利用影视——不论影视资源的好与坏、与课堂联系紧密与否、题材是否有思想性、启发性,随便选择。教育行政部门应该积极培训教师,提高教师思想维度,使教师在课堂上利用影视资源时,能够选择优质的影视资源,从而提高学生思想性,启发学生思考,这样才能将课堂一分为二再融合,不仅传授了学生课本要求掌握的知识,而且有利于在中小学学生思维形成时期塑造正确的三观。

结　语

在当前科学技术信息化发展的背景下,将影视资源运用到课堂教学,是未来发展的必然趋势。在这种情况下,中小学作为基础教育,在授课的基础上,一定要重视影视资源在课堂教学中的作用,与教学有效结合。影视资源走进中小学课堂,贯彻了素质教育的要求,不仅提高了学习效率,而且启发了学生的思维,提高了学生的积极性。未来想要在课堂教学中充分发挥影视资源的作用,还需教师在教学主导者的地位上充分转变教学观念,逐渐适应未来教学趋势。[①]在教学上增加投入,优化教学设施,培养新型教师势在必行。

作者：忻州师范学院　樊青美　杨田潜

[①] 张敬双.浅析影视资源在小学语文教学中的运用[J].亚太教育,2016(2):196.

试论影视教育中职业性教育与电影观念教育

摘要： 新中国成立70周年以来，中国电影呈虎跃之势迅速成长，不论是第五代导演的大陆新浪潮电影，还是第六代导演多元化的艺术探索以及新生代导演的崛起，都与其专业化的影视教育有着密切联系。因此，中国电影的发展离不开职业性的影视教育，但是电影观念对影视教育依旧有着深远的影响。对于影视教育在综合性高校的建设来说，职业性教育与电影观念教育的选择便成为重中之重。笔者以高校影视专业任教经验为例，浅析影视教育中职业性教育与电影观念教育，探究在应用型高校背景下影视教育的观念选择。

关键词： 影视教育；职业性；电影观念

影视教育的目的是培养服务于人民精神需求的艺术人才。近些年中国电影呈良好发展态势，优质的现实主义作品层出不穷，重工业美学代表的科幻电影也取得了一定的技术性突破。就笔者参加第十四届华语青年电影周来谈，优质展映短片大多来自北京电影学院、美国电影学院、伦敦电影学院等，除了欧美国家院校的短片，不难看出，北京电影学院占据了中国电影人才的半壁江山，当然就电视来谈，中国传媒大学在国内电视人才培养方面功不可没，但除这些具有职业性、特殊性的影视人才培养高校外，国内一些综合性高校的影视人才培养在民办教育应用型人才培养的背景下，面临着职业性教育与电影观念教育的选择。

一、职业性教育与电影观念教育的认知

电影是20世纪最伟大的发明之一,是在摄影术、胶片、放映术这三大技术的基础之上诞生的。随着百年的探索与发展,电影逐渐从技术变为以技术为支撑的一种艺术形式。在这一概念的指导下,影视教育也就有了职业性教育与电影观念教育的双重选择。

1. 职业性教育的认知

何为职业性教育?在笔者看来,通过在校学习掌握一门能够支撑起自身投入工作的技术,且有一定的职业素养,就可以称为职业性教育。贾樟柯曾在接受采访时说,中国电影现在急缺跟焦员,"跟焦员"这样一个摄影辅助岗位,就是具有职业性的。贾樟柯在采访中并没有提及中国电影的艺术人才,而是从技术出发,谈论人才的缺失,也就是说中国电影目前依旧需要大量的实用型人才,但就人才培养来说,地方高校,尤其是民办高校,在教学设施提供以及师资队伍建设方面都是较为困难的。虽然随着技术的发展,电影制作门槛降低,但是适应市场的技术设备依旧价格不菲。学校采购成本高,后期维护难,因此在硬件设施的采购上不足以建立一个完备的教学实验室,这就导致学生学习完相关理论后,没有条件进行实践练习。而就师资队伍建设来说,大多数教师是以理论为主,鲜有在影像创作中成绩突出的教师,因此在教学过程中理论化或者观念性的教学占有一定的优势,具体的实践性质的教学略显疲软。

2. 电影观念教育的认知

对于电影观念,笔者认为就是学生对于"艺"的看法。戴锦华教授说:"电影是一门年轻的艺术,同时也是年轻人的艺术。"纵观百年电影发展史,诸多国家均出现"电影新浪潮",一系列新浪潮的出现均是以年轻电影人为主体。但是新浪潮电影运动的出现原因并不是技术革新,而是电影观念的变化。就意大利新现实主义电影运动而言,其目的就是要对抗以

墨索里尼执政时期为主的虚假电影，提倡建立真正的民族电影，因此在20世纪中叶，一批年轻的意大利电影人提出将摄影机扛上大街及还我普通人的口号，也正因为这样一场对抗虚假电影的运动，在意大利出现了《罗马，不设防的城市》《偷自行车的人》《罗马11时》等优秀电影作品，而这种纪实风格的美学特征在后期法国电影新浪潮中体现得淋漓尽致。因此，新浪潮或新兴电影美学的出现对电影观念的转变有着深远的影响。

综上所述，中国电影发展离不开实用型人才的支撑，但电影观念教育也在一定程度上推动着电影艺术的发展，因此在职业性教育与电影观念教育之间寻找平衡点就变得尤为重要。

二、职业性教育与电影观念教育的关系

电影的性质决定其艺术创作建立在工业基础之上，电影是一门集体艺术，是由多工种组成的团队（剧组）进行的一次艺术创作活动，那么职业性教育所培养的便是电影创作中的各类人才。而电影观念，实际上是艺术观念，属于一种认知思维层面，需要艺术素养，同时受到世界观、价值观的影响，因此，电影观念的形成是长期积累的过程，但电影观念不局限于电影的中心创作者，即导演或制片人，各个工种都应该有属于自身的电影观念。

1927年，随着华纳公司《爵士歌王》的上映，有声电影正式登上历史舞台。但是声音技术注入电影系统之初，并没有将其作为一种叙事模式使用，更多的是以"杂耍"的形式让画面在银幕之上发声。但对于现在的电影叙事来说，声音已然成为不可或缺的重要元素，也正因为这一点，声音设计就变得尤为主要。声音设计这一电影工业环节，对于人物心理刻画、环境气氛描写都有着最直接的作用。以实验影片《蜻蜓之眼》为例，该片的素材均来自监控摄像头所摄取的无声画面，但是在影片呈现上却有着丰富的声音空间，而且声音直接推动着影片叙事。影片一开始的寺庙场景取

自不同的几所寺庙,但因为诵经敲钟声音的连续性,使得几所寺庙的画面通过蒙太奇组接形成了同一空间的视幻艺术,这是声音对于该片的作用之一。话筒录音、软件后期编辑声音等,都属于职业性教育层面,但是如果想运用声音进行影片叙事,那么便需要艺术观念来进行整体创作思维的指导。在大卫·格里菲斯之后,镜头被确立为叙事的最小单位,但也正是在格里菲斯之后,电影剪辑似乎停止了前进的步伐,直到让-吕克·戈达尔"跳切"的出现,这种剪辑风格压缩了时间,同时给观众以扑面的不稳定感,从这里可以看出,剪辑技术始终没有改变,改变的是剪辑观念,但要清楚的一点是,如果没有剪辑技术作为支撑,那么在新的剪辑观念指导下的"跳切"技法也就不存在了。

因此,职业性教育与电影观念教育是相辅相成的,不论是如北京电影学院这类专业的、职业的艺术教育院校,还是地方综合性高校,尤其是民办高校,在影视人才培养中,职业性教育与电影观念教育互补存在,职业性教育是影视教育的基础,而电影观念教育则是影视教育的上层建筑,不论什么形式的观念认知,最终的成果均要用技术达成,也就是对于电影艺术来说,电影观念指导电影技术,而电影技术反哺于电影观念。

三、职业性教育与电影观念教育的融合

在笔者看来,技术不是艺术创作的第一选择,就非线性编辑课程来说,剪辑技术的学习仅仅是教会学生如何使用软件,但是对于整体画面组接的思考及呈现还是需要艺术观念作为指导,而后者应是该课程的重点,因此在非线性编辑这门课程中经典作品的画面解读是必要的。再者,开设中外电影史课程的目的在于以史为鉴,在了解百年电影发展历史的过程中学习经典美学风格以及了解经典艺术观念,在这样的基础艺术概念学习中逐渐建立起对于电影艺术的认知,从而在自身获取的认知下进行实践创作。

电影的本性及特性决定了影视教育中职业性教育与电影观念教育的双

重选择，两者具有同一性，不论是技术性课程还是理论性课程，在讲授过程中均要注重职业性与观念性的融合。应用型课程改革的目的就是要将一些偏重于理论的课程加入职业性教学，让学生在学习观念的同时能够将所学内容更好地运用于实际创作中，以笔者讲授的中外电影史课程为例，该课程为基础理论课程，在应用型课程改革的背景下，在教授学生基础的电影发展史的同时以翻转课堂的形式，让学生对经典影片从叙事、画面造型到影片风格上进行解读，课后按照分析的内容进行影像创作，从创作中感悟艺术思维。因此职业性教育与电影观念教育的融合从理论到实践都有一定的促进意义。

结　语

纵观百年电影发展史，从杂耍到艺术，从乔治·梅里爱的"银幕戏剧"到大卫·格里菲斯电影叙事的初建，从经典好莱坞的类型叙事到第二次世界大战后欧洲各国的新兴电影运动，这一切都与电影观念有着直接联系，但不可否认的是，乔治·梅里爱的"银幕戏剧"需要停机再拍技术的支持，法国新浪潮电影运动中一些影片的创作也需要轻便摄影机的支撑，可以看出电影作为一门以技术为手段进行创作的艺术形式，从诞生之日起就已经贴上了技术的标签，不论是制片人中心制还是导演中心制，都是在观念的指导下进行技术上的呈现，因此影视教育中职业性与观念性的命题，已然成为人才培养的双重选择，两者的关系决定了在教学中的融合，也正因这种融合才能培养出支撑起中国电影未来的技艺人才。

作者：西安培华学院　赵宇琛

理论探索与实践展望

影视教育活动融入高中语文小说教学的意义与优势

摘要： 2018年年底教育部、中宣部联合印发《关于加强中小学影视教育的指导意见》，对普及影视教育进中小学提出明确要求，结合实际情况来看却显得困难重重。但随着现代教育的发展，可以在传播与承载媒体内容方便的高中语文课堂中，通过与语文小说教学合作的形式，开展形式多样、时间安排灵活、综合性强的影视教育活动（目前学界和教育一线工作者对影视教育活动的内涵有不同的认识），在提高语文课堂的有效性时，帮助学生培养综合性语文能力。

关键词： 影视教育活动；高中语文；小说教学；教学优势

2018年年底教育部、中宣部联合印发的《关于加强中小学影视教育的指导意见》中指出："优秀影片具有生动、形象、感染力强等显著特点，蕴含着丰富的思想、艺术和文化价值。……利用优秀影片开展中小学生影视教育，是加强中小学生社会主义核心价值观教育的时代需要，是落实立德树人根本任务的有效途径，是丰富中小学育人手段的重要举措。"[1]并将影视教育作为德育、美育工作的重要内容。鼓励教师在学生的学习生活中开展多种影视教育活动，从而帮助学生更好地理解与吸收优秀传统文化，

---

[1] 中华人民共和国教育部.教育部、中央宣传部联合印发关于加强中小学影视教育的指导意见[EB/OL].(2018-12-25). http://www.moe.gov.cn/jyb_xwfb/gzdt_gzdt/s5987/201812/t20181225_364730.html.

培养学生健全人格，从而加强美育德育的教育力度。但面对我国各地教育能力水平分布不均的教学实际情况来看，3~5年完成我国各个地区影视教育普及进中小学这一目标难度巨大，所以笔者针对具体问题进行具体分析，提出影视教育与高中语文小说教学进行学科合作教学的建议。

在21世纪信息媒体化的背景下，在传播与承载媒体内容方便的高中语文课堂中，教师丰富课堂的方式也变得多样了。在面对课文篇幅长、理解难度高且课时紧张的小说课堂，越来越多的教师选择改善一成不变的教学模式，运用多种教学资源开展不同的教育活动来解决课堂难题。其中影视资源的运用就是我们较为熟悉的一种。但如果只在课堂中播放相关影视作品，让学生仅从观看影视作品感受小说课文的深刻主题和教学要点是远远不够的，对于课时紧张的高中语文课堂来说这也是单调且奢侈的。因此研究如何运用影视教育资源与高中语文进行学科合作，有效地在高中语文小说教学中融入影视教育活动，用它的多样性、灵活性与综合性取得双赢具有重要意义。

一、影视教育活动与高中语文教学

1.我国影视教育的发展

在人类发展进步的文明历史中有很多重要的创新角色，影视是对人类生活起着重要作用的主角之一，严肃、活泼都在它身上得以体现。人们在观看影视作品的过程中被它潜移默化的教育作用所改变，所以世界各国都开展了不同程度的影视教育。我国在20世纪90年代初就对青少年的影视教育非常重视。1993年由中宣部、国家教委等部门联合发布《关于运用优秀影视片在全国中小学开展爱国主义教育的通知》，推进学校素质教育，在新时期培养跨世纪优秀人才。[①] 3年后，"全国中小学生影视教育协

---

① 中共中央宣传部，国家教育委员会，广播电影电视部，等.关于运用优秀影视片在全国中小学开展爱国主义教育的通知[J].思想政治课教学，1993（11）：2-3.

调工作委员会"协调与指导"优秀影片在全国中小学开展爱国主义教育"的工作也开始落实。2008年，教育部、国家广电总局等相关部门联合发布《关于进一步开展中小学影视教育的通知》。坚持通过影视教育帮助学生拓宽学习渠道、树立正确三观、宣扬优秀文化。2018年年底，教育部、中宣部联合发布《关于加强中小学影视教育的指导意见》，指出"优秀影片具有生动、形象、感染力强等显著特点，蕴含着丰富的思想、艺术和文化价值"。并更加重视优秀影片在促进中小学德智体美劳全面发展中的重要作用，较为深入地对推行中小学影视教育提出了具体举措。提出要"利用优秀影片开展中小学生影视教育，是加强中小学生社会主义核心价值观教育的时代需要，是落实立德树人根本任务的有效途径，是丰富中小学育人手段的重要举措"。可见随着时代的进一步发展，影视教育作用的辐射面也越来越多样化。中宣部、教育部在《关于加强中小学影视教育的指导意见》中指出，力争用3~5年时间把影视教育在全国中小学中普及，要让中小学的影视教育活动时间得到切实落实。但是总体来看，我国中小学影视教育工作基础还比较薄弱，一些地方存在思想认识不到位、条件保障不完善、活动开展不经常、体制机制不健全等问题，导致影视教育的针对性和实效性还不够强。这样看来3~5年的时间显得过于仓促。但可以把难题分解来看，采取化整为零的方法来辅助完成这一目标，跨学科合作进行影视教育，把影视教育中丰富的影视资源内容利用起来，在多学科的课堂中选取可用可结合的内容开展合适有趣且丰富的影视教育活动，显得较为实际。

2.影视教育活动界定与高中语文教学的合作意义

美国教育学家杜威主张"生活教育论"，他认为"教育即生活""教育即生长""教育即经验的改组或改造"。生活是教育的一位良师，任何事物的存在既有它本身的道理，又有它延伸于教育的本领。[1]作为高中语文教师更要有这种对教育视野的包容性和开阔性，不能一味地注重分数要

---

[1] 周杰.影视资源在高中语文教学中的应用研究[D].桂林：广西师范大学，2016.

求，而要更善于取材于生活，做到手中有教材但不止有教材。要以主动者的身份带领学生丰富课堂，从而缩短教育者在高压情况下教授学生新知识时的距离感和陌生感。有很强真实感和表现力的影视内容即大众文化的一部分，它通过镜头这种接地气的表达方式来讲生活中不同的故事，是一种以影像为载体的语言。且高中语文教材中的小说课文不仅仅是文学殿堂里的经典，更是影视文化中的经典，它们对彼此的作用是不可分割的。所以利用这种接地气的影视资源在高中语文课堂中开展影视教育活动，可借助影视教育活动带来的直观生动性、丰富综合性、鲜明时代性等特点帮助高中语文教师开展开放而又充满活力的语文课程，可缩短空间距离，化虚为实，化抽象为具体，化难为易。①

影视资源与各学科教学合作是我们较为熟悉的，而影视教育活动与各学科的合作，会让我们觉得这是一位陌生的伙伴，不由得产生担忧和顾虑。事实上，影视教育活动内容不是指局限在某一类型的活动形式或主题内容的活动，它是指利用影视文化资源开展的教育活动，其中包括我们大部分教师熟练使用的在个人的教学课堂上播放相关影视作品这一活动，以及影评撰写、影视配音、改编影视作品、观影心得交流等。它的灵活性很高，不但可以在课堂上开展活动，还可以鼓励学生利用丰富的影视资源并结合自身感受在课下演电影、拍电影等。这些都可以称作影视教育活动。它的开展方式、开展时间、开展地点是可变可调的，所以影视教育活动对语文教师来说并不是难理解、难把握、难接受的。

事实上，自20世纪30年代以来，以教育为目的的影视活动纷纷走进中学课堂，成为中学教学的有效辅助手段。尤其是对于与影视有相似文化审美诉求的语文学科而言，影视资源的辅助价值更为明显。目前，与高中语文学科结合较为普遍的一种影视教育活动是影视内容的片段展示，但仅有这一种是远远不够的。形式单一且无法实现资源优化，教学文本与影视内容也没有产生很好的对话。原因有三，一是语文教师被固有的教学设计中

---

① 张青香.影视资源辅助初中语文经典名著教学研究[D].广州：广州大学，2017.

采用的教学方法影响了个人思维模式,不敢过于创新,担心影响课堂教学质量。二是大多数语文教师对影视资源的素材收集缺乏经验,并且运用资源内容开展活动的形式较少。三是影视教育跨学科合作进课堂的开展地区多属于我国发达地区,且影视教育活动的示范性教学较少、普及面较小、师资培训力度较弱。所以这一新概念、新教学方法没有被很好地利用在高中语文小说课堂中,这是一件比较可惜的事。

二、影视教育活动的优势

1.影视教育活动的形式多样

影视教育活动具有很强的综合性特点,因为它不仅具备文学元素,而且需要参与者有很好的审美能力、共情感知能力,从而能够在体验过程中发现音乐、色彩等艺术元素带给人们的作用,这无形中就锻炼了思维力、提高了知识性和增加了语文学习的娱乐性,对正处于成长阶段的高中生具有潜移默化的影响力。

所以不同的影视活动与高中语文课堂教学相结合有不同的作用,它形式多样,可以多方面、多角度地调动学生的学习兴趣,点燃学生对文字魅力的好奇心。如在《林黛玉进贾府》这篇课文中,教师要回到文本中让学生去体味不同人物性格,需要品读文章中对每位人物的外貌、语言、神态、心理等方面的描写,可这篇课文里人物角色较多且古典小说语言表达与现代小说相差较大,与高中生的生活时代也距离较远。短短45分钟的语文课堂要讲解这么多内容难度实在太大。但在这节课中我们可以借助3分钟的影视配音,用课文中的人物对话给电视剧《红楼梦》(1987)之"林黛玉进贾府"经典片段配音,从影视画面走进文本内容,让二者有效对话。也可以布置20分钟的家庭观影活动,让学生在课下观看课文难点片段,在第二课时汇报自己的观影心得,再分析课文内容,从而加深理解等。这样学生不仅从文本体味到了文字的魅力,还从视觉、听觉多重角度对文学的魅力进行了探讨。教师要学会借助不同小说课文的不同的教学重点，开展不同的影视教育活动。用带有娱乐性的方法帮助学生积累知识带来不同的课堂感受，使高中语文小说课堂的教学内容丰富、教学形式多元化，也可以帮助自己提升教学手段、方法和能力。[①]

2.影视教育活动开展时间、地点灵活性强

大多数情况下学生在拿到语文课本时，小说篇目是会被学生优先阅读的内容，因为其故事性强、情节紧凑。但正式上课时，这些看过小说内容的学生会因为对课文熟悉而缺乏兴趣，这节课的吸引力也就随之降低，这就给教师调动课堂气氛带来了困难。因课时压力大，教师也不可能用大量的时间和精力去抓学生的注意力，如果这个时候有一个时间把控灵活、素材丰富且选择性强的影视教育活动来帮助教师调节课堂氛围，无疑会使这样一节学生认为兴趣平平的语文课变得生动有趣。另外，影视教育活动的开展地点不受制约，既可以在课堂中开展也可以在课外开展，更有利于辅助教师教学。因此，影视教育活动与高中语文教学合作既能丰富课堂素材、调动学生兴趣，又能缓解"寂静课堂的尴尬"[②]。

3.影视教育活动综合性强

高中语文教材中的小说是非常具有代表意义的经典篇目，需要学生具备较强的综合理解能力才能有效理解复杂的人物关系或者跌宕起伏的情节、感受强大的各国文化背景。可是在篇幅长、课时紧的情况下，语文教师不论从哪一块入手作为重点讲解都会感到课堂节奏的压力，而且文字带给学生的想象空间不一定能让他们在课堂中立刻捕捉到教师需要反馈的点。而影视则通过色彩、声音、人物、画面布局、自然背景等多种元素帮助教师调动起学生各类感官体验。让学生把自己原本忽略的某一点再重视起来，这样一来，这节语文课对学生的教育辐射面就更加广泛了。

---

① 任新华.影视资源在高中语文教学中的应用[J].读与写（教育教学刊），2017，14（1）：108.

② 王帅.影视资源在中学语文课程教学中的开发与应用策略研究[D].长春：东北师范大学，2012.

教师也可以针对教学重难点的要求，对自己的语文课设计一个合理的知识点的讲解顺序，有舍有得地开展自己的语文课堂教学，如在《祝福》这篇课文中，祥林嫂在整个故事中的变化是十分巨大的，语文教师可以在讲解完第一课时后在第二课时的课前5分钟给学生一个展示自己的机会，让学生把祥林嫂的前后变化表演出来，并帮他们拍摄视频，甚至可以制作成微电影。那么这短短的5分钟即帮助学生回顾了上节课的内容，也帮助学生很好地进行了第二课时内容的预习，语文教师可以利用学生自导自演的5分钟视频（微电影）与教材文本进行对比分析，从神态到心理、从语言到动作，学生也会因为是自己同学的表演而觉得亲切和直观，缩小因时代背景产生的距离感，把不好理解的难点化为新的共鸣点，从而更愿意张口去讲。这样综合性强的语文课堂也很好地把主动性交给了学生，让他们的参与感更强，当然，这也需要语文教师有很好的把控力和指导能力。

笔者希望通过对影视教育活动进高中语文小说课堂的意义与优势的讨论，使高中语文教师认识到在课堂上使用多媒体、使用优秀影视资源的优势，为学生综合实践锻炼的活动安排提供不同的思路，也可以为小说教学的痛难点攻克提供帮助。让学生在传统文化的学习中、在外国小说的品读中找到乐趣，做到"悦读"并深入思考，引发个人共鸣和积累文学素养。

作者：新疆农业大学　马艺修

浅议历史影视资源在教育教学中的应用

摘要： 2018年年底，教育部、中宣部联合印发《关于加强中小学影视教育的指导意见》，在这样的大背景下，如何借助优秀影片或者短视频的生动、形象、感染力强等显著特点，丰富历史学科的教学内容，发挥历史学科本身的人文特性，成为历史教育同人们面临的共同问题。利用优秀影片开展中小学生影视教育，是加强中小学生社会主义核心价值观教育的时代需要，是落实立德树人根本任务的有效途径，是丰富中小学育人手段的重要举措。

关键词： 历史影视；历史教育教学；应用

2018年年底，教育部、中宣部联合印发《关于加强中小学影视教育的指导意见》指出，各地教育行政部门要加强对中小学影视教育工作指导，把影视教育作为中小学德育、美育等工作的重要内容，纳入学校教育教学计划，与学科教学内容有机融合。为此，笔者申请了"历史影视社团"校本课程，得到了学校领导的高度重视及大力支持。除正常教学任务外，学校每周安排两个课时的社团活动，主要组织入社学生观看历史影视作品并写出观后感。现依个人的教学体会，浅谈历史影视资源在教育教学中的应用。

第一，历史影视资源的应用，培养了学生的家国情怀及时空观念。

八年级开学伊始，为了激发学生学习中国近代史的兴趣，架构时空观念、培养学生家国情怀等，我们利用社团活动时间，为学生播放了导言专题（表1-1）。

表1-1 导言专题

序号	放映内容	时长
①	超燃影视化混剪带你回顾整个中国历史年表	10分18秒
②	中国近代史，超燃！	5分56秒
③	一首歌让你知道近代史的全部内容！	4分02秒
④	3D科技复原圆明园真迹公布，太震撼！	6分04秒
⑤	多元史观	7分51秒
⑥	"微课"——巧记历史知识！	7分39秒
⑦	"微课"——左手、右手帮助我们记住中国近代史	8分37秒

学生在观后感中这样写道：

……在影片中，最震撼我的便是秦一统天下的画面。随着音乐的卡点，看着"秦灭赵""秦灭魏"等字眼，这一瞬间，我脑海中只有一个想法，那就是：霸气！

泱泱华夏，龙翔九天！

还有我非常喜欢的一首古风歌曲《锦鲤抄》改编的《近历抄》的末了一句：何惧前方那路途茫茫，你生而为王！

是啊，你生而为王，四大文明古国中，唯有你，依然在。或许多少年来的封建制度严重阻碍了我国曾经的发展，但我们也不得不承认，正是它才让我们立于世界之巅几千年。从秦始皇一统六国到沟通中外的"丝绸之路"，从"贞观之治"到"开元盛世"，从《天工开物》到《本草纲目》，从"吴带当风"到《清明上河图》，这一幕幕、一件件，皆我中华之瑰宝！

但有两个强盗，将其中的一部分彻底付之一炬。他们放了一把火，烧毁了自清朝始建的圆明园，那是中华艺术园林的瑰宝啊！当年的人痛心疾首，如今的人扼腕叹息。历史的教训依然时时刻刻在警醒着我们：落后就要挨打！

吾等愿以吾之青春，换汝一世之繁华！

还有学生这样写道：

> 3D科技复原圆明园真迹视频，没有烦琐的文字解说，只是表现了一个又一个圆明园宏伟壮观的建筑，综观整个圆明园，它给我的第一感受是两个字"震撼"。视频配乐也很好听，能很好地表达出视频要传达的情感。在出现废墟残骸的那一刻，我的手不由得攥紧，我的心情也是沉重的。可以看到，完好的圆明园的规模是多么宏大，可是在英法联军入侵的那一刻，宣布了圆明园的毁灭，这对每一个中国人造成了多大的创伤！勿忘国耻，发愤图强！

第二，历史影视资源的应用，增强了学生对"四个自信"的理解与认同。

如笔者精心选取的甲骨文专题（表1-2），一开始播放的①②的内容，就紧紧地吸引了学生的眼球，紧接着放映的③④⑤⑥的内容，使学生更加深刻、形象、生动地记住了甲骨文的发现、发掘及书写载体的变化；⑦的播放，使学生为我国文字的源远流长而骄傲、自豪；⑧的播放，使学生再一次意识到作为学生，对甲骨文要推进活化利用，弘扬中华优秀传统文化，深化国际交流，彰显甲骨文的文化魅力和时代价值；⑨的播放，使学生对甲骨文的意外发现、造字方法、重要影响等三个方面，有了更加系统地学习；⑩的放映，掀起了学生观看的高潮，"文化自信"深植每个学生的心间！

表1-2 甲骨文专题

序号	放映内容	时长
①	文物	1分30秒
②	甲骨文小动漫	4分21秒
③	甲骨文的发现、发掘	1分18秒
④	汉字的童年 最早的文字——甲骨文	6分37秒 2分27秒

续表

序号	放映内容	时长
⑤	书写载体的变化 汉字到底知多少	3分14秒 3分41秒
⑥	汉字"心"的演变 心1（陈楠） 心2（陈楠）	1分07秒 2分03秒 47秒
⑦	四大文明古国的文字	1分58秒
⑧	"再造甲骨"（陈楠） 汉字格律（陈楠） 甲骨文的视觉饕餮1 甲骨文的视觉饕餮2 甲骨文的视觉饕餮3	5分50秒 3分35秒 1分13秒 1分39秒 3分13秒
⑨	"微课"——一片甲骨惊天下	7分24秒
⑩	伟大的汉字	10分30秒

学生上交的观后感写道：

甲骨文

郭沫若

中原文化殷创始，观此胜于读古书。

一片甲骨惊世界，蕞尔一邑震寰宇。

第三，历史影视资源的应用，厚植了学生的爱国主义情怀、培养了他们的奋斗精神。

通过对长征专题系列影视（表1-3）的观看，学生深刻地理解了长征精神的内涵并被长征精神激励：把全国人民和中华民族的根本利益看得高于一切，坚定革命理想和信念，坚信正义事业必然胜利的精神；为了救国救民，不怕任何艰难险阻，不惜付出一切的牺牲精神；坚持独立自主、实事求是，一切从实际出发的精神；顾全大局、严守纪律、紧密团结的精神；紧紧依靠人民群众，同人民群众生死相依、患难与共、艰苦奋斗的精神。

表1-3 长征专题

序号	放映内容	时长
①	长征（光辉历程）	6分24秒
②	血战湘江	4分44秒
③	强渡大渡河	3分40秒
④	爬雪山、过草地	2分39秒
⑤	七律·长征	6分24秒
⑥	长征路线（动画短片）	3分11秒
⑦	长征（音乐史诗）	3分40秒
⑧	"微课"——你知道不知道的长征	4分50秒
⑨	长征精神	1分48秒

第四，历史影视资源的应用，拓宽了学生对家国情怀、历史解释等素养的提升途径。

学者任鹏杰认为，历史教育"体在生活，根在人格，命在思考，魂在价值"。笔者在与学生学习抗日战争的胜利一课时，通过对《赵一曼家书》《左权将军家书》两个视频的播放及对血性、忠诚、担当、团结、为大家舍小家、为大爱舍小爱、功成必定有我等品格的解读，激起、升华学生的爱国民族意识，生成爱国、爱和平、尊重人性的家国情怀。

同时，为全面展示抗战的民族精神，本课还播放了以《四川老兵——苏国章》视频为代表的普通人的抗战情怀：不怕死，向死而生；以陈瑞钿等为代表的海外爱国华侨的赤子情怀：若有战、召必回的赤子情怀。同时，引导学生挖掘"氢弹之父"——于敏、"卫星之父"——孙家栋、"杂交水稻之父"——袁隆平、"核潜艇之父"——黄旭华等时代楷模身上闪现的民族精神，形成新时期民族精神内涵，激发学生使命担当，实现历史学科立德树人的育人目标。

第五，历史影视资源的应用，培养了学生的唯物史观。

在部编版八年级历史上册第5课——甲午中日战争与瓜分中国狂潮中，笔者选取《北洋海军兴亡史》视频导入，这个视频是由中央电视台和中国人民解放军海军合作出品的，历史顾问则是在甲午战争研究领域成果颇丰的海军史学者陈悦和姜明。该片通过动画和场景再现的形式，完整地展示了黄海海战过程中双方的阵形态势变化。学生在观看过程当中不仅仅情绪上受到震撼，更重要的是从影像资料中获得了更加丰富和准确的历史细节，效果较好。

之后在影视社团活动中，笔者又选取了电影《甲午风云》中邓世昌驾驶"致远"舰英勇撞击"吉野"号，却被鱼雷击中不幸沉没的片段，经典的银幕形象和悲壮的英雄事迹自然会感染到学生，激发学生内心的爱国主义情怀。但紧接着笔者告诉学生：近些年海军史的研究成果表明，"致远"舰并不是被鱼雷击中，而是被日军舰队密集的速射炮击中，加上军舰水密门橡皮年久失修破烂涌入海水而沉没。① 可见，如果简单地从培养学生的爱国主义情怀角度来看，播放这一片段尚可，但是从历史学科知识的严谨性和科学性及唯物史观等方面考虑，对于这样题材的历史影像资源的使用，要慎之又慎了。②

第六，历史影视资源的应用，越来越成为对学生进行美育的重要途径。

通过对历史影视作品的欣赏，不同的学生可以从不同切入点感知历史影视中蕴含的人文情怀美、思维创新美、画面张力美、音乐入心美……这既是单一感知，又是叠加感受，其效果的确达到了1+1＞2。比如笔者与学生共同学习五四运动一课，小结时为了升华本课主题，组织学生观看了纪念五四运动一百周年微视频《一百年华，归来的你依然青春》，该视频的观看就起到这样的作用。

第七，对历史影视资源的处理要精心。

笔者分为以下两种情况处理：

一是历史课堂上力主以"短小精悍""精心取舍"为原则，尽量截取5

---

① 姜鸣.龙旗飘扬的舰队：中国近代海军兴衰史［M］.北京：生活·读书·新知三联书店，2014：436.
② 马卫东."影像历史和史学"与历史教育："影像历史与史学"跨学科应用的案例研究［J］.中学历史教学，2019（1）：7-11.

分钟以内包含数字统计或者人物史实介绍的视频素材。普通初中的一节课时长约为40分钟，如果视频资源播放时间过长就会影响教材内容的讲解。截取过程当中，注意处理掉与讲授内容无关的部分，避免加进冗余影像占用时间。之后的讲解不必复述影像中的内容，主要介绍影像当中的细节即可。

二是在历史影视社团活动时，以选取学生喜闻乐见的题材为原则，时间可以稍微长一点，一般以10分钟为限。

结　语

随着时代的发展，历史影视资源应用于初中历史教育教学是一线教师教学的必要且高效的手段之一，对培养学生的学科核心素养、引导学生在学习历史的过程中逐步形成具有历史学科特征的必备品格和关键能力起到事半功倍的作用。

作者：华中师范大学安宁附属实验学校　马奇志

理论探索与实践展望

浅谈影视教育对幼儿教育的影响

摘要：幼儿园中幼儿的年龄为3~6岁，应根据幼儿的注意力短暂（一般20~30分钟）这一特点，进行日常的教育教学活动的设计。随着科技水平的不断进步，影视作品成为大多数家庭生活的一种方式。3~6岁幼儿是接受新事物最快的群体，从而儿童电影的艺术创新就显得十分重要。我们可以利用影视教育成为幼儿教育的一种新的教学方式这一契机，使幼儿的身心能够得到更好的发展。我们借助优秀影视作品的优势将影视教育带入教学领域，它是集形、声、光、色于一体的先进教育手段，直观生动、具体形象，具有较强的感染力。一部影视作品涵盖语言、社会、艺术、科学、身体与健康的内容，恰巧可以与教学有机地融合起来，从而丰富幼儿的知识，使幼儿的社会性、观察与想象、辨别分析能力、语言发展、情感表现等多种综合能力得到全面提高，弥补常规幼儿教育中的不足。

关键词：影视教育；幼儿教育；影响

一、影视教育在幼儿教育中的现状

针对青少年的影视教育暨中小学影视教育培育工作，教育部、中宣部联合出台了有关文件，我们迎来了基础影视教育大好机会。事实上，未成年人的影视教育是时代需要，也是教育中的当务之急。专业师资缺乏、相关制度建设、教育内容教材和适应性影片亟待确立等都是当前急需解决的问题。我们面临的最大痛点在哪？其实不在于大家不重视影视教育，不在于影视教育不受欢迎，而在于系统化。

对于幼儿的影视教育内容方面，教师没有一套科学而专业的理论支持，也仅仅是结合《幼儿园教育指导纲要（试行）》和《3—6岁儿童学习与发展指南》中规定的内容，找寻适宜幼儿观看的影视作品，渗透到日常的教育教学活动当中。但教师在选择影视作品时或多或少会加入个人倾向，这只能代表教师个人所认同的"教育意义和作用"。

由于教师自身的专业能力不足，限制了影视教育在幼儿园教育教学过程中的内容选择；由于幼儿园条件有限，使相关影视资料与作品的选择与选用少之又少，也影响着影视教育的进行；在完成影视教育在幼儿教育中的渗透后，没有一套完善的标准对教育结果进行评定……这些都是影视教育的真实意义不能在幼儿教育教学过程中很好地呈现的原因。

二、影视教育在幼儿教育中的影响

随着科技的进步，信息传播越发快速，大众传媒已成为大众乃至幼儿生活中不可或缺的组成部分。新媒体的迅速发展，使线下影院、线上视频播放器、社交传播、短视频App等传播方式层出不穷，这些传播媒介传递给幼儿的信息量丝毫不亚于家庭和幼儿园对幼儿的教育，其中，正向、科学的教育内容是有利于幼儿身心发展的，对于幼儿学习的潜力和兴趣，健康的生活方式，正确的社会观、价值观、人生观，良好的社会性发展等方面都有积极的影响。

1. 电影对幼儿生活的影响

面对丰富多彩的影视作品，适宜幼儿教育的相关作品仿佛是茫茫大海中的一片浪花。但影视教育不是简单地观看一部电影，而是要将看电影、评电影、拍电影、演电影等内容有机结合，从而去发现、去思考这部影视作品所表达的真正的含义和所包含的教育内容。

随着生活水平的不断提高，人们选择和孩子观看影视作品的形式也多种多样，而我们需要做的是引导幼儿在观影的同时开阔视野、感受美、欣赏美，从而丰富幼儿生活。

2.影视教育对幼儿身心发展的影响

影视作为课程教学辅助手段的知识启蒙、作为国民素质教育手段的欣赏启蒙和作为视听表达手段的制作启蒙，让影视教育成为未成年人思维开发的一个新领域。那么，在各种类型和题材的影视作品中，哪些适合幼儿观看，并能够达到真正的影视教育的目的呢？

笔者作为一名幼儿教师，虽然在日常的教学工作中对影视教育的内容涉及得很少，但通过两年的带班经验以及对于身边幼儿的了解，笔者发现快节奏的社会生活使很多父母忙于生计而疏于对孩子的陪伴，电视逐渐取代父母和玩伴，成为孩子的主要陪伴，在这样的背景下，幼儿园的影视教育显得尤其重要。

近年来，一大批关于幼儿的电影、动画席卷而来。"喜羊羊与灰太狼"系列的多部动画作品深受中国幼儿的欢迎，很多家长也乐此不疲地陪同幼儿观影，但在影视作品热播的同时也引发了舆论对于其对幼儿行为产生的影响的争相报道。幼儿对动画片的追捧和模仿，主要在于无法辨别现实与影视的差距，从而导致幼儿存在诸如"幼儿被困电梯，绝望变希望""模仿烤羊肉被烧伤"等一系列行为。

《3—6岁儿童学习与发展指南》要求：艺术是人类感受美、表现美和创造美的重要形式，也是表达自己对周围世界的认识和情绪态度的独特方式。每个幼儿心里都有一颗美的种子。幼儿艺术领域学习的关键在于充分创造条件和机会，在大自然和社会文化生活中萌发幼儿对美的感受和体验，丰富其想象力和创造力，引导幼儿学会用心灵去感受和发现美，用自己的方式去表现和创造美。

三、影视教育在幼儿教育中的思考

影视教育是一门以人文教育为主的综合活动课程，集思想教育、情感教育、语言训练、艺术教育于一体，是孩子极易接受的一种教育活动形式。影视动画片又是幼儿十分喜爱的一种艺术形式，生动活泼、直观形象的内容对幼儿的思想观念、言行举止有着巨大的影响。幼儿教育属于启蒙教育，是3~6岁幼儿教育的关键时期，对幼儿思维的发展以及情感认知都起着重要的作用，促进思维发展和幼儿健康成长是幼教工作者的使命。

幼儿教师要改变只有配套专门用于教学的影视作品才能用到教学活动中的观念，明确只要教育"题材"选取得当，再运用适当的指导方法和教学手段，就可以达到影视教育的目的，真正做到秉承创作教学、兴趣为高和美的能力的教学理念，让幼儿不仅能发现美，还能发展美。

在现代化时代，作为幼儿人生启蒙阶段的幼儿教师，应不断提高自身的专业知识，掌握现代信息技术，利用各种教育资源对影视资料进行剖析、分析、加工、组合、储存和运用。此外，也呼吁幼儿园根据园所的情况，配备相应的观影设备、影视资料，使影视教育在幼儿教育教学活动中逐渐实现现代化。

作者：西北师范大学实验幼儿园　张楠

理论探索与实践展望

试探中小学影视教育如何推广和普及

摘要：中小学影视教育的普及需要分年龄、分年级、分阶段循序渐进地进行，本文将探讨中小学影视教育具体实施的方式和步骤，力求对相关工作的实施有所启发。

关键词：中小学影视教育；推广；实施

2008年6月19日，由教育部、国家发改委、财政部、文化部、国家广电总局联合发布《关于进一步开展中小学影视教育的通知》，提出影视教育在青少年成长阶段的重要性与必要性。

2018年年底，教育部、中宣部联合印发《关于加强中小学影视教育的指导意见》(简称《指导意见》),《指导意见》提出，力争用3~5年时间，基本普及全国中小学影视教育，基本建立形式多样、资源丰富、常态开展的中小学影视教育工作机制。

那么，如何能做到用3~5年时间基本普及全国中小学的影视教育呢？

一、影视教育的观念要普及

我国中小学阶段的教育在很长一段时间内实行的是应试教育，20世纪90年代，中国打开国门，许多年轻人出国留学，带来了一系列关于国外教育的理念，一些教育专家也严格批判了应试教育制度。2000年以后，国家提倡素质教育，素质教育提倡"减负"，并开设了许多艺术类课程，许多家长也有从小培养孩子的艺术思维，让孩子接受艺术熏陶的想法。因此，各类培训机构如雨后春笋般的萌生，学校也开设了不少关于艺术类的课程，除了传统的音乐、美术之外，还有手工、武术、围棋等素质教育课程。因此，中国的艺术教育是有较好的氛围的。但是，关于影视教育，大多数人的想法还仅仅停留在看电影上。欧美许多国家在中小学阶段就开设了电影课，对电影的认知和普及程度很高。影视教育并不仅仅是看电影这么简单，影视教育培养的是中小学生的影视审美、影视的热爱以及影视制作能力，并从中挖掘出具有影视天赋的孩子，培养发掘中国未来的导演力量。影视教育应该在观念上普及，从中小学的普通教师到影视专业教师再到孩子和家长，都要有这样的观念，只有这样才有利于影视教育的推进。

二、影视教育的开展应分区域、分阶段进行

影视教育的区域资源有差异性。有些区域的影视教育开展得比较好，比如吉林省的一些城市已经在小学阶段开设了电影的选修课，小学生通过一些影视实践课的学习，已经具备了基础的影视赏析和影视小视频的制作能力，那么就可以由这些走在前列的学校带动其他学校的发展。接着由这个区域来带动省内其他区域的发展。采用这种带动的模式来降低区域发展的差异性，比如在全国分为华东、华南、华北、华东等区域，各个区域之间挑选哪个已经做得比较好的学校进行经验介绍，并在这些学校进行试点，形成可靠的模式和经验进行全国性的推广。还可以先在愿意做影视的省份进行推广和试点。需要注意的是，应该在试点的过程中，争取地方教育局的支持，形成可靠的循序渐进的模式，并且有相关师资力量和经费的支持。

三、影视教育的教学资源的设定

1. 教材

中小学影视教育的推进是否要制定统一的教材。众所周知，目前中小学的音乐和美术课程都是由教育部统一制定的教材，中学和小学的教材分别设定。影视课程属于新兴课程，3~5年的时间马上就开设出一系列的教材显得有些仓促，并且不符合区域发展的趋势。中小学影视教育的开展应该是分阶段、分区域进行，并且应在相对发展快的区域进行试点。那么，教材的试行也可以分阶段、分区域，在已经试点或者做得比较好的学校和省份先试用，试用之后对教材进行相应的改进，再由专家来探讨是需要统一的教材还是分区域的教材。教材的实施是否要分年级来实施，对影视拍摄是否有分年级的要求都是后期要重点讨论的问题。

2. 关于教学资源影像化的普及

21世纪，人类进入了所谓的读图时代，传统的文字交流和表达已经不能满足现代人的交际需要。铺天盖地的视频、影像已经成为日常表达的时尚需求，而5G时代更是将未来影像社会诠释得更加具体形象，影像时代的到来要求我们与时俱进，将各种教学资源影像化，将传统的文化元素通过新的社会方式加以表达，才是将文化内涵传承下来的重要砝码。信息技术的发展对传统教育的冲击力很大，中国已经成为全球网络使用人数、智能手机拥有量的大国，学生渐渐倾向于通过视频来获取相应的知识，为什么我们的素质教育还不用影像化来教学呢？因此素质教育的信息化、视频化教学方式应该要成为未来教学发展的主要模式。我们在中小学推广教育资源的影像化，可以促进大家对影视教育功能性的一个新的认识，同时也可以在观念上促进大家对影视教育的重视。

比如一些思想政治公共课的教学，就可以采用影像化的教学方式，既可以让同学们对理论课有新的重视、新的乐趣，也可以促进大家对影视的热爱和认知，具有双赢的效果，学校应该成立素质教育教学资源影像小组，开发出一系列的教学影像化资源。

3.影像资源的分层次

影视教育影像资源的分层次包括影视审美教育的影像资源和视频制作的影像资源。

影视审美教育的影像资源是指分阶段、循序渐进地对学生开展影视欣赏教育，即用于影视欣赏教育的影片选择应该按中小学、按年龄、按年级进行，设定出经典影片欣赏的适用的年龄段，这样有一个基础的标准，至少影视教师知道哪些是可以让学生欣赏的经典电影。经典电影还可以制作出一些拉片的影像资源库，比如小学低年级的拉片资源、小学高年级的拉片资源、初中的拉片资源和高中的拉片资源，影像资源库的设定可以让专家们选择影片，然后拉片解读，既可以帮助学生自学，又可以使教师知道从哪些方向进行教学。

视频制作的影像资源同样也是按中小学、按年龄、按年级进行。初步设定一个基本执行的标准，例如：小学低年级可以设置短片拍摄相关内容，包括蒙太奇的设定，分镜头的设置以及基本镜头的使用等；小学高年级可以设置专业制作相关内容，包括摄像机的操作等；初高中可以设置一些更难的内容，包括特效镜头等。

4.将影视的教学资源和研学等素质教育结合起来

国家大力鼓励在中小学开展研学活动。研学的目的即发展学生的兴趣、培养学生的审美、促进学生的思维发展。将影视的教学资源融入研学实践教学可以充分发挥学生的潜能。通过校企合作将企业资源与学校资源加以整合，辅助课堂教学，为学生的实践活动提供更多平台，服务学生发展。

根据研学的特征，中小学的校内实训基地的建设可以包括国学文化综合实训室、形体训练实训室、美术实训室、陶艺实训室等，这些实训室可以建立视频教学资源，让研学的企业参与到学校的实训室建设中来。让同学们到这些实训室来参观、在实训里进行相关的影视的拍摄，通过寓教于乐的教学方式，既能加强学生的通识教育，也能进一步促进研学的发展。

研学活动多种多样，例如：组织学生到博物馆、艺术公园、景点、文创公司等进行参观学习；带学生去茶艺馆、香道馆等进行茶道、香道等表演技艺和制作技艺的观摩学习；组织学生观摩创意商品的研发与设计，并让小学高年级和初、高中学生参与这些活动的影像制作，如制作纪录片、剧情片等。通过这些实实在在的研学活动将影视融入素质教育。

5.学校整体影像氛围的塑造

电影要深入学生内心，必须在校园内塑造潜移默化的教学途径，让学生有充分的思想准备，为影视教育的顺利开展奠定基础。

学校要注重校园整体文化氛围的建设以及学生文化社团活动的开展，这对学生的文化熏陶起着非常重要的作用。要课内课外相结合，积极推动影视教育进校园、进课堂，打造全方位的影视教育环境，比如学校的广播站可以设置一些关于电影的介绍；学校的网站、宣传栏可以设置关于电影的专栏等。校园可以策划开展以电影为主题的校园文化活动。中学可以根据电影的内容组织相关的校园活动，如定期举办电影座谈交流活动和校园文化的宣传活动，或定期举行一些和电影相关的摄影展、演讲辩论活动等。

学校要重视校园电影文化的建设，推进电影文化的创新性发展，培养学生自觉认同的电影文化，使之内化于心，外化于行。

总之，影视教育的推广和普及需要全体人员观念上的认同，实际操作标准的统一以及全社会的重视，只有这样，电影的重要性才有可能深入大家的内心，电影才能在中小学乃至全国进一步普及和发展。

作者：厦门演艺职业学院　潘芊芊

传媒经济学视角看影片角色的塑造对中小学影视教育的重要性

摘要：在全国第一届中小学影视教育师资培训启动仪式上，周星教授谈到了中小学影视教育的使命、任务以及它的特殊性，让笔者印象深刻的是要用3~5年时间使近2亿的中小学生接触到影视教育，我们最终的目的是在中小学进行影视教育素养课程，提高中小学生的美育素养和艺术素养，而不是做到影视观赏的可能，这个数字对我们来说是巨大的挑战，需要我们团队竭尽全力的付出，更需要全国一线中小学教师和家长的努力。

中国电影产生发展几十年以来，从一镜到底的简短片段到剪辑多元剧情完整的电影大片、从小众艺术到大众审美，经历了漫长艰苦的征程，涌现了一批批优秀的导演和演员，是他们为我们创造着精美的艺术作品。纵观电影业这几十年的发展历程，我们不难发现：不管是哪一代导演的作品，真正能得到观众认可，甚至斩获国内外大奖的影视作品往往是那些无论从艺术性还是商业性、悲剧还是喜剧、题材还是内容等各个方面来看都具有其作为电影本身所反映的艺术价值与功能的影片，如《黄土地》等优秀电影留给后辈的思考和影响是深远且无价的。

关键词：传媒经济学；电影；演员角色

经济力量影响所有媒体行业，这种影响力也应因市场和社会体制而不相同。传媒经济学分析不仅适用于理解自由和开放的市场，也为许多不同市场条件下的传媒活动提供观点与分析的方法，包括在一些较为封闭或是具有很强管制及国家干预的市场，传媒经济学研究都能为其提供很多有益的思路和建议。①

综观中国电影产业，电影作品中数不胜数的优秀作品都具有一个特点——至少塑造一个生动形象的角色，这种角色能感动观众、是能让观众信服并被观众记住的、是与其他人物角色完全不同且具有较高辨识度的。从2012年开始，中国电影飞速发展，似乎人人都想做导演、都想拍电影，虽涌现了一批又一批新锐导演，但细细观察，只有创造了票房冠军或是塑造了经典银幕形象的导演才能得以存活，在《天下无贼》里，王宝强就完美地塑造了"傻根"这个角色。这源于王宝强出生农村、成长农村的经历；也源于王宝强背井离乡打工赚钱的青年时期生活；更源于王宝强自身人物形象和人物性格与电影所要塑造人物角色的完美贴合。王宝强在电影里对自己所扮演的角色拿捏精准且深刻，以至于很多年里，很多人不知道王宝强是谁，却知道"傻根"是谁。这也正如陈旭光老师所讲，《战狼Ⅱ》上映，全国观众都说好，大家纷纷评论吴京演得好，同样《我不是药神》中的徐峥、《少年的你》中的易烊千玺、《地久天长》中的咏梅，每一位主演都以精湛的演技与对剧中人物深刻的理解将人物诠释得近乎完美，同时使屏幕前的观众相信这个角色，内心受到鼓舞，当《少年的你》电影结束观众退场时，笔者听到周围几个中学生讨论剧中的角色，其中有孩子铿锵有力地说："我绝对不会容忍像魏莱（校园暴力领头人）这样的女生出现在我们班级，这种女孩也不会有男生喜欢的……我是男子汉，我们应该保护女孩，像小北一样坚强……"虽然孩子话语简单，思想单纯，但从孩子们的聊天中我们可以得到至少两个信息：第一，《少年的你》影片主角塑造得很成功，完整地阐释了什么是恶，什么是善。第二，影片的主题与设计起到了引导和教育的意义，无须我们再一遍遍地强调你应该做一个什么样的中学生，而是透过影片让孩子决定自己要做怎样的中学生。影片在一

---

① 皮卡特.传媒经济学研究的历史、方法与范例［J］.杭敏，译.现代传播，2005（4）：26-30.

定程度上激发了中学生的自省力、矫正了学生的判断力，呼唤每一位成长中的孩子不要误入歧途。

2010年，我国城市电影票房突破百亿元大关，如今我国已成为电影大国。随着电影市场的快速发展，电影产品的经济属性越来越受到重视。如何从电影大国走向电影强国，从传媒经济学角度来看，电影片名——作为电影与观众接触的"第一扇窗"，在电影产品的广告宣传、三次售卖和品牌构建等过程中发挥着重要作用。[①]那么，除了电影片名，一部影片的成功必然离不开好的内容和质量。暂且不说质量，单说内容方面，我们可以从塑造角色开始，塑造永恒的经典银幕形象，这一点尤其重要。

一、塑造经典银幕形象，树立中学生正确人生观

好的角色不一定是悲情的，也不一定是完美的，但它一定是平凡的、普通的、存在差异的。而中国影视剧中还是有很多作品，恰恰忽略了角色的人格完整性和平凡性，多半以塑造远离现实生活的完美主角，带着主角光环的男女主角仿佛是神仙一般的存在，缺点全无，无一不精。带着这一点质疑笔者和一些高三艺考班的孩子展开了讨论，我们先看《战狼Ⅱ》，发现还是有惊喜的，因为它塑造的角色，除了技能满格，还是有很平凡、很生活化的一面。吴京饰演的冷锋是一个身手不凡的钢铁硬汉，但有一点我们需注意，他答应一个人闯进沦陷区救人并不仅仅是因为他觉得自己应该这样做，还因为他从登上中国撤侨船的奸商钱必达口中得知，杀死他爱人的凶手就在这个国家的消息，这使得冷锋坚定决心、孤身犯险、一个人勇闯沦陷区。很明显，导演并没有将冷锋这个人物无所不能化，他的能力是有限的。在几番与叛乱军的纠缠之后才将医生Richael和号称陈博士女儿实则是携带埃博拉病毒抗体的Pasha救出。这一细节让我们看到人性的

---

① 胡青青.浅析电影片名的经济功能[J].电影评介，2011(8)：89-90.

善良和软弱,在观影时不禁为冷锋捏了一把冷汗,同时我们内心的英雄形象高高树立,或许这就是影片的魅力。在影片开始,冷锋去乡村追悼自己战友遇上强行拆迁的施工队,有着军人身份的冷锋在大义面前表现出对战友的重情重义,这一人物行为设计尊重观众的心理期望、尊重现实生活逻辑,能够引起观众的共情感,使得冷锋成为观众心中的英雄人物。

由《战狼Ⅱ》还可以看出,观众对电影作品的要求越来越高,不单单停留在会心一笑的低层面,而是对电影数量、质量和人物塑造产生了更高的要求,期待达到自己的想象、带给自己更大的惊喜。①

一个经典的角色不光要有生命,使观众过目不忘,或者足够平凡普通、贴近观众,使观众信服,更重要的是角色本身所呈现出来的性格、气质、行动、语言之间是否是一体的、连贯的、相符的。如《疯狂动物城》中,导演对每一种动物都有其独特的设计和定位,尤其是外形的设计极其符合现实生活且与人物身份相符,更是赢得了观众的喜爱。通过角色的发型设计,可以向观众传递出角色的职业、性格等特点。树懒的头发非常中规中矩,头发被整齐地梳在两边,看上去非常柔顺、干净、整洁、清爽,符合他公务员的职业特征。与之相反,牦牛却有一头浓密厚实的头发,周围还时不时围着一群苍蝇,看上去非常凌乱、邋遢、肮脏,仅用一头乱糟糟的发型就能把牦牛倡导自然的理念刻画得淋漓尽致,非常生动形象。②

二、传媒经济学看制作,中学生反馈知代价

传媒经济学构建于不同的经济学理论和分析方法之上,初期的传媒学主要关注传媒的作用和功能。随着越来越多的传媒经济学研究的出现,许

---

① 李秋高.传媒经济学范式下对电影片名的思考[J].电影文学,2011(11):150-151.

② 蒋文雯.《疯狂动物城》:完美的角色造型与角色塑造[J].大众文艺,2016(15):173-174.

多的传媒企业组织运营、传媒企业间的良性竞争、传媒产品的消费、传媒受众群体的普及、传媒产业链下的系列经济状况以及金融问题等,形成了具体的传媒经济理论。①

电影画面视觉形式所有成分都应服从于最充分地揭示所拍场面或事件的思想和内容的任务,比如线条结构、空间特点、影调和色彩的处理、照明的特点、光学线条乃至画面和反映在其中的空间范围的截取等。②好角色的呈现除了演员的成功演绎,还有剧本对角色的合理设定、服装道具灯光剪辑等一系列辅助的配合,需要影视行业的工作人员共同努力。我们需要深刻反省一个问题:一部作品反响不大,卖座率不高到底是因为什么?很多人总把电影票房不高归于宣传不力、主演不红等问题,却忽略了电影本身制作的问题。很多时候,一些影片之所以口碑差、票房低,正是电影作品本身出现了问题。比如,演员演技(这涉及对角色塑造的完美程度)、服装道具灯光、拍摄手法和剪辑处理等。这些决定电影优劣的大问题:什么样的人诠释了什么样的故事。就电影《阿凡达》来说,无论从视觉效果还是故事构思,都做到了新鲜有趣和高品质、大制作,最重要的是《阿凡达》塑造了一个经典的角色杰克;它的成功绝不仅仅是新奇的构思和强大的视觉盛宴的成功,更是角色塑造的成功。杰克影响和感染了很多人,以至于很多年过去了,孩子们说到环保问题与自然生存问题时,都会想起《阿凡达》中的杰克,杰克用自己的坚毅与平凡做了不平凡的事情,这种阳光积极的信念激励和感染着一代又一代的孩子,这便是影片的意义。

相反,某些电影制作的造假、电影艺术的造假行为是对观众的不尊重、对电影艺术的亵渎,对孩子成长的影响更是惨痛的。

归根结底,真正好的电影作品,不论其他方面,就演员自身的功底及其角色塑造来说,绝对可以说是一流的。《我的父亲母亲》是笔者看过

---

① 司雯雯.论传媒经济学范式对电影票房的影响:以春节档电影为例[J].新闻研究导刊,2016,7(11):188,209.
② 韩菲.《此去经年》电影人物形象塑造[D].石家庄:河北科技大学,2014.

子怡老师的第一部作品,她以纯天然的演技将角色塑造得特别完整,这样的演绎是能够引起共鸣的,能够引起共鸣的东西往往是有观众的,而有观众的才算是成功的。古往今来,有太多经典的角色从一部部优秀作品中被诠释出来,这与文学作品的人物塑造如出一辙,正如提起鲁迅你就会想起"孔乙己",提起沈从文你就会想起"翠翠",等等。

2017年上映的电影《芳华》,也是角色塑造成功的最好例子之一,且不说作品中的众多女性角色,就单单"刘峰"这一男性角色,演活了一个文工团时代的"好人"形象,角色所诠释的善良是我们司空见惯的、是合理的、是平淡的。正如其中一个片段展示给我们的一样,这个善良的文工团成员也有他"俗气恶心"的一面,他因为喜欢团里的一个姑娘激动地冲上去表白而遭到了不理解,甚至不公平的待遇;影片传达给我们的信息有:一、就算再完美的人也是人,都会有身为人的七情六欲和意气冲动;二、那个时期给"好人"的定义太扁平无瑕,忽略了人的共性。这是笔者所感知的粗浅认识,但这也恰恰反映出一个角色塑造的问题,在黄轩塑造的"刘峰"这个角色里,好人是平凡的、普通的、正常的、使人信服的。观众能感知他的存在、能体谅和理解他。如影片中他将上大学的名额让给了别人,这不单单是因为他一心想成全别人,更因为他想留在心爱的女人身边。这才是一个有血有肉的"人",这才是立体、饱满的电影角色。再加上剧情的发展、时间的推移,一部影片看完,一个鲜明灵动的角色就出来了,就对了。这样成功的人物塑造必然会为电影带来口碑、票房的双盈利。影片中笔者印象最深刻的一幕是刘峰去某局里要他被扣的车,因为要交1000元与局里人发生矛盾,假肢掉下,被老战友目睹,老战友含泪痛骂局里人并替他交了钱,他坚持写了借条给老战友。我们看到了那个时代像刘峰一样的人的人生轨迹。我们看到了即使命运不公,刘峰依旧和以前一样,是一个讲求原则、不愿亏欠别人、一身正气的汉子,不同的是历经沧桑流年的他更具烟火气。就像影片中呈现的那样,老婆跟人跑了、胳膊没了、工资不多,但他的气质涵养在这样平凡甚至平庸的生活里无处不在,那种没有变过的正直、善良、义气使得观众相信世间一切真善美源于时代造就、源于社会认知，也源于自我修养，这便是合理的角色，因为每一个小人物的一生都是这样：虽是小人物却有着丰富独特的性格和气质，因此这个被人称为活雷锋的人的一生，就是那样忙忙碌碌、平平淡淡。所以，成功角色的背后，应该是对人性的解读、是对故事的理解、更是对时代的包容。

三、主动进入电影场景、引导式解读主题思想

饶曙光教授讲："电影最大的魅力是保持与观众最亲密的契约精神，一部优秀的电影一定要在最大程度上与观众形成最大公约数，电影创作者一定要让观众认为你比他的思想高。"这句话触动了笔者，作为一名影视教育者，笔者热泪盈眶，因为笔者不止一次被电影所感动、在电影院流下眼泪。一部好的电影是不分观众、不分群体、不分年龄的。就拿《我不是药神》来讲，这部电影一上映笔者便带着4岁的小侄女一起去看，小侄女看到戴着口罩的病人，哭了，转身问笔者"姑姑，那个奶奶会死吗？我不想她死，她死了就没有奶奶了"。笔者很惊讶，一个4岁的孩子知道什么是死亡吗？可她已然将自己内化进电影角色，将电影中的奶奶转化为自己的奶奶，她害怕失去，她想象着奶奶死去后的难过，这是多么地难能可贵。在观影结束时，笔者用做游戏的方式告诉了小侄女电影表现的内容和事件，也用不在场举例说明了电影带给她的情感触动，这就是对电影语言的解读，是对电影创作者的尊重。一部好的作品会使观众有共情感，会对生活有所观照，是全民能看懂，更是适合全民观看的。当然，这也需要更多的人去理解电影艺术，去为理解电影艺术而努力。那么问题来了，小孩子在电影中看到死亡的时候，他们小小的内心是受到伤害的，如何正确引导孩子对电影的理解变得至关重要；如何让孩子在电影中感受艺术的熏陶、进行一场美育的洗礼变得越来越有必要。

结　语

丁亚平教授在讲座"70年中国电影的文化逻辑与近年发展态势"中讲到了中国电影从创建之初发展到如今，经历了几次重大的文化改革和语境变革，中国电影在全球化语境中呈现出的文化逻辑——与世界电影对话的格局足以证明中国电影强国的事实。中国电影在国际上的地位已经越来越不容忽视。作为影视戏剧的制作者和传播者，有义务更有责任将中国电影事业传播开来。

传媒经济学发展至今，越来越多的学者开始关注电影的收益和本身的质量，诸多业界导演和制片方会在电影选本开始利用经济学计算电影上映之后的最少收益，故而越来越多的电影开始走向程式化、固定化，同时也能精准计算一部作品本身的价值。电影本身的成功除了要有好的内容外，还需要一切硬件、软件的配合，需要演员的成功演绎——塑造相对完美的、合理的、具有辨识度的经典角色，完整地诠释故事，发展剧情，真正将角色演绎出来，理解艺术、尊重艺术、成全艺术，而不是一味地念词背本。

作者：宁夏理工学院　宋彩娟

新媒体时代的中小学影视教育发展研究

摘要： 文章以新媒体时代的中小学影视教育为研究对象，新媒体时代中小学影视教育的必要性与可行性、新媒体时代中小学影视教育的新机遇两个层面入手，探究中小学影视教育的可行性路径。

关键词： 新媒体；中小学；影视教育

当前，人们生活在一个新媒体全面参与和建构的时代。在新媒体时代的大背景下，以视听艺术为核心的影视艺术和影视教育步入了机遇和挑战并存的新阶段。影视教育作为艺术教育的重要组成部分，理应成为中小学德育、美育等工作的重要内容。2018年年底，教育部、中宣部联合印发《关于加强中小学影视教育的指导意见》，正式将影视教育纳入中小学学校教育的教学计划。

一、新媒体时代中小学影视教育的必要性与可行性

影视艺术作为一门全面普及的视听综合艺术，拥有广泛的受众，其教育功能也是显而易见的。2010年，国务院办公厅印发的《国务院办公厅关于促进电影产业繁荣发展的指导意见》中，要求"将观看爱国主义教育影片纳入中小学、中等职业学校教育教学计划"；2016年，教育部指定陕

西省为全国影视教育省级实验区，展开影视教育落实工作。然而，以往的影视教育相关政策执行效果甚微，多被视作爱国教育的辅助内容，"观看爱国主义电影"是其主要形式。如今，在以互联网为代表的新媒体的辅助下，影视行业发展迅猛，对社会文化产生了广泛而深远的影响。

根据中国互联网络信息中心（CNNIC）发布的第42次《中国互联网络发展状况统计报告》，截至2018年6月，我国网民规模为8.02亿，其中手机网民规模达7.88亿，网民通过手机接入互联网的比例高达98.3%。中国社会科学文献出版社2018年9月出版的《中国未成年人互联网运用和阅读实践报告（2017~2018）》指出，被调查未成年人中小学生"拥有自己手机"的比例达64.2%，其中初中生为71.3%，高中生为86.9%。由此可见，手机上网已成为中小学生最主要的上网方式。如今的中小学生不仅运用互联网获取信息、娱乐放松、表达自我，还通过互联网进行在线自主学习、互动学习。在新媒体技术的支持下，影视艺术创作和传播均呈现新的特征，鉴于青少年群体在我国网民中所占比重极大，关于影视艺术的内容监管和教育功能等问题再次引发全社会的关注。

综合来看，新媒体时代影视艺术的快速发展对社会生活的各个方面产生了广泛影响，尤其是在青少年艺术素养、审美提升等方面彰显出不可替代的艺术教育功用。青少年对手机等移动终端的熟练使用，为影视教育提供了内容传播的渠道和效果保障。借助新媒体开展影视教育既有必要性，又有可行性。

二、新媒体时代中小学影视教育的新机遇

1. 影视教育形态更加多元

传统中小学影视教育的基本形态相对固定，一般以线下教育为核心，主要有三种开展形式：一是统一组织，集体观看教育部、中宣部推荐的经典影片；二是开设影视课程，内容涉及影视文化、作品鉴赏、媒介素养和

科教知识等。但在影视课程的设置上，大多数学校不具备开设影视教育相关课程的师资力量，开设电影校本课程的更是少之又少；三是作为辅助教学内容，一般是因其他学科需要，选取比较有贴近度和相关性的影片进行辅助教学。

在新媒体技术的全面参与下，中小学影视教育获得了前所未有的发展空间。中小学生借助新媒体技术可以更方便地接触影视文化，改变以往影院观影和课堂教学对影视知识的浅显接受形式，运用互联网、手机等渠道，通过"慕课"、"微课"、SPOC（小规模限制性在线课程）、"翻转课堂"等多种形式实现对影视艺术的深入学习，有效改善了中小学影视教育师资不足、课程开设有限的状况。在学习方式上，线上直播、App学习等与传统方式截然不同的新形态不断涌现，在丰富影视教育内容渠道的基础之上，实现了对影视教育场域的拓宽。

据报道，东方闻道网校与四川成都七中合作开办直播班，西部贫困地区的248所中学通过直播可远程观看成都七中的高水平、专业化课程。这一案例折射出新媒体时代教育领域的巨大变革，同时反映了中西部地区在教育资源上的严重失衡。普通课程尚且如此，新兴的影视教育不可避免地也面临师资不足、影院匮乏等问题，资源配置的不平衡严重阻碍了不发达地区中小学影视教育发展的步伐。新媒体给中国教育带来了巨变，借助新媒体设备和技术，不论是重点中学还是山村学校、发达地区还是贫瘠之地，都能够同步接受线上的课程传授，这对于促进教育公平意义非凡，展现了以互联网为代表的新媒体在教学资源均衡配置方面的巨大优势。

2. 应试教育素材全面拓展

互联网为中小学影视教育提供了海量的内容资源。网络内容的差异化、传播形式的多样化使影视学习更具开放性。新媒体时代中小学影视教育的内容限制得以突破，影视教育不再局限于课堂范围，学生在课余时间也能够接触到广泛影视艺术资源。与传统模式的单向传授相比，在线学习的双向互动模式大大提升了影视教育的有效性。网络时代教育素材丰富多样，既有利于教师根据学生的年级、特点等因材施教，又有利于充分发挥学生的主观能动性。例如，课堂上教师的讲授时长有限，学生可以在课下利用网络继续学习自己感兴趣的内容，拓展影视教育的广度和深度。同时，"慕课""微课"等专业的在线学习课程增强了中小学影视教育的专业性，"戏曲进课堂""电影进课堂"等活动的开展，不断激发着中小学生的影视学习兴趣和热情。

随着网络资源的不断引入，影视教育的范围不断拓宽网络剧、网络电影、网络节目、纪录片、动画片等不断丰富着影视艺术的内涵，也充实着影视教育的资源储备。任何有利于中小学生群体身心健康的、能够给予他们积极的引导的、能够帮助其树立正确价值观和审美观的影视作品，都可以也应该纳入中小学影视教育的素材库。但是必须承认，新媒体时代内容资源的鱼龙混杂是中小学影视教育需要面对的现实问题。新媒体使中小学生对学习资源触手可及，但他们正处于价值观未形成的青少年时期，不具备准确分辨内容优劣的能力，需要教师和家长的正确引导。因此，如何正确引导中小学生进行影视教育资源的选取，通过最优渠道获取精粹、剔除糟粕，是一个需要引起广泛关注的课题。

三、新媒体时代中小学影视教育发展策略

"中小学影视教育的主要任务应是培养正确的观看习惯和影视艺术鉴赏能力，进行审美情趣的熏陶，提高艺术素养，以及借助影像进行思想教育，培养良好的人生观与道德观。"[①]新媒体时代，笔者针对中小学影视教育的发展现状和存在的问题，就如何更好地开展中小学影视教育，提出以下几点建议。

1.建立影视篇目的衡量与选取标准

新媒体时代影视教育的内容丰富多元，对影视篇目的选择不应局限于

---

① 张武.影视艺术教育应该全面普及[J].艺术教育，2007（9）：142.

主旋律电影，还有许多形式和类别值得挖掘，比如优秀的剧情片、网络节目、纪录片、动画片等。同时，基于影视内容资源质量良莠不齐的现实状况，教育部、学校等相关部门应加强资源整合，以全面加强中小学影视教育为核心，制定一套合乎育人需求的衡量与选取标准，使影视篇目的选取有标准和制度可循，实现教育资源的科学、优化配置。

2.重视影视教育的师资队伍建设

在对影视作品的择取上，教师的作用举足轻重，直接影响着中小学生的影视接受内容，教师的引领作用不言而喻。目前，中小学影视教育的师资在数量和质量上都无法满足现实需求。全面加强中小学影视教育，首先应将师资队伍建设作为工作的重中之重，重视影视教育的师资力量，包括教师的数量和质量。一方面要加强专业人才培养，如影视专业大学毕业生的定向输送；另一方面要加强现有教师的继续教育，提升其专业技能，如建立一套中小学影视教师培训标准，对中小学影视教育的从业教师进行定向培训。

3.加强影视教育课程建设

新媒体时代的中小学影视教育应以提升学生的艺术素养为目标，全面加强影视教育课程建设，除传统的一对多线下课程外，还可以将先进的新媒体技术和"慕课""微课"等在线学习课程纳入课程体系，鼓励学生开展多元化学习。制定中小学影视教育体系标准，用以指导编撰全国通用的教学应用教材，开展影视教育的教材建设。中小学影视教育在鼓励教材标准化的同时，应特别注意差异性，不论是纸质读本还是多媒体教材，都应针对不同年龄段的中小学生有所侧重与区分。另外，要充分考虑中西部地域差异、城市与农村的发展差异，根据地域和对象不同因材施教。

4.鼓励面向中小学生的影视创作

以电影为例，近年来中国电影产业发展迅速，2018年度电影总票房已达600亿元。但其中真正面向中小学生群体的、真正有益于中小学生并为之接纳的电影是极少的。《熊出没》《喜羊羊与灰太狼》之类的动画电影对中小学生来说过于低幼，而其他类型电影又较为成人化，电视剧亦是如此。影视作品的目标受众呈现出严重的断层局面。在这样的背景下，应通过政策引导、产业扶持等方式鼓励并推动面向中小学生的影视创作。

结　语

影视作品作为艺术形式和传播媒介深刻影响着人们的世界观、人生观、价值观，中小学影视教育对中小学生的人文艺术素养提升、审美品位养成等意义深远。在开展中小学影视教育时，应积极传播主流文化与意识形态，引导中小学生自觉传播体现民族性的影视作品，树立文化自信和文化自觉。从传统影视教育范畴来看，我国与西方国家还有较大差距，在新媒体时代应把握机会，以新思路、新渠道积极开展中小学影视教育，这有助于提升国民整体素质和文化素养，实现艺术教育与中国影视产业在新媒体时代的双赢，共同推进我国新时代的文化建设。

作者：北京师范大学　王兰侠　李平

第二章 探索·影视教育的多元融合

多元格局的影视教育面面观

摘要： 新文科建设背景下的影视教育已经发生了许多变化。从最初单一的精英教育和职业教育到后来的面向实际的教育和宽泛的文化素养教育，更介入当下新的背景，在新文科建设背景下又要开启一种更新的创造性的教育。基于此，本文将探索多元格局下的电影观念，以寻求中国影视教育的新发展。

关键词： 新文科；影视教育；观念

影视教育并非只针对银幕电影，而是涉及由此延展的影像艺术乃至网络视频等多个方面。这正是论及影视教育更为宽泛而重要的所在。当下的新文科建设强调传统文科要适应时代变化更多地向智能时代拓展。由此需要检索分析已经成型的影视教育发展格局。而在新文科建设背景下的影视教育，已经发生了许多变化。中国的影视教育曾经是以单一的苏式传统专业性的精英创造教育作为基础。但时至今日，中国的影视教育已经泛化开去而普遍开花，并且和整个时代的视觉艺术的发展、媒介素养的发展相互呼应。所以，对于中国的影视教育的格局的巡礼，也是为了适应智能时代培养素质教育、视觉教育的人才的一个必要前提。概而言之，中国多元的影视教育格局已经形成。在这一教育体制中，其有长处，也呈现出了不足。

回顾中国影视教育的历史，曾经经历过的有效的影视教育形式于今反思也有偏差。在既往中国影视教育的简单性理解中，中国影视教育只是为培养生产性的人才而进行的教育。因此，北京电影学院作为唯一的中国影视教育的机构，适应着当时的影视教育的把控性，从一定意义上看就是一种精英的教育——培养各自分工的影视教育人才，这为中国电影教育培育出一批相当出色的人才。因此，中国的影视教育在计划经济年代，按照计划经济的方式来进行电影人才培育，执着于细密分工的行业而取得成绩。但时过境迁，影像艺术越来越具有普泛性，单一化的、精英式的影视教育的局限日渐凸显。面对更广阔的适应大众的，尤其是适应市场的影视教育，其缺陷日渐暴露。当今的影视教育，一方面需要面对更宽泛的受众群落，另一方面要针对越来越多的生产数量和适应市场多元需要的高端人才的综合性要求，两方面都是影视教育不可避免的难题。同时，随着数字时代的到来和互联网时代的变化，以及面对基础教育的受众群落的影视教育现状，中国的影视教育变革已经迫在眉睫。这一个向上和一个向下的影视教育，都产生了精英化相对狭小的问题，而适应计划经济年代的影视教育已经发生了很大的变化。中国的影视教育开始突破成规，向更多的专业性的、综合性的艺术院校拓展，包括向综合性大学的影视基础教育、影像教育、欣赏教育及制作教育的拓展。进一步来看，各级各类的学校，都把影视教育看成了更宽泛的人文素养教育的重要组成部分，中国的影视教育形成了更大规模的、适应这个时代的影像素养教育新格局。

从精英式影视教育的制作到更宽泛的影视欣赏教育、评论教育和向下的素质影像教育，影视教育的差异性和分类性越来越明显。当今的影视教育的分类观可以从以下三个方面来观察分析。

第一，性质差异。创作电影的教育、欣赏电影的教育和媒介的教育等多种对象实有区别。过去的影视教育基本执着于创作电影的教育，因此集中于单一性的电影产品的教育制作。这种影视教育形式培育的人才成为影视教育的中坚力量，并且产生了适应大众拥戴而不分差别地去审看电影的有利局面。然而，被动的影视教育和后来的互动式的欣赏，以及公共的影视教育产生了很大的差别。如何培育更广泛的懂得欣赏电影的人，并且使这样的人参与到更宽泛的影视教育之中，就成为影视教育的必要命题。而作为影像媒介面向智能时代和互联网时代的教育，必须延伸、扩展到对于媒介素养、传播素养，特别是互联网认知的影像教育和图像时代教育。

第二，针对差异。影视教育途径包括不同层面的教育形态，即专业电影院校的教育、综合大学的影视教育、公共艺术的影视教育，以及基础阶段的影视教育。每一种影视教育的目标、方式方法、课程体制，以及人才培养的需要都各不相同。显然，由专业的电影学院的影视教育辐射到综合大学的影视教育、公共艺术影视教育，乃至基础教育的青少年影视教育，适应性不佳，需要变通也需要守正创新，这就是影视教育发生巨大扩展化，甚至在全国千所院校开设相关课程的原因所在。

第三，目标差异。影视教育的核心在于对电影的功能理解。技术性制作的理解占据上风时，显然又缺少其他方面的影视教育的功能，而随着产业和市场的扩展，对于电影的产业理解、传播理解、策划理解等的教育越来越成为时代的迫切需要。进一步来看，对影视教育的文化理解的用意，就是影视教育更广阔的规模所需要的专精尖与普及性相辅相成的必然。凭借专一性、专业性的影视教育，显然不能够很好地解决。而对于电影不仅是影像的教育，而且是触发人们把电影理解成为艺术审美和创造对象的教育的这一认知应提到议事日程上来。

影视教育的分类、分化促使着我们对于影视教育应该有更广泛的认知。对影视教育的简单理解造就了一系列的偏差，不仅不能适应时代发展，而且阻碍了影视教育向下的影像欣赏教育、向上的影像创造教育、向前的互联网时代的媒介教育、向后的对于艺术与技能精神理解的教育。至少，单纯从教育的途径而言，精英式的电影学院的教育和宽泛的综合大学的电影素养人才的培育，以及针对大学乃至中小学的视觉文化的教育、欣赏的教育、审美能力的教育等，越来越促使影视教育从简单、单一的高精尖教育变成宽泛的文化素养和审美能力的教育。

需要改变的不仅是教育现状，还有观念。如何看待当下的影视教育或者影像教育的多元化局面？必须有一种辩证观。比如，面对综合类大学，或者说北京电影学院之外的影像教育，自然有它们的一些文化素养方面的优势，但是要注意防止言不及义的泛泛而论，或者说空手套白狼式的一般性文化教育。仅仅是平面式的影像教育而不掌握影像的语言，也不呈现出影像和其他艺术之间的比较，难免被诟病。综合性的影视教育不仅仅只针对培养观众的影像艺术感知，也需要更为专业性的影像技术文化教育。而综合性技能培养对于培育创作者、欣赏者和研究者等更为深入认识电影艺术的人带来多种可能。某种程度上，执着的域外创作者也能创造出有特色而不受习俗约束的好作品，如《哪吒之魔童降世》的导演饺子（饺子是学医的，但其创作别有洞天）。新一代的年轻人有更明显的互联网影像意识，同时，他们和受众之间的情感联系更为迫近，创造不同于既往影像类型的好作品并非不可能。新一代创作者和动漫、游戏之间的关系也造就了一些新的电影。这些时常在各类大学的影像爱好者中得以实现。所以，新时代的影像教育是一个综合性的教育，既不能忽略继承像北京电影学院这种传统的、精细的制作（因为它的工业化的流程，必然有它自身的优势），又需要一种广阔的文化知识来指导提升。

　　反观历史来看待当下实属必要。在既往的经典教育的年代，简单的排斥或者说没有看到普及性的影视教育，特别是综合大学的影视教育——以北京电影学院为唯一代表的专业分工细致的影视教育自有它的优势，既有时代的原因（时机未到），也有电影在计划经济年代不用顾及市场的需要。如果不这么看，无法理解中国长期以来的影视教育培养了多代人，尤其是"第五代""第六代"的电影人，在中国电影从导演、摄影、表演等分类体制上所取得的出色成绩。排斥苏式影视教育的分工细密自有其聚合的综合性，显然无视历史，同时也是对现实电影创作（主要是北京电影学院培养的多类人才的创作）成绩的否定，自然不符合现实。而事实上，与时俱进的电影成为市场的产物，娱乐文化和大众文化的兴起使得电影适应市场要求，也使得单一的精益化的电影创作难以形成自己更大的优势。适应性的电影普及性的教育，包括大众电影欣赏的教育、综合性的人才教育以及和国外的哈佛大学、南加州大学电影艺术学院、纽约大学电影学院等综合大学合作开展的影视教育日渐成为趋势。随着改革开放的不断深入，20世纪90年代初，综合性的影视教育伴随着更大规模的电影的欣赏教育、电影的文化教育等的开展而不断变化。时至今日，电影打破各擅其长的分工而突破分类壁垒的步伐越来越大，以张艺谋从摄影师改行做导演为标志，到近年更大规模的"转行"做导演的趋势——在电影票房前100名的导演中有80%是非导演系毕业的。所以，不在于以简单、精细的分工为标准，综合性的电影艺术人才（包括以毕赣等为代表的综合性院校制作人才和跨行业电影人才）培养已经成为趋势。总而言之，精英化的分工、细致的手工操作的电影制作流程中的电影和影视教育，已经变为更大规模的、多样类型的学校影视教育。

但是我们要辩证地说，不能使所谓的综合性的、更大规模的影视教育和精英化分工的影视教育相对立，使二者互补才是必然。全国有几百所高校设立影视教育相关专业，让更大规模的影视教育的受众和创作者相互映衬，形成了当下的影视教育。我们不否认，精英式的影视教育依然有它的魅力，而且是影视教育的核心和基础，但是，不同于北京电影学院培养人才的教育体制已逐步形成，更多的综合艺术院校与多样类型的艺术创作者，包括综合性的艺术教育、单科性的艺术学院等相互补充，再加上综合大学的艺术文化教育，才是当下影视教育的完整景观。在互联网时代，电影教育一定是影视教育，或者说影像素养的教育，需要更大规模的文化培育并行不悖，构成当下中国影视教育的最新体制，也改变了电影创作的生态。

总体而言，中国的影视教育已经进入一个新阶段。从单一的精英教育、职业教育到后来的面向实际的教育和宽泛的文化素养教育，在新文科建设背景下又要开启更新的一种创造性的教育。这里我们说电影教育既要向更宽泛的文史哲等人文社会科学学习，以丰富内涵、充实内容，又要面向智能时代的网络和新媒体的教育学习，以摆脱以单纯的胶片为基准的数字艺术，从而成为面向宽泛的社会人群的教育。此外，影视教育要高瞻远瞩，要融会贯通，要让社会、科学、哲学、计算机等相关的教育与艺术最核心的审美教育联合在一起，成为艺术教育最中心、最中坚的符合人类文化发展趋向的教育。切记，影视教育的根本执守：艺术审美、生活投射、情感熏染、价值观把持不可或缺。

作者：北京师范大学　周星

探讨中小学影视教育

摘要： 中小学影视教育越来越受到国家、高校、学者的关注。影视教育对中小学生三观和社会主义核心价值观的教育意义不可替代。党的十九大报告在文化建设方面提出要"坚定文化自信，推动社会主义文化繁荣兴盛"，本文从文化角度理解影视教育，从政策出发，探讨我国的中小学影视教育。

关键词： 中小学影视教育；文化自信；实施细则

文化是一个国家、一个民族的灵魂，文化兴则国运兴，文化强则民族强，没有高度的文化自信，没有文化的繁荣兴盛，就没有中华民族的伟大复兴。中国特色社会主义文化源自中华民族优秀的传统文化，熔铸于党领导人民在革命、建设、改革中创造的革命文化和社会主义先进文化，根植于中国特色社会主义伟大实践，使我们有充分的理由和足够的底气自信。深入生活、扎根人民的文艺工作者，高扬爱国主义的伟大旗帜，大力弘扬社会主义核心价值观，创造出越来越多无愧于民族、无愧于时代、无愧于人民的优秀作品，影视作品是其重要的组成部分。

一、时代背景

近些年来，中国影视行业得到了长足发展，在互联网的加持下，其社会影响力空前壮大。新时代如何发挥影视作品对人民大众特别是中小学生的世界观、人生观、价值观的引导作用,是不容忽视的问题。尤其是2018年年底,教育部、中宣部联合印发《关于加强中小学影视教育的指导意见》(简称《指导意见》)[①],提出力争用3~5年时间,基本普及全国中小学影视教育,基本建立形式多样、资源丰富、常态开展的中小学影视教育工作机制,切实落实中小学生影视教育活动时间,充分保障适合中小学生观看的优秀影片,有效利用学校、青少年校外活动场所和社会观影资源,形成中小学影视教育的浓厚氛围。至此,中小学影视教育再次提上日程,引起教育界广泛关注,《指导意见》为中小学生德智体美劳全面发展提供了指导性意见,但是,如何真正发挥影视教育在中小学教育中的重要作用?从上述政策出发,结合社会主义新时代的文化自信,重点谈谈我国中小学影视教育在具体操作中遇到的问题和解决方法。

二、具体操作中遇到的问题

新时代教育受到传统教育观念的束缚和现实条件的限制,这使蕴含着中华民族优秀的传统文化、丰富的革命文化和社会主义先进文化的影视作品难以深入中小学校,对影视教育的广泛开展形成一定的阻力。

1.具体操作经验不足,没有形成体系

自2007年起,我国开始了影视教育的探索,《指导意见》既是前十年探索的总结,也是影视教育开展的新开始。就全国的影视教育现状来看,国内专家、学者对影视教育的研究相对较少,地方教育行政部门对影视教育较为陌生,具体表现为国家政策"硬着陆"和"浅实施"。部分教育行政部门直接将国家层面的指导意见当作实施细则,影视教育的内容可以安

---

① 中华人民共和国教育部.教育部、中央宣传部联合印发关于加强中小学影视教育的指导意见 [EB/OL].(2018-12-25). http://www.moe.gov.cn/jyb_xwfb/gzdt_gzdt/s5987/201812/t20181225_364730.html.

排哪些，教师何时进行影视教育，应该达到怎样的效果，学生可以得到哪些收获等问题语焉不详。部分学校仅偶尔利用多媒体给予学生一两次观影机会，通过这两次观影机会，学生是否能产生获得感，是否能达到审美教育、艺术教育等目的有待商榷，更没有机会动手制作微电影、写影评等。对于中学阶段，限于学业的压力，学校和家长也不舍得让孩子花太多时间去观看电影和创作微电影。这种情况也阻碍了影视教育的具体操作。

各地普遍未形成较好的影视教育氛围。第一，影视教育地位尴尬，既不在校园文化建设之列，也不在学科课程建设之列，各类活动、课程中都未较好地体现影视教育，大部分学校教师对影视教育不了解，学生对影视教育没概念。尽管部分学校、教师和家长明确优秀影视作品的育人价值，偶尔会利用网络让孩子观看一些影片，但是缺乏正确影视教育观的指导，未能将影视作品用到极致，孩子是否有感触、是否有收获、是否从中产生价值观和思维方面的变化不得而知，这样的"影视教育"终究不成体系。第二，在原有的课程安排中插入大量的观看影片的时间、拍摄影片的时间着实不易，无论是学生观影、教师解读还是实地拍摄，都需要大量的时间成本。因权责不明，科任老师只顾自身的教学任务，影视教育常常被边缘化。没有符合学校实际情况的影视教育细则为指导，具体工作的开展容易敷衍了事、互相推诿，甚至搁置不前，导致政策浮于表面，有悖于初衷。第三，影视教育所涉及的观影教室、观影设备、影片来源、拍摄设备等一系列物资都对学校原有的管理和经费提出新的要求，短时间内将所有的软、硬件设施配备齐全具有一定的难度。第四，学校还没有一套系统的针对中小学生进行影视教育的教材。上述原因使得影视教育实施有一定的难度。

2.文化自信有待增强

教育工作者没有深刻认识到影视作品的教育性，没有看到其中蕴含的中华民族优秀传统文化及中国特色社会主义文化，对影视作品的教育意义心存质疑，导致实践动力不足。影视教育的重要性、必要性在考试分数面前"黯然失色"，部分教师的课程观、学生观、评价观等并没有从内里进行革新，科任老师不会轻易奉献出自己的课时给学生观看整部电影，因为从某种意义上来说，他们始终认为影视作品和休闲娱乐有更多的联系。部分学校始终将学生考试成绩置于首位，教育行政部门下发的文件成为一纸空文。教育行政部门"顾头不顾尾"，不重视实施效果，没有形成有力的监督体系，无形中放任此种传统老旧的教育观念蔓延，导致影视教育未能起到更新教育观念、丰富教育内容、培养全面发展之人的作用。

中华民族优秀传统文化是劳动人民智慧的结晶，是传承千年的不朽经典；中国特色社会主义文化源自中华民族五千多年文明史所孕育的优秀传统文化，熔铸了党领导人民在革命、建设、改革中创造的革命文化和社会主义先进文化。我们应当坚信，包含中华民族优秀传统文化及中国特色社会主义文化的影视作品具有强大的感召力和凝聚力，坚信影视教育是学生了解中华民族传统文化、革命文化、社会主义先进文化的重要途径，是提高学生艺术修养、陶冶高尚情操的重要手段，符合学生增强文化修养，提高文化认同和文化自信的需要。

三、方法探讨

1.制定符合本地实际情况的一些实施细则

教育部和中宣部联合下发的《指导意见》是中小学影视教育里程碑式的指导意见，明确了相应内容、最终目标和时间界限，但国家层面的政策若要在地方生根发芽，必须依靠教育行政部门将政策"吃透""嚼碎"，融入乡土特色，立足地方条件制定出一套行之有效的实施细则。同时，在上级文件精神的指导下，各学校要结合校情、师情、生情，进一步制定出符合本校教学情况、具有乡土特色的实施细则。必须明确课程对象、课程内容、课程时间、授课教师、考核标准等，充分利用现有条件，特别是多媒体设备，将影视教育课程化、体系化、常态化。在影视教育教师短缺的情况下，学校可以充分发挥现有教师的作用，利用寒暑假时间对教师进行培训，培养专业化、半专业化的影视教育教师，拓展教师的知识面，培养教师的艺术鉴赏力。一方面，学校由专人负责将影视教育内容合理安排，保证学生每个学期有一定的时间接受较为系统的影视教育，逐渐培养学生的影视思维；另一方面，各科任教师将影视教育融于学科之中，充分挖掘影视作品的教育寓意，丰富课堂教学，为学科内容服务，提高影视教育的信度和效度。另外，各学校应组织相关人员，根据实际情况编写符合学校本身实际情况的影视教育校本课程教材。信息化时代，影视业对人们的世界观、人生观、价值观影响巨大，特别是对正在成长的中小学生而言，引导其形成正确的政治认同、理想信念、是非观念极为重要，这是每一个教师义不容辞且不可推卸的责任。

2.注重支持、监督和实施方法创新

教育行政部门要重视影视教育，加强宣传力度，积极引导。加大经费支持和监督力度，促使学校有条件、有能力开展影视教育，对影视教育不轻视，不怠慢。根据实际需要，为地方影视教育设立专项经费，用于购置设备、影片，举办影视活动、比赛，并制定相应的考评制度和激励机制，鼓励学校、教师、学生踊跃参与影视化教育，营造积极的、活跃的影视教育氛围。学校和教师应当充分利用现有的资源，将影视教育与学校社团活动、班会活动和上课内容相结合，以各类主题活动为载体，开展影视化教育。鼓励教师开展以影视教育为课题的校本研究，营造浓厚的学术研究和教研氛围，多角度、多层面地探索影视教育实施路径。在无形与有形中开展影视教育，在无意与有意中培养学生智能。

总之，在新时代背景下，我们应正视影视教育的意义与价值，关注学生素养的全面发展，拓展教学内容、拓宽教学视野，从全新的角度关注学生发展，开发学生智力，挖掘更多潜能，将核心素养落地，通过各项举措促进中小学影视教育发展，充分发挥影视教育对培养中小学生正确的世界观、人生观、价值观的作用。

作者：山东省聊城第三中学　李兵

初中影视教育课程探索

摘要：教育部、中宣部联合印发的《关于加强中小学影视教育的指导意见》指出，力争用3~5年时间，全国中小学影视教育基本普及，而目前并没有一个统一的影视教育课程体系。笔者以自身实践，探索初中影视教育的可行性以及实施方案。

关键词：中小学影视教育；初中社团；微电影制作

2018年年底，教育部、中宣部联合印发《关于加强中小学影视教育的指导意见》(简称《指导意见》)。《指导意见》指出，力争用3~5年时间，全国中小学影视教育基本普及，形式多样、资源丰富、常态开展的中小学影视教育工作机制基本建立，中小学生影视教育活动时间得到切实落实，适合中小学生观看的优秀影片得到充分保障，学校、青少年校外活动场所和社会观影资源得到有效利用，形成中小学影视教育的浓厚氛围。此外，《指导意见》还强调了在中小学开展影视制作学习的重要性：各地教育行政部门和学校要积极开展校园影视教育活动，通过电影赏析、电影评论、电影表演、电影配音、微电影创作、影视节（周）活动等，营造浓厚校园影视文化氛围，让中小学生在看电影、评电影、拍电影、演电影中收获体会和成长。作为一名初中信息技术教师，笔者在学校教学中指导了一个微电影社团，下面是笔者在教学实践中对初中影视教育课程的探索。

一、学情分析

当下初中生对于影视的认识不深，观影少。笔者做过统计，他们所看的电影，大部分为动画电影或《蜘蛛侠》《钢铁侠》等特效大片。对于用摄影机拍摄电影，他们了解得不多。随着抖音、快手等短视频平台的发展，用视频来记录生活已经逐渐成为一项技能，那么对于视频制作的学习就是大势所趋。而学校并没有开展相关的影视学习课程，初中生也不能像专业的大学生那样有充足的时间进行系统的影视课程的学习，只能将其当作一项兴趣爱好来学习。针对这样的现状，笔者制定了一个目标：带领一部分学生，通过两年的学习，拍摄制作一部微电影。

二、教学

（一）影视制作技术

根据制定好的目标，我们确定了学习内容，包括摄像、剪辑、编剧、分镜头等。根据笔者多年来的实践探索，我确定了学习顺序：剪辑→摄像→分镜头→编剧。可以看出这是电影制作的倒序，为什么要这样设置呢？我们逐个来分析。

1.剪辑

剪辑是影视制作的重要部分，是影视制作后期的工作，一般来说，剪辑之后就可以看到电影的成片了。那么，为什么要第一个学呢？对于刚接触影视制作的初中生来说，尽快看到成片能大大提升他们对影视制作的兴趣。但学习剪辑需要教师提供大量的素材，为此，笔者准备了一个小故事的全部视频素材，让学生完成剪辑。

目前常用的视频剪辑软件有 Premiere、EDIUS 等，笔者选择 EDIUS 进行教学。这是因为 EDIUS 主要应用于视频的剪辑，相关的输出和输入功能都比较齐全。我们除了学习剪辑技巧，还要学习一些视频参数知识，如分辨率、帧速率、视频格式等。笔者尽量为学生创造更多的实践机会，让他们在实践中体会剪辑该注意的事项。

2.摄像

（1）掌握一些摄像设备的使用方法。

虽然现在手机拍摄视频的效果已经很好，我们也鼓励用手机来制作一些视频，但是对于要进行专业视频制作的学生来说，认识专业设备还是有必要的。笔者主要带领学生认识摄录设备以及一些专业名词的含义。以单反相机为例，首先是介绍一些常用品牌，然后是对光圈、快门、感光度以及镜头和焦段的认识，最后是三脚架的使用方法。这些都是摄录设备使用的基础。对于初中生来说，掌握这些就足以完成目标了。重点是让学生多多动手实践，只有通过实践，他们才能够牢牢掌握这些基础，而对于真正有兴趣的同学，他们也会以此为基础，去探索更深层的知识和技能。

（2）学习拍摄方法。

首先是构图，构图的技巧有很多，想要掌握构图相关知识则需要更多的实践，学生并没有那么多实践的时间和精力，所以对于构图的学习，笔者主要通过欣赏优秀作品的方式要求学生掌握一种构图方法——九宫格构图。更多的构图方法需要学生自行探索。

然后是景别，介绍"远全中近特"，重点是人物通常在各种景别中被截取的位置，例如不要在关节处截取。

接着是摄法，介绍"推拉摇移跟"，这是视频拍摄的基础操作。而我们并没有滑轨、稳定器等高端设备，所以重点在于如何保持手持摄影的稳定性。对于这部分内容，能理解的学生很少，笔者会在讲解的过程中特别留意那些能够理解的学生，因为他们也许就是未来导演的最佳人选。

最后，对电影拍摄的其他技巧加以介绍，重点是双人对话的拍摄方法，学习轴线的概念，强调不能越轴。

（3）组织实践。

在学习摄影方法之后进行一个实践。笔者会提供一个分镜头脚本，让学生根据分镜头脚本，拍摄并剪辑出一个视频。

3.分镜头

分镜头脚本的创作对于学生来说是一个全新的概念。分镜头就是导演根据剧本将剧情分解成若干镜头，将每个镜头的拍摄内容、拍摄方法等进行布置，是前期拍摄和后期剪辑的依据。

分镜头脚本的创作需要一定的理论基础，除了需要对摄影方法和剪辑技巧有一定的理解以外，还需要对蒙太奇理论有一定的认识。对于初中生来说，不需要对蒙太奇理论有太深入的了解，只需要通过几个例子让学生有一个浅显的认知即可。

在学习完蒙太奇理论之后同样需要进行一个实践，笔者会提供一个简短的剧本，让学生将其改编成分镜头。

4.编剧

剧本的创作其实是一个长期的过程，而且并不是可以学的技术，更多的是靠学生的文学素养。但是需要让学生知道剧本也有它自身的特点。首先，剧本是影视创作的基础，要写清故事的场景信息。其次，对人物的描写应该更多地体现在语言、神态和动作方面。最后，要注意情节处理上要有悬念冲突和戏剧性。

（二）影视鉴赏

影视制作除了技术上的基础学习，还需要影视鉴赏。初中生观影量少，可以利用假期时间组织他们观看一些电影，那么电影的挑选就成了关键。什么样的电影适合初中生看呢？从教育的角度来说，需要满足的条件是：无性和暴力片段，无污言秽语，有正确的人生观、价值观引领，有趣味性。这样来看，一些经典的动画电影是比较合适的，如宫崎骏的作品、皮克斯的作品等。但如果想要通过观影来学习电影的制作技巧，那动画电影就不太合适了。笔者认为《长江七号》《摔跤吧！爸爸》等影片比较合适。

观影之后，笔者会找一些片段进行拉片，让学生学习导演的创作技巧。实践表明，学生是很喜欢拉片的。

三、微电影制作

理论与技术学习之后，要开始进行微电影作品的创作。

1.剧本征集

笔者会选择一个主题下发到社团，并张贴海报到年级走廊，征集剧本。主题一般为友情、励志等。在学生上交的剧本中选择合适的并帮助其进行一定的修改，因条件有限，修改时要注意使时间、地点在可拍的范围内。然后挑选理论技术学习扎实的、能够胜任导演任务的学生，与其一同根据剧本创作分镜头脚本。

2.组建剧组

选完导演，还需要选摄像师、场记、录音师、灯光师、剧务，这样，一个完整的剧组就组建完成了。对于摄像师，笔者一般会挑选自己有设备的同学，因为他们对设备的研究会更深入，技术上也会更成熟。对于场记，最好是女生，因为比较心细。设备允许的话，可以有两名录音师，两名灯光师，剩下的作为剧务。学生对于这些职务都是新奇且向往的，给他们赋予正式名称，会让他们很兴奋。

对于演员的招募，我们会根据剧本中的人物条件，制作海报进行海选（这一步交给学生，因为学生之间更熟悉），每个角色选出两三名学生试镜，并最终确定最合适的人选。

3.制订拍摄计划

由于学生时间有限，要制订详细的拍摄计划，包括拍摄时间、地点、人物（演员要提前排练）等。拍摄计划要由学生和老师一起制订，学生参与后他们自己会更用心，老师参与有利于保证计划的周密。

4.拍摄

根据分镜头脚本以及拍摄计划按部就班进行拍摄。需要注意两点：第一，要及时整理素材，因为拍摄时间是零碎的。第二，要安排场记人员的记录（场记板的使用在拍摄之前培训最合适，因为平时是用不到的）。

5.剪辑成片

剪辑的工作一般也是由导演兼任。剪辑并不是要等到拍摄全部完成之后才开始，因为学生时间很分散，可能这节课演员有时间，下节课剪辑师有时间，所以就根据学生的时间来定。剪辑师除了要根据分镜头完成剧情的剪辑，还要进行配乐和调色。

6.宣传

剪辑成片之后，在公映之前要做好宣传，这一步很重要，参与影片制作的学生是很自豪的。制作的宣传片通过校园电视台或其他渠道播放；制作海报张贴到校园的各个角落；制作门票进行发布。这样影片以及社团的知名度就会大大提升，这也会使主创团队充满成就感，使他们喜欢上影视制作。

结　语

在实践中，笔者带过两期这样的社团。令人遗憾的是，由于计划不够周密，第一期社团在两年的学习后，没有最终完成作品。有了前人失败的教训，第二期社团在两年的学习后，制订了更周密的计划，最终完成了作品，并且公映效果非常好。笔者想，这至少可以证明，初中生进行影视制作是可行的。

作者：吉林省第二实验学校　李天鹏

全国中小学影视教育对策研究

摘要：2018年年底，教育部、中宣部联合印发《关于加强中小学影视教育的指导意见》，并指出，力争用3~5年时间，全国中小学影视教育基本普及。本文认为：当下全国中小学影视教育尚处于初步建设阶段，教育区域不平衡、教学体系不健全、师资力量不完善等都是亟待解决的问题，架构完善的影视课程体系、构建"专兼并存"的影视人才格局、探索多元的影视教学模式成为较为迫切的时代议题。

关键词：中小学影视教育；课程体系；影视人才；浸润式教学

党的十九大提出中国特色社会主义新时代的教育应当以落实"立德树人"[1]为根本任务，而"立德树人"的有效途径之一便是美育。正如蔡元培先生所言："美育之实施，直以艺术为教育。"[2]影视教育作为当代美育的新形态，对于青少年的成长发挥着至关重要的作用。当下，中小学影视教育既是青少年审美能力和艺术素养提升的重要抓手，也是引导青少年全面发展、健康成长的有效途径，可以说中小学影视教育的实施是时代之需。

---

[1] 2017年10月18日，习近平在中国共产党第十九次全国代表大会上的报告：要全面贯彻党的教育方针，落实立德树人根本任务，发展素质教育，推进教育公平，培养德智体美全面发展的社会主义建设者和接班人。

[2] 文艺美学丛书编辑委员会.蔡元培美学文选[M].北京：北京大学出版社，1983：169.

一、中小学影视教育政策推进历程

在当下的网络时代，影视技术的发展以及影视文化的传播对青少年的成长产生重要影响，中小学影视教育已经成为社会认可、时代认知的重要命题。要想让影视发挥更多的积极作用，最根本的方法就是从国家的层面高度重视影视的教育作用、影视的文化感染价值以及影视作为新时代精神的生存意义。[①] 我国对于中小学影视教育的关注由来已久，由政策和理念导向可以看出中小学影视教育实施的重要性和必要性。

20世纪90年代初，国家已经十分重视优秀影片对青少年的价值观导向作用。中宣部、国家教委、广播电影电视部、文化部于1993年联合印发《关于运用优秀影视片在全国中小学开展爱国主义教育的通知》，决定运用优秀影片对中小学生进行爱国主义教育，要求必须做到与学校学科教学相结合，以影片为载体，培养青少年的爱国主义情感，充分发挥优秀影片的教育功能。

21世纪，关于中小学影视教育的相关政策陆续发布，进一步强调中小学影视教育的重要意义，推动中小学影视教育持续、健康发展。2004年，国家广电总局、文化部、教育部、财政部、共青团中央、全国妇联联合发布《国家广电总局、文化部、教育部、财政部、共青团中央、全国妇联关于进一步做好少年儿童电影工作的通知》（广发影字〔2004〕739号），要求做好少年儿童电影工作，继续推动中小学影视教育深化发展；2008年，教育部会同国家发改委、财政部、文化部和国家广电总局联合发布《关于进一步开展中小学影视教育的通知》（教基〔2008〕15号），提出将影视教育纳入中小学教学计划，采用多种方式推进影视教育均衡发展；2015年9月，国务院办公厅印发《关于全面加强和改进学校美育工作的意见》（国办发〔2015〕

---

① 周星.青少年影视教育的历史使命与实施路径[J].浙江师范大学学报（社会科学版），2019，44（2）：58-64.

71号），提出学校美育课程应当包括影视在内，并要求普通高中要创造条件开设包括影视在内的其他教学模块；2017年，教育部办公厅、国家新闻出版广电总局办公厅联合印发《关于推进"全国校园电影院线"建设的通知》（教思政厅函〔2017〕13号），决定共同推进"校园院线"的建设，充分利用高等院校的影视资源，满足中小学生观影需求。

  2018年，中小学影视教育的开展和普及被明确提上日程。教育部、中宣部联合印发《关于加强中小学影视教育的指导意见》，提出：力争用3~5年时间，全国中小学影视教育基本普及，形式多样、资源丰富、常态开展的中小学影视教育工作机制基本建立，中小学生影视教育活动时间得到切实落实，适合中小学生观看的优秀影片得到充分保障，学校、青少年校外活动场所和社会观影资源得到有效利用，形成中小学影视教育的浓厚氛围。[①]对中小学影视教育的工作目标、主要任务、保障措施都提出了具体要求，中小学影视教育迎来发展的重要契机。

  中小学影视教育政策的发布持续推动着中小学影视教育的落地实施。逐步完善的政策理念和日渐细化的任务措施，足以看出国家对于中小学影视教育的重视程度。尤其是2018年《关于加强中小学影视教育的指导意见》的发布正是对时代呼唤的积极响应，既为当下的中小学影视教育实践提供了强有力的政策支撑，又为进一步开展中小学影视教育指明方向。

二、中小学影视教育的实施现状与问题反思

（一）实施现状

  我国关于中小学影视教育的政策已经出台多年，但收效甚微。教育

[①] 中华人民共和国教育部.教育部、中央宣传部联合印发关于加强中小学影视教育的指导意见［EB/OL］.（2018-12-25）. http://www.moe.gov.cn/jyb_xwfb/gzdt_gzdt/s5987/201812/t20181225_364730.html.

部、中宣部于2018年联合印发《关于加强中小学影视教育的指导意见》，力争用3~5年时间完成全国中小学影视教育的基本普及，这一政策的发布在全国范围内引起广泛关注。基于中小学影视教育的时代认知，教育界以及社会各界分别开展了多样化的影视教育探索。《关于加强中小学影视教育的指导意见》要求将中小学影视教育作为德育、美育等工作的重要内容，并纳入学校的教育教学计划之中。在国家政策的引领下，诸多中小学开设了影视方面的校本课程，以成都市的中小学为例，"学校定期举办影视放映活动，加入校园电影院线，并鼓励师生共同开展影视课题研究和拍摄影视作品"[①]，中小学影视教育步伐逐步加快。借助其他学科的教学体系开展影视教育也是目前中小学影视教育的突出表现。从目前看，与影视结合最为密切的学科有四个：语文、英语、美术和音乐。[②]其中，语文学科所取得的影视教育成效更为明显。

社会各界也在积极响应号召，拓宽学生的观影渠道，丰富影视教育活动，推进中小学影视教育顺利开展。多家电视台以及电视频道定期举办优秀影片的展映活动，部分影片放映机构推出免费或者低价票为中小学生提供观影机会，多方合力共同助力中小学影视教育的开展和普及。

（二）问题反思

尽管目前中小学影视教育已经取得初步成效，但政策的落实和教育工作的具体开展之间还存在一定的差距，中小学影视教育仍面临诸多问题。

1.教育区域不平衡

影视艺术作为一门综合性的现代艺术门类，极其依赖资本的扶持和资源的支撑，影视教育同样如此。目前，中小学影视教育在区域、城乡之间呈现严重不平衡状态。北京市、上海市、广州市以及东部沿海地区依赖

---

① 穆童，陈小晓.中欧比较视野下的中小学影视教育[J].教育教学论坛，2020（27）：299-300.

② 厉岩，钱建华.影视资源与中小学语文学科融合的课型举隅[J].课外语文，2020（31）：20-23.

自身的区域优势以及周边高校的扶持，已经开展了一系列的中小学影视教学探索，并取得初步成效。但是西部地区的中小学影视教育尚处于起步阶段，其发展相对滞后，经济发展水平的制约、硬件设施的不完备、地域环境的相对闭塞等都严重限制着中小学影视教学的深度开展。除此之外，城乡之间的校园建设、师资水平、基础设施等方面的差距也造成中小学影视教育深度推进过程中存在一定的差异。相对落后地区的硬件设施需要尽快完善，影视教育公平仍待进一步保障。

2.教学体系不健全

影视课程体系的架构事关全国中小学影视教育的具体实施。当下中小学影视教育机制并不健全，内容设定、教材研发、评价方式等方面都还未形成完整的体系。《关于加强中小学影视教育的指导意见》指出，要通过电影赏析、电影创作等活动构建看电影、评电影、拍电影、演电影的影视教育的完整路径。而当下的中小学影视教育尽管已经处于初步建设阶段，但在具体推进过程中，各层面处于零散状态，已经开设影视教育课程的中小学基本局限于"看"这一阶段，尚未形成完整的影视教学体系，更无法实现影视育人的根本目的。缺乏系统化的影视教育体系是中小学影视教育推进过程中最严重的问题，直接影响中小学影视教育的真正落地与推行成效。

3.师资力量不完善

中小学教育体制之中能够传授影视知识、传播影视文化的专业人才严重匮乏。大多数中小学影视教育教师由其他学科的教师兼任，在影视专业知识和影视教学经验方面存在一定的不足，对于影视教育的思想意识不强，无法认识到中小学影视教育的重要性。在目前的中小学影视课程中，影视教育只是作为手段或噱头，教师无法给学生提供真正有价值的影视教育。另外，很多中小学尚未将影视教育纳入课程体系，影视教师多为外聘或者临时授课，高校影视专业毕业生进入影视公司或者传媒公司居多，中小学教育体制中的专职影视教育教师屈指可数。

三、创新中小学影视教育实施路径

中小学影视教育的开展迫在眉睫，针对目前推进过程中存在的问题，创新中小学影视教育的实施路径至为关键。笔者建议从课程体系、师资格局、教学模式三个层面改善中小学影视教育现状，促进中小学影视教育尽快落地与普及。

1.高校联合，区域联动，架构中小学影视课程体系

中小学影视教育课程体系是指以处在中小学教育阶段的儿童、青少年为主要对象，在相关影视教育思想、少儿心理学、德育、美育等价值理念指导下，将课程的各个构成要素区分主次、深浅加以排列组合，使课程各要素在动态教学过程中统一指向课程体系目标实现的系统。① 当下，中小学影视教育缺乏健全的课程体系，从课程建设到教材研发再到影片标准都尚未形成标准。《关于加强中小学影视教育的指导意见》明确提出将中小学影视教育纳入教育教学计划，并要求遴选出符合青少年身心特点与认知规律的优秀影片。在政策的导引下，中小学影视教育的体系建设需要高等院校与专家、学者的共同建构与智力支持，以此构建完善的影视教育机制。

有专家建议由具有科研实力的高校牵头，② 尝试构建"校际生态圈"，成立影视基础教育联盟。该联盟降低门槛或者不设门槛，尽可能纳入各个区域的高校，实现"全国一盘棋"，共同开展教育体系的标准建构，合力制定区域化的教研标准。首先，依据相关政策的理念要求以及国家新课改目标的设定，制定标准化的课程体系，形成"观影与思考—讨论与引导—拓展与延伸—创作与实践"的完善的影视教育路径。其次，参考教育部办

---

① 刘军，陈圆圆.中小学电影教育课程体系建设原则的思考［J］.电影评介，2018（1）：1-5.

② 侯光明.促进高校支持中小学影视教育［N］.中国艺术报，2019-03-15.

公厅、国家电影局等单位联合印发的39批面向全国中小学生推荐的优秀影片片目，根据各年级教学目标的差异以及学生成长的需求不同进行影片范围的大致界定，并完善相关教材的研发，在落实中小学影视教育的政策和理念的基础之上，架构起标准化的影视教育体系。最后，中小学影视教育的开展必然要考量硬件设施、师资水平、地域特色等多方元素，在标准化体系推广和实施过程中依据现实情况灵活转变，制定区域化教研标准，使得中小学影视教育得以真正落地实施。

2.系统培养，分层培训，构建"专兼并存"的影视人才格局

专业化的影视教育和文化熏染意义上的影视艺术的认知，迫切需要获得更好的指导。[①]中小学影视教育实施的重要一点便是影视人才的培养。《关于加强中小学影视教育的指导意见》在"主要任务"中提到，要加强师资队伍建设，提升教师的艺术素养与审美能力。为贯彻这一教育理念，北京师范大学举办首届"中小学影视教育师资人才培养项目"，力图通过自身力量带动全国中小学影视人才队伍建设。当下，制定合理的师资培养和培训方法、构建"专兼并存"的影视人才格局成为中小学影视教育的关键所在。

首先是系统培养，即专业师资人才的培养应当循序渐进，进行长期、持续的战略布局。中小学影视教育的开展需依托以高校为核心的影视人才培养体系，由高校或者专业艺术机构开设中小学影视教育相关专业，或者已有的高校影视人才下沉至中小学助力影视教育。这一举措能够为中小学影视教育提供理论知识与实践能力兼具的优秀人才与稳定师资，一方面可以从根本上改变中小学影视教育师资不足的现状，另一方面也能够为中小学生提供真正有价值的影视教育。

其次是分层培训，即兼职学科教师的培训应当采用差异化、层次化的培训方法。目前中小学影视教育师资的巨大缺口需要依靠现有师资进行补充，可以从现有的语文、历史、政治、美术等学科教师开始，进行相对

---

① 周星.泛论当下青少年影视教育的价值、意义和任务[J].艺术教育，2020（4）：12-17.

基础性的影视知识培训。由于中小学生各个学段的知识水平和理解能力存在一定的差距，因此教师的培训也应当有所侧重。根据不同学段的认知差异和培养目标，有针对性地进行教师培训，确保教学实效性。同时，在培训过程中除了基础的影视知识和影视文化，还需要培养教师的多学科融合思维，确保学科教师能够从已有学科探究未知学科，将影视教育与学科教学相结合，既保证学科教学的顺利开展，也确保影视教育能够真正得以实施，达到影视教育的真正目的。

3.时间连贯，手段多元，打造浸润式影视教学模式

优秀的影视作品蕴含着丰富的育人价值，而这种价值只有依赖科学高效的影视教学活动才能从潜能变成现实。中小学影视教育的目的在于落实"立德树人"的根本任务，促进中小学生全面发展和健康成长，这一任务的达成需要经历长期的过程。影视不是短期消费，影视教育不是一次性教育，因此中小学影视教育的教学开展必须保证时间的连贯性，切忌断裂与分散。从宏观层面来说，中小学影视教育应该分学段进行，学段之间构成衔接关系；就微观层面而言，一个班级的影视课程安排也应当合理有序，课与课之间形成完整体系。这种连续性的影视课堂学习，有助于中小学生在潜移默化的氛围中获得深远持久的影响，保证影视教育从入眼、入耳逐步深化到入脑、入心，达到预期的影视育人目的。

中小学影视教育不能局限于课堂教学，应该打破藩篱，整合社会各界力量，依托周边高校或近地资源，打造浸润式影视教学模式。《关于加强中小学影视教育的指导意见》要求各地宣传部门应该积极开展中小学生观影惠普计划，推动当地的影片放映机构为中小学生放映影片，同时电视台也积极推进优秀影片展映活动。这一要求旨在通过影视产业与影视教学的互动，使得影视资源与中小学生影视教育相衔接，满足中小学生的观影需求。除此之外，基于当下的网络媒介，可以采取"线上+线下"的方式进行影视教育普及，定期开展相关的影视教育论坛，组织中小学生参观电影展，引导学生亲身感受影视制作环境，借以营造浓厚的影视文化氛围，充分发挥影视教育与影视活动对中小学生的审美提升和价值导航作用。

结　语

中小学影视教育既是关乎青少年健康成长、全面发展的有效举措，也是关乎未来国家教育的重要战略。《关于加强中小学影视教育的指导意见》的出台为中小学影视教育的深度推进提供了最关键的时代契机，当下电影产业的繁荣为中小学影视教育的持续开展提供了最稳定的资源保障。但是目前中小学影视教育从理论到实践层面仍存在一定的不足，其全面普及也许任重道远。所幸当下中小学影视教育推行过程中的问题已经逐步明晰，创建完善的影视教育实施路径迫在眉睫。首先，未来须合力共建中小学影视基础教育联盟，从顶层设计出发，做好政策的引导与体系的架构；其次，高校联动，做好师资培训，构建"专兼并存"的影视人才格局；最后，中小学影视教育的落地实施应与社会各界通力合作，丰富影视教育形式，营造良好的影视文化氛围，打造浸润式影视教学模式，促使中小学影视教育与影视产业形成良性互动，促进影视教育生态圈的良性发展。

作者：北京师范大学　王赟姝　吴英华

微电影对初中学生影响的研究

摘要： 传媒时代，影视艺术是社会传播面较广的艺术形式之一。影视艺术以其视听综合、时空综合、艺术与技术综合的绝对优势而引人注目。对于特殊受众群体的初中学生，影视艺术的影响更加不能忽视。影视的艺术表现手法、拍摄技巧等专业的知识如果提前渗透给初中学生，会产生怎样的影响，基于这个问题笔者进行了不辍的探究。

关键词： 微电影；社团；影视艺术；艺术素养；影视技术

伴随着影视文化传播事业的迅速发展，影视作品以一种全新姿态渗透到教育中。影视艺术作为当今生活中不可或缺的艺术形式，对教育的影响令人瞩目。学生从电影中可以接触到更多的领域，获得很多新的知识、新的思想、新的审美空间，甚至新的生活方式，从而提升他们的文化修养，丰富校园文化生活。但是也不乏一些商业化的影响，荧屏上出现些许暴力、庸俗、情爱等低级愚昧的镜头，给学生思想、行为等造成负面影响，甚至会影响到部分学生的价值观、思想教育等。问题的存在必然引起教育业界和社会的共同关注。毫无疑问，如何采取相应措施，有效地将影视艺术展示给学生，使影视传播成为教育学生的好课堂、丰富校园文化的生活多元化媒体已经成为一项重要的研究。

一、微电影对于中学生的价值所在

随着信息时代的发展和影视媒体的多元化展现，电影业迅速发展，电影走进了学生的视野。但是由于电影时长一般在120分钟左右，对于肩负着学习压力的学生而言，看电影又与紧张的学习生活相互矛盾。就在这种矛盾建立之时，微电影逐渐走进学生的生活，相较于普通电影，微电影的时长更灵活，短则几秒钟，长则四五十分钟，成为中学生更加青睐的选择。但是问题也随之而来，面对形形色色的电影作品，学生该如何选择适合自身的电影作品呢？互联网上有很多正能量的电影，如《当幸福来敲门》《美丽的大脚》等。这样的电影会让学生感受到正能量，并从中受益。然而，有正就有反。有些电影为了追求商业利益，迎合成年受众的口味，会涉及一些不利于青少年心理健康的内容，这类影片不适宜中学生观看，有些甚至会成为青少年教育的负面"教材"。

综上所述，电影也好，微电影也罢，对于中学生而言，它的教育意义是一把双刃剑，那如何能处理好这其中的矛盾呢？笔者组建了一个中学生的微电影社团，试图对这一问题进行研究和探索。

二、"三叶草微电影社团"在校园的组建

起初，为了激发学生对信息技术学科的兴趣度，学校组建了一个DV拍摄社团，让学生利用手中的摄像机去拍摄生活中的精彩瞬间。那时候整个社团仅有十余人，拍摄内容也局限于校园中的一些画面，然后经过简单的处理形成一个小短片。在这一过程中，笔者发现学生的兴趣程度没有想象的那么高。学生似乎更愿意使用微信、爱拍等手机软件拍摄一些短小的画面，加上手机软件越来越智能化，软件会进行自动包装，利用手机软件

拍出的画面往往比学生利用专业的摄像机拍出的画面更耐看。在这种现状下，笔者进行了大胆的尝试，将专业的影视包装教给学生，并且让学生去拍微电影。这些东西往往是在传媒专业的大学生才会学到的知识，所需要的技术也是手机软件所不能实现的。这对初中生来说是一项很大的挑战。

不过，回过头来一想，多年前，计算机、照相机不也很少有人会用吗？而现如今甚至还没有入学的孩子都会用手机进行拍照。那为什么不趁着视频制作还没进入人人皆会的时代，让我们的学生率先成为这一代人的先进力量呢？在这样的观点的支撑下，笔者于吉林省第二实验高新学校组建了第一支微电影社团——"三叶草微电影社团"（简称"三叶草"）。在社团中学生的主要任务是拍摄适合青少年观看的微电影，以及校园活动视频的包装。目的是让学生在实践中逐渐接触微电影。学生的潜能是无限的，他们的想法及对新鲜事物的接受能力远远超出笔者的想象。就拿AE来说，传媒专业的人都知道，这是电视包装、特效制作的顶尖级软件。对于专业的影视人员来说，很多都是一知半解。而对于社团里的学生来讲，只要是他们感兴趣的东西，再难都不是问题。那么，学生是如何建立起这种内在驱动力的，笔者在下文中会提到。

不到一年的时间，社团人数已经达40余人。拍摄剧组达到三组，作品近十部，并且在校内的活动中，"三叶草"的作品得到了各方面的一致好评与认可。

三、"三叶草微电影社团"对学生的影响

前文中提到过，微电影社团的组建让学生在认知领域拓宽了视野。对他们自己来说也是一项很大的挑战。

1.对电影的理解方面的影响

参加社团前，学生都是去电影院看电影，并且只能从剧情是否幽默、是否感人，或者男女演员是否好看的角度去评判一部电影的好坏。俗话说

就是只懂得去看看热闹。而加入社团后，他们了解了电影的拍摄制作，再看电影时，他们会从电影的色彩、景别、蒙太奇衔接等多种影视艺术手法的角度去分析一部电影的好坏。当然，在这样的基础上，学生对电影的内涵也会理解得更加深刻。

2.对影视制作的内在驱动力方面的影响

一部微电影的形成，往往需要很长、很烦琐的过程。确定题材后交给编剧负责写文学剧本。文学剧本写好后，由导演和编剧合作进行分镜头稿本的创作。分镜头写好以后，交给演员组选演员，演员定下来后开始进行前期拍摄。前期拍摄由技术组的同学和导演共同完成。前期拍摄是一个很漫长的过程。当前期拍摄完毕后，编剧和技术组的同学再一次对拍摄素材进行核对，如有不足的地方马上进行补拍镜头。当所有素材都解决完毕，技术组的同学开始进行后期剪辑包装。剪辑结束后由导演进行审稿，通常导演审完稿后会有略微的改动，最后就是上映。这一过程中，每个学生都扮演着不可或缺的角色。分工不同，任务不同。当作品出来以后，满满的成就感会激励学生进行下一部更优秀的作品的创作。让学生在成就感中学习新的技术、发挥兴趣特长、激发潜能。

3.对学生作文能力方面的影响

拍一部电影需要两个剧本，分别是文学剧本和分镜头稿本。分镜头顾名思义，把一件事分开来，用一个个镜头去表达。甚至有的时候一个动作，比如说一个人走向门，然后伸手，拉开门，挪动脚步，关上门等，这些动作看起来一气呵成，但是为了展示出作品的细腻，需要分别给脚步、手及门把手等特写镜头，力求让观众读懂、看懂、理解。一部电影中，有很多这样细腻的镜头需要去刻画，久而久之，学生在作文写作方面也会有所提高。

4.对学生团队意识方面的影响

一部微电影需要很多部分组合而成，包括字幕、配音、形象设计、场记等，笔者按照剧组里人员的安排，把学生分成6个部门，分别有编导部（负责导演及剧本编写）、技术部（负责前期拍摄、后期剪辑包装）、演员部（负责提供演员、形象设计）、剧务部（负责场记、分镜头拍摄安排）、宣传部（负责海报宣传）和秘书处（负责社团里人员安排、活动组织）。这6个部门缺一不可，少了哪一环节，电影的拍摄都会止步不前。所以要想拍出作品，成员之间就需要学会合作，一环接一环，环环相扣。这样，可以加强学生的团队合作意识。

5.对学生校园活动方面的影响

从一个学期的校园活动方面来看，很多活动在报告厅举行，都需要用到LED屏幕，屏幕有了，播放的内容从何而来？全部由教师去做的话工作量很大。但是有了微电影社团，这个问题便可以迎刃而解。学生在课余时间利用所学的视频制作技术，协助教师完成校园活动内容的制作，既缓解了教师的压力，又提高了校园活动的质量。

并且随着现在传播媒体的迅速发展，越来越多的视频广告映入人们的眼帘，学校的宣传也应该紧跟信息时代的步伐。我们以电影社团为契机，建立了校园电视台。一方面可以拓宽同学的视野，丰富校园的文化，另一方面可以加强学校的对外宣传。

总之，影视作为一种文化传播产品，始终代表着先进文化的前进方向。我们只有不断总结、不断反思，以优秀的影视作品吸引学生，以科学性、权威性、贴近性的校园文化特色教育展现自己，才能使影视文化在校园荧屏更具有吸引力、赢得更大的发展空间，才能让影视文化传播在校园文化素养教育中大放异彩。

作者：吉林省第二实验高新学校　王力东

理论探索与实践展望

《寻梦环游记》对中小学生的教育启示

摘要： 在中小学影视教育师资培训第二期中，有一个话题被学员反复的讨论，那就是中小学生适合看什么样的电影？或者说哪些影片值得在课堂上被中小学生赏析？答案中提到最多的就是影片所传递的价值观必须是正能量的、是主流的、是具有教育意义的。影片《寻梦环游记》所展现出来的家庭、梦想、生死等话题，对于成长中的中小学生来说具有非常突出的教育意义。

关键词： 家庭与梦想；生死观；教育意义

《寻梦环游记》是由华特·迪士尼电影工作室和皮克斯动画工作室联合出品的一部动画长片，时长约100分钟，影片营造了一幕幕温馨、奇幻的场景，获得了无数大朋友和小朋友的喜爱。2017年11月上映后赢得了票房与口碑的双丰收，并获得"第90届奥斯卡金像奖最佳动画长片"奖。这部动画长片能取得如此高的成就，和它所传递和承载着的精神是分不开的。

一、梦想与家庭的主题

《寻梦环游记》的主人公是一个墨西哥鞋匠世家的小男孩米格尔。他从小热爱音乐，梦想是成为一名音乐人，他收集和音乐相关的一切东西，但是他家中的长辈却非常讨厌音乐，更别说家中有人想要从事音乐工作，米格尔的音乐梦想与家庭观念产生了巨大的矛盾。不愿意放弃梦想的米格尔，发现了自己的曾曾祖父可能就是传说中的歌神，因此他更加坚定了追求音乐的梦想。米格尔在亡灵节当晚意外触碰了一把吉他，这使他来到了亡灵世界。在这里，他和死去的家人团聚了。他遇到了自己的曾曾祖父埃克托，知道了家人讨厌音乐的原因。原来，年轻时的埃克托为了追求音乐梦想离开了家，在追梦途中，他被自己的组合成员毒死，从此与家人阴阳两隔，妻子不知真相，对他的迟迟不归充满怨恨。死后的埃克托因为没有照片被供奉在灵堂上，无法在亡灵节回家。时过境迁，年迈的女儿也已经记不起他，埃克托面临着终极死亡。他希望米格尔把他的照片带回人间，供奉在灵堂上，使他有归家的可能。米格尔家族的亡灵得知埃克托死亡的真相后，都想帮助埃克托实现这一愿望，他们巧妙地与伪歌神德拉库斯周旋、搏斗。米格尔在这过程中感受到了家人之间互帮互助的真挚情感，尤其当他的生命受到威胁时，所有家人义无反顾的帮助，使他深深感动。《寻梦环游记》的主人公米格尔和埃克托一生都在追求自己的梦想，但是直到最后他们才明白，家人永远比梦想更重要，一家人在一起才是最幸福的。但电影并不是要求逐梦的人放弃自己的梦想，而是告诉人们，在追梦的路上也要珍惜自己和家人在一起的时刻。因为有时，一家人在一起的日子才是最难以得到的梦想。经历重重波折的米格尔回到家后，对着曾祖母唱起了埃克托创作的歌曲《Remember Me》，唤醒了曾祖母对于父亲的记忆，回忆的涌出使曾曾祖父埃克托被记起，避免了终极死亡，影片在此时达到高潮，影片的主题在米格尔的歌声中得到升华。最终，误会解开，米格尔继续自己的音乐梦，家族里的人每年亡灵节都可以聚集在一起载歌载舞，享受团圆时刻的幸福。影片中梦想与家庭的主题通过故事情节发展互相交织，在大团圆的结局中得到升华。

二、影片中的生死观

《寻梦环游记》直面死亡，讲述墨西哥小男孩米格尔误入亡灵世界的奇妙故事。影片打破传统思维，为观众营造了一个不可思议的、奇幻的、未曾见过的世界。影片灵感来源于墨西哥亡灵节，在墨西哥文化里，死亡是多重的，肉体的死亡只是表层，只有当被别人遗忘的时候才是真正的死亡。这种说法为影片提供了一个设定：当尘世中没有人再记得你的时候，你才从世界上永远消失。影片中的亡灵曾曾祖父埃克托为了再次见到自己的至亲，勇敢地和坏人做斗争，最后尽管照片因伪歌神的阻止没有被米格尔送回到人间，但是米格尔用音乐的形式让曾祖母回忆起了自己的父亲，使他被世人记住，永远地活在世界上，和家人永久地在一起。

影片所呈现出来的生死观是正能量的，面对死亡不再只有恐惧和哭哭啼啼，而是记住至亲，因为记住了就代表他没有离开过，永远和家人在一起。此外，电影以动画这种更易于孩子接受和理解的方式表达生死内涵，使成长中的中小学生对生与死产生新的认知。

三、对中小学生教育的启示

1. 勇敢追逐梦想

这部影片告诉观众，梦想是需要去坚持的。在人生旅途中，梦想不可缺席，梦想促使我们收获与成长。当米格尔的梦想与家庭梦想背离乃至发生冲突时，他还是坚持自己热爱音乐的初心不变，在亡灵世界里，他为音乐梦想一次次地挑战自己，在这过程中遭受挫折，但是挫折反而让他变得更加强大，内心更加充实，也让他更加坚定自己脚下所走的路。最终，音乐让他的家族成员获得永久的团聚，他的音乐梦想获得了家人的认可。我们可以看到，当初他选择的音乐道路是正确的，虽然过程坎坷，但是前途非常光明。

2. 尊重长辈，常怀感恩之心

梦想很重要，但家才是一个人的根本，无论追逐多大、多远的梦想，最终还是为了更好地回归家庭。在影片《寻梦环游记》中，米格尔的家族四世同堂，米格尔的祖母虽然年纪大了，但对于米格尔曾祖母的关心和照顾却一点也没有放松。影片中有一个细节，米格尔的祖母每天都会把米格尔的曾祖母推到院子里晒太阳，并亲一下米格尔的曾祖母。这种关心和照顾无形之中影响到了家族的每一个人，家族的每个人对于祖母和曾祖母都是发自内心地尊敬，整个大家族相处得非常融洽。从该片中可以看到米格尔虽然一开始因为梦想与家中长辈为敌，但是在亡灵世界环游的过程中，他感受到了浓浓的亲情的可贵，他愿意为了埃克托、为了家族放弃自己的音乐梦想。但庆幸的是音乐让米格尔的曾祖母想起了自己的父亲埃克托，音乐在此时帮助他回归家庭，与家人团聚。中小学生在这部影片中能深刻感受到来自家庭的关爱与温暖，这种血浓于水的亲情深刻地感动着每一位观影者。人类世世代代，成为一家人非常不容易，父母把孩子辛辛苦苦拉扯大更是付出了非常多的心血，晚辈要对长辈怀有感恩之心，将尊重长辈的观念植根于心底，即使长辈已经离开这个世界，只要心中有挂念，那么这个人就会永远"生活"在我们身边。

3.树立正确的生死观

面对亲人离世，有些孩子会产生强烈的恐惧感，形成分离焦虑，电影《寻梦环游记》所呈现出来的生死观，使他们有一个缓冲阶段，去逐渐适应长辈离世后的新环境，将伤害降低。同样，对于生死问题，家长应该如实告诉孩子，而不是采取回避或者撒谎的方式，要让孩子知道虽然长辈生命终结了，但他们的爱还会存在，让孩子懂得爱，学会珍惜生命，这样才能让孩子更容易接受生死。《寻梦环游记》所营造的死亡世界是暖色调的、是具有人情味的。影片告诉我们，死亡是生命中的一部分，每个人都需要面对它、经历它。死亡并不可怕，这种观念可以让观众在面对死亡时以一种哀而不伤的状态去接受，将心理的压力降到最小，尤其在中小学生看完后，对生死有一个更加理性的认识。这部影片让死亡以一种正能量的状态展现在我们眼前，对于观影的中小学生来说，是一次非常好的生死观教育。

电影《寻梦环游记》通过亡灵节将现实与虚拟世界接连起来，将梦想与家庭、亲情结合起来,让我们面对死亡时不再只有害怕,也可以温馨有爱。追梦的故事将家族成员串联在一起,生动诠释了家庭、亲情的观念。影片所传递的精神不仅具有现实意义,更是对中小学生进行人生观和价值观教育的良好素材,通过影片情感渗透来唤醒孩子们心底的亲情意识,找到人的生命价值的真正所在。

作者:兰州文理学院　奂菲

青春题材影片的创作浅析
——以《少年的你》为例

摘要：《少年的你》作为青春题材影片，创作者将影片置于校园环境之下，通过强有力的现实批判，带领观众走进二元对立的叙事时空，用新颖独特的青春力量展示了青春题材影片创作的新势力，与观众对青春现实题材的期许相遇，为我们带来了青春题材的佳作。

关键词：青春题材；批判现实；二元对立

从2013年开始，《匆匆那年》《左耳》《七月与安生》等青春题材的电影接踵而至，2019年10月25日，《少年的你》经历了换档改期上映，30多天的时间票房突破15亿元，成为青春片的一股洪流，激起观众对青春题材影片的热议。笔者以此为契机，对当下青春题材影片进行一些思考。

著名学者克里斯蒂安·麦茨曾说："电影并非自始便是一种专门'语言'。在成为我们所了解的表现手段之前，电影只是记录、保存和复制可动和可见的场景的简单机械手段（如生活情境、戏剧表演或者经过特别构思，但本质上仍然纯属戏剧范畴的小型演出），简言之，用安德烈·马尔罗的话来说，它还是一种'复制手段'。然而，由于电影遇到叙事问题，它才通过后来的各种探索形成一套独特的表意手段。"[1]叙事在电影的创作

---

① 李恒基，杨远婴.外国电影理论文选[M].北京：生活·读书·新知三联书店，2006：435.

中是很关键的因素,《少年的你》作为一部由网络文学改编的影视作品,在小说原故事架构之上,根据影视的叙述特征,对故事与影像的主题与叙事表达进行了深入改编,使之更好地呈现在银幕上。

一、批判现实的校园主题

导演曾国祥跳出近年来内地青春题材影片狭隘的主题窠臼,呈现高三生活压力之下的"校园霸凌"现实。《少年的你》故事建构在阶级差距急速分化的现代社会,影片在网络小说的故事蓝本中深入挖掘,削减了文学作品中的狗血情节,挖掘出更新颖的人物关系、底层少年的压抑与困顿;通过曲折的剧情、可信的故事,将矛头直接对准青少年成长中的残酷面;在时代性与现实感的追寻中塑造人物形象,构建与观众的情感共鸣;情感异化、人情冷漠等现实问题在影片的批判叙述中显露,在反转、质疑、共鸣的结尾中,为我们演绎了一部优秀的批判现实主义的青春序列影片,同时升华凝练出青少年直面未来的青春力量。

《少年的你》用批判的视角向观众表现了"校园霸凌"这一现实主义题材。现实主义的意思是,除细节的真实外,还要真实地再现典型环境中的典型人物。《少年的你》以"高考"作为故事的背景,在个体化的家庭成长环境中向我们呈现了"欺凌者"与"被欺凌者"的人生遭遇,一定意义上他们都是现实的"受伤者",社会问题、家庭问题影响了每个人的成长路径。影片用强有力的视听语言批判了陈念遭遇的校园霸凌、小北遭受的街头欺凌。影片中通过小景别强化了陈念、小北遭遇不幸时的面部表情,加之手持摄影、晃动镜头等纪实拍摄手法的运用,给观众带来更贴近人物情感的观影感受,对霸凌、暴力的批判真实有力。我们在呼吁社会关注"校园霸凌"的同时,也注意到,在现实生活中,成年人的介入或法律的强制在校园问题中存在着难以消弭的屏障。所以,我们的青少年要在教育与自我教育中形成健全的内心世界,以更强的青春力量去对抗现实中的波澜。《少年的你》在对现实的批判中完成了影片价值观的输出，如果"保护"始终存在，那么"被伤害"的概率就会变小。这样的共鸣赢得了观众的情感，升华了影片的价值理念。

二、二元对立的空间叙事

《少年的你》通过欺凌与反抗、牺牲与保护、生存与死亡的对立叙事展开影片的发展脉络。陈念、小北、魏莱等人物设置体现了阶级的对立、生存的对立。我们说，戏剧就是在矛盾冲突中去结构情节、完成故事的，我们的影片也是这样。《少年的你》通过环境、空间、人物等大量的二元对立元素，推动影片的叙事，展示社会现实的矛盾冲突，获得观众在观影中的共鸣。

影片《少年的你》也通过剪辑呈现了诸多的对立叙事。在对立空间的组接中，形成叙事的对立张力，推动情节的发展。

结　语

总之，《少年的你》通过另辟蹊径的校园主题与丰满的二元对立式的叙事，完成影片的表意，从而为受众所接受、喜爱，为观众提供了在影视艺术的假定性中去体味现实青春生活的可能性。虽然，在作品的文学改编、结构完整性等方面仍然有些为人诟病的地方，但是这样的影片范式的出现为中国的影视注入了强心剂，影视市场的发展需要青春的力量。像《少年的你》这样的影片的价值不再局限于娱乐作用，其潜在的价值对社会的引导作用会在未来逐渐显现。

"风起于青萍之末，浪成于微澜之间。"2018年，教育部、中宣部联合印发《关于加强中小学影视教育的指导意见》，指出："力争用3~5年时间，全国中小学影视教育基本普及……中小学影视教育活动时间得到切实落实，适合中小学生观看的优秀影片得到充分保障，学校、青少年校外活动场所和社会观影资源得到有效利用，形成中小学影视教育的浓厚氛围。"国家政策落实的背后需要每一位影视创作者挑起身上的重担，青春片一定意义上是青少年成长的镜子，我们的创作需要更多的坚守和底线，不媚不俗，在商业与人文中追求青春题材影片思想性、娱乐性、艺术性的统一，努力去打造适合青少年成长的空间，为青少年的精神成长提供艺术沃土。

作者：吕梁学院　张莉

新主流电影的历史使命与教育功能*
——以《红海行动》为例

摘要： 当前，国际意识形态斗争比较复杂，电影作为主要的大众文化消费品成为各种政治话语博弈的重要场域。影视所传递的观念不仅影响着当下的世道人心，更直接作用于青少年，影响着国家和民族的未来。因此，在此背景下新主流电影崛起，弘扬了爱国主义和革命英雄主义，润物细无声地培育了青少年的理想信念和人文精神。本文通过对《红海行动》的文本分析，透视新时代下电影场域的意识形态斗争，找寻新主流电影的突围之路。

关键词： 主流电影；《红海行动》；教育

2015年1月，中共中央办公厅和国务院办公厅联合发布《关于加快构建现代公共文化服务体系的意见》(简称《意见》)，《意见》指出："在新形势下，构建现代公共文化服务体系……是弘扬社会主义核心价值观、建设社会主义文化强国的重大任务。"[①] 由此，"文化建设"作为维系核心价值观的工具被提升到一个十分显著的位置。而其中，电影作为当代文化的

---

* 本文系开封市哲学社会科学规划调研课题(ZXSKGH-2020-051)的阶段性成果。
① 新华社.中共中央办公厅、国务院办公厅印发《关于加快构建现代公共文化服务体系的意见》[EB/OL].(2015-01-14)[2020-09-28]. http://www.gov.cn/xinwen/2015-01/14/content_2804250.htm.

重要构成部分，也获得了新的意涵。近年来，一系列主流电影突破了既往的叙事模式，将镜头转向平凡的个人，从宏大的历史场景中发掘出了人性之光。至此，一套崭新的家国叙事得以建构，集体精神、工匠精神等主流价值被巧妙地重新包装并得到民众认同。①《红海行动》即是这类影片的典范。

《红海行动》主要讲述的是：中国海军奉命执行撤侨任务，一位女华侨被恐怖分子劫持，由8人组成的"蛟龙突击队"不惜牺牲生命，深入龙潭虎穴，以寡敌众，最终以两死两重伤的代价获得胜利。与大多数战争片不同的是，支撑主人公行动的精神动力随着叙事而流动：从"一个中国人都不能被伤害"到"解救所有人质"，再到"抢夺核原料"，影片所表达的主题从中国军人"保家卫国"的理想信念转换至"维护和平"的人性之光，凸显了中国军队对于世界的价值和意义。影片以传统的政治话语切入，悄然完成了崭新的意识形态输出。透视《红海行动》，我们可思考新主流电影在当下的历史使命与教育功能。

一、新的中国故事：新主流电影的历史使命

讨论新主流电影历史使命的背景是当下云谲波诡的意识形态斗争。法国电影理论家让·路易·博德里在《基本电影机器的意识形态效果》一文中指出："电影本身就是一种意识形态机器，并以一种基本的意识形态效果为基础。"②从二战时期纪录片《意志的胜利》到当代电影《兵临城下》，政治观念贯穿电影发展的始终，且随着时间推移，这些政治观念逐渐融入叙事、图像和符号，不易被察觉。为了抵挡西方国家在影视领域对中国形

---

① 刘娜.新主流电影的叙事流变与教育功能探析：以《我和我的祖国》为例[J].采写编，2020(3)：156-157.
② 博德里.基本电影机器的意识形态效果[J].李迅，译.当代电影，1989(5)：21-29.

象的扭曲，中国的新主流电影制作人必须有所作为，积极讲述中国对世界和平、稳定和发展做出的重大贡献。

在此背景下，以《红海行动》为代表的新主流电影肩负了讲述中国故事，输出意识形态的历史使命。影片中，不论是中国军舰防空炮拦截导弹，还是蛟龙突击队员深入虎穴解救人质，抑或是那句经典台词"我们是中国海军，我们带你们回家"……无不彰显了国家对国民的庇护。一系列剧情细节，彰显的不仅是中国军人"勇者无惧，强者无敌"的形象，更是日益强大的中国带给人民的安全感和自信心，影片无处不流露着一种"底气"：国家强大，凛不可欺，说到做到，言出必行。同时，影片中的中国海军不仅关注中国人质，同样关注他国公民，这使得影片的价值超越了单一的民族性而生成了广博、包容的世界情怀，以此表征当代中国对世界人民做出的贡献和牺牲。这种理念价值的流转正袒露着当代中国政府的心扉。这是导演林超贤的成功，更是中国新主流电影的成功。

二、培根铸魂：新主流电影的教育功能

前文已述，影视传递的价值观念并非只事关当下，更勾连着一个国家和民族的未来。新主流电影不仅有利于中国在意识形态斗争复杂的当下讲好中国故事，更潜移默化地将理想信念传递给青少年受众，在其心中种下爱国之种，并在持续不断的教育中，使之生根发芽。

首先，新主流电影对青少年传递出爱国主义精神。爱国主义是青少年建构正确价值观的根基，直接决定着青少年的人生走向，影响着国家的未来。当代青少年早已不满足于政治说教，但通过观看爱国主义影片，可以最大程度地激发青少年对祖国和人民的热情，达成对于青少年的教育目的。相较于既往主流电影呆板的政治叙事，新主流电影的叙事更加鲜活和丰富，《红海行动》通过对个体的描绘，十分鲜活地展现出当代中国军人"一不怕苦，二不怕死"的军魂，使青少年观众感受到：在既往政治说教

的叙事模式之下，主流电影还可以用这样崭新而鲜活的方式来讲述和诠释爱国主义精神。从"旧"到"新"，新主流电影得以更迭叙事模式，将爱国主义精神润物细无声地植入青少年观众心间。

其次，新主流电影对青少年传递出英雄主义精神。《红海行动》有一个很大的亮点是塑造了蛟龙突击队集体的英雄形象，英雄主义精神在集体主义叙事中得到呈现。整部《红海行动》呈现出紧凑的集体协作状态，队长沉着冷静地指挥战斗，果敢地下达每一个指令；副队长善于鼓舞队员斗志，凝聚人心；而各队员同样配合紧密——无论是狙击手还是观察员、无论是通信兵还是医疗兵，都紧密协作、全力以赴，最终获得了胜利。这种紧密协作取得的胜利值得青少年学习，这恰恰是当今社会最需要的精神。同样，在集体主义的框架之下，个人的英雄主义精神同样可以彰显出来，无论是狙击手还是爆破手都出色地展现出自己的作战能力，体现了卓越的个人素质，皆无愧于"英雄"之名。如此一来，集体主义和英雄主义在影片的叙事中齐头并进，这种叙事告诉我们：英雄主义和集体主义是同构的，集体胜利之时也是个人成功之时。这种叙事为青少年传递出一种崭新的"英雄主义"，也有利于每一位观众重新思考个人与集体、社会、祖国之间的关系问题，重新思考自我何以作为方可无愧祖国和时代。

再次，新主流电影塑造了当代青年的理想信念。主流影视作品中的主题思想十分有助于开展理想信念教育。《红海行动》中，"蛟龙"队员必胜的信念令每一位观众动容，只有胜利才能保住同胞的生命权、财产权，才能捍卫祖国的尊严。正是在这样的理想信念之下，他们完成了任务，收获了成功。当代社会，"丧"文化曾一度盛行，部分青少年趋向于自我否定，在身处逆境时往往选择放弃。而《红海行动》对于"蛟龙"队员理想信念的呈现无疑是一剂强有力的催化剂，促使青少年观众反思这一问题，并以此出发，思考如何重塑理想信念。

最后，新主流电影培养了当代青少年的人文精神。在影片中，"蛟龙"突击队不仅要救中国人质，而且要救外国人质，这体现出了大国担当和人文素养——在灾难面前，我们应该以更为宽广的胸襟来珍视生命。这种人文精神恰是中国政府在处理国际事务时所秉持的原则，理应被当代青少年所传承。

结　语

通过对《红海行动》的文本分析我们可以看到，在意识形态斗争复杂的当下，新主流电影肩负着讲述中国故事、输出国家意识形态的历史使命。《红海行动》作为一部优秀的新主流电影，对于当代青少年的爱国主义教育具有积极作用。影片叙事巧妙地引导观众在新时代重新思考爱国主义、英雄主义、集体主义和理想信念等问题。这些问题恰可作为新主流电影的叙事维度，为今后的电影实践点亮"灯塔"。

作者：酒泉艺术职业高级中学　刘娜

国产电影的文化表征与育人价值探析

摘要： 近年来涌现出的优秀国产电影，不仅在艺术表现上可圈可点，而且在思想上和情感上能够引起观众的普遍共鸣，在刷新票房收入的同时，也为影坛增添了育人树人的一抹亮丽色彩。学校题材、家庭题材的影片关注青少年的成才成长，对青少年成长过程中存在的问题予以揭示和深入剖析；献礼题材的影片将主导文化、主流价值观、人民历史观无形中植入观众心田，修正自我对国家话语、民族话语的记忆偏差，让个人话语回归到主流话语的正轨中；家乡题材的影片唤醒了观众对家乡的热爱，增进了对家乡的文化认同；党史题材的影片在追忆历史中，传递着催人奋进的时代力量。

关键词： 优秀影片；文化表征；育人价值

电影作为一门视觉艺术，带给观众视觉上的满足和冲击，它和文学、音乐、舞蹈、绘画等艺术一道构成了"以美育人""以美化人"的体系。一部好的影片除了在艺术上要秉持创新精神、避免粗制滥造、做到精益求精，还要在思想上体现社会责任感，为观众传递正确的价值导向或启迪观众反思社会问题与人生问题。纵观近年来涌现出的优秀国产电影，在刷新票房收入的同时，将电影的娱乐功能与教育功能很好地结合在一起，为影坛增添了育人树人的一抹亮丽色彩。

一、学校题材、家庭题材的影片：对青少年成长、成才的关注与反思

"暑期档"电影有着特定的目标群体——青少年观众，在此期间上映的电影也多迎合年轻观众的审美趣味，将他们喜闻乐道的各种元素融入其中。

《银河补习班》就将档期定在2019年暑假。影片以航天员马飞的成长历程为叙事线索，聚焦家庭教育问题、学校教育问题。影片主人公马飞的父亲马皓文因设计了东沛大桥成为东沛人民心中的英雄，被推举为1990年北京亚运会东沛市的火炬手。火炬传递当日正值儿子马飞的生日，他为了给儿子亲手制作一个由足球改制的地球仪，差点延误了火炬传递。当他传递完火炬把地球仪作为生日礼物送给欢迎人群中的儿子时，他设计的"东沛大桥"轰然倒塌，苦难接踵而至，他替全单位人背黑锅被关进监狱，妻子也和他解除了婚姻关系。当他刑满释放，儿子因逃学、旷课被学校勒令退学。他和儿子就读的博喻学校阎主任打赌，如果儿子在初一期末考试没有进入年级前十名，就自愿退学。在他的独特教育下，马飞奋力直追，最后由老师、学生眼中的"缺根弦"的差生，变为有望为博喻学校重拾昔日辉煌的尖子生。马飞在人生抉择的关键环节追随自己的兴趣，成为一名飞行员，后又被遴选为航天员，圆满完成"曙光十六号"载人飞行任务。影片中马皓文被捕入狱，缺席了马飞的童年时期。马飞的母亲忙于生意，疏于教育孩子，更无暇体察孩子的内心世界，她把马飞学习成绩落后归因于天生就笨。马皓文出狱后接手马飞的家庭教育，他相信孩子，也愿意去倾听孩子内心的想法。他在拆除大贮槽找爆破点事件中教给孩子的不是书本上条条框框的陈述性知识，而是在课外实践中寻找答案，他启发孩子每天学会课本的0.1厘米厚的内容，日积月累就能掌握全部课本11厘米厚的知识；他虽然没有稳定收入来源，甚至在1998年亚洲金融危机时靠卖血、卖

理论探索与实践展望

值钱的东西来维持生计，却为了培养孩子的兴趣买了一台价格不菲的586电脑；他在送孩子上学的间歇和孩子一起感受大自然，让孩子明白要想写好作文就必须写出自己的真情实感，写自己感受过的真实世界；期末考试在即，他和阎主任打赌的结果即将揭晓，他却让孩子放松，带孩子去看航展，满足孩子心中早已种下的"太空航行梦"，他认为孩子最重要的时刻应该分布在每一天、每一分、每一秒，不是集中在期末考试阶段。他的这种注重兴趣、注重方法能力、注重实践过程的教育与以阎主任为代表的传统重成绩、重结果的教育形成强烈反差。影片将阎主任的儿子（全省理科状元在大二时无法接受考试失败沦为疯子）与马飞（放弃报考飞行员为博喻学校重拾往日荣光）进行对比，表达了对传统应试教育的批判。影片讲述了马飞在1998年洪水灾难中自我逃生及成功解决中继天线插座复位难题等小故事，传达出素质教育和因材施教的必要性和重要性。值得注意的是，影片将适应孩子天性、尊重孩子兴趣、激发孩子求知欲的新教育理念做了夸大处理和美化修饰，为了证明这种教育的优越性而刻意突出了传统教育育人方面的不足之处。其对当前教育大胆质疑的精神值得肯定，但轻易给出两种教育孰优孰劣的做法未免带有矫枉过正的嫌疑。

另一部在暑假黄金档播出的国产动画影片《哪吒之魔童降世》，颇具"东方玄幻"风格，影片借哪吒传说之形探讨的是现代社会教育问题与孩子的成长问题。这部影片讲述了哪吒因故被"魔丸"附体，在与遭天雷毁灭命运的抗争中成长为陈塘关救世英雄的故事。开篇中的哪吒是"灵"与"肉"分离的，哪吒之灵由上天所赐，哪吒之肉由李靖夫妇所育。哪吒降世，灵肉形式上合为一体，可是因为遭申公豹算计，主水（象征平和、温柔与善良）的"灵珠"未能进入肉体中，而主火（象征邪恶、暴躁与破坏）的"魔丸"阴差阳错进入母体，他自带邪恶为上天不容，三年期满将遭天雷摧毁。因先天之灵存在严重缺陷，民众带着固有偏见视哪吒为灾星，加以防范和疏远，他们无形中构成了哪吒成长中的一股强大异化力量。因哪吒肉身由人类所赐，他具有人类情感，渴望摆脱天命的惩罚，和其他孩子一样希望赢得别人的尊重和认可，而不是在孤独中成长。哪吒父亲求得了换命符，想用自己的命换哪吒的命，他告诉哪吒："你是谁，只有你自己说了才算！"哪吒的母亲在哪吒出生时拼命保护孩子，培养中不戴有色眼镜、不给孩子贴标签，她和她的丈夫编造哪吒就是灵珠转世的善意谎言，这些无不为一个先天有缺陷的孩子创造了良好的教育氛围和成长的动力。太乙真人作为老师能够因材施教，注重哪吒的兴趣爱好的培养，在最大程度上挖掘了哪吒的潜力。这部影片也意在启发观众：良好教育应是家庭教育和学校教育的合力。

如果说《银河补习班》和《哪吒之魔童降世》是从正面探讨教育问题，那么《少年的你》则是从反面展现当前教育的盲区与潜在问题。《少年的你》直面国内的校园欺凌事件，触及校园的灰色地带和青春成长的痛点。虽然这不是校园欺凌与校园暴力在银幕中首次出现（之前《悲伤逆流成河》已将这个灰色地带做了艺术展现），但《少年的你》引发的社会反思力度是之前的同题材影片无法企及的。影片女主人公陈念长期受到同学欺辱，一直忍气吞声、有苦难言，而其他同学则置若罔闻，避之不理。有一天晚上，她回家路上偶遇被他人施暴的街头混混——男主人公小北，在恻隐之心及正义之感的驱使下，她拨打110报警，从而也被卷入其中。在随后的交往中，男女主人公同样不幸的家庭遭遇让彼此惺惺相惜、默默守护。在临近高考的一次冲突中，陈念误将欺辱自己的同学推下台阶致死，她与小北企图掩盖真相。在高考结束后，真相即将浮出水面之际，她和小北经过艰难抉择，做出自己上大学、小北背负罪行的决定。后经郑警官感化，陈念主动承担过失杀人罪。影片末尾她与小北都获得了救赎，坦然迎接新生活。影片将校园欺凌现象放在高中未成年阶段的一所复读学校展现，高考复读生对未来的向往、对由少年转向成人的渴望、对摆脱校园欺辱的期待同时存在，而期待太过强烈则转为不能改变现状的心理焦虑，高考这一事件成为过去—未来的连接点，高考前后一段时间演变成"通过仪式"的阈限期，阈限期过后旧的高中时代宣告结束，少年完成了精神上的成人礼，依靠他人拯救被欺凌的状况变为走向新我的精神救赎。影片启发观众反思校园欺凌背后自我、他人、学校、社会的关系，寻找旧我真正走向新我的答案。

二、献礼题材的影片：由入"史"到入"心"的教育洗礼

献礼电影是一种独特的电影题材，少了商业电影的"商业味"、文艺电影的"文艺腔"，突出了人民创造历史的厚重感和为人民事业不懈奋斗的神圣感、崇高感，传递的是主导文化、主流价值观、人民历史观。历史已然成为过去，历史的记忆总是伴随着遗忘，献礼电影时刻提醒着电影观众历史时空的存在，历史记忆的重要节点必须时刻牢记。个体观看影片进而沉浸在剧情中，无形中消化、咀嚼、领悟着无时不在的国家话语、民族话语、阶级话语，增进自我对国家、民族的认同感，强化自我同国家、集体的归属感，提升自我获得"入盟"资格的自豪感。观影也是在潜移默化地接受教育，修正自我对国家话语、民族话语的记忆偏差，让个人话语回归到主流话语的正轨中。

以《建国大业》为代表的献礼电影，重新制造了历史现场，将国家历史以近乎史料影像资料的形式呈现在观众面前。还原历史事件、挖掘历史细节、复述历史事实，歌颂丰功伟业背后的英雄人物。

2019年国庆期间上映的《我和我的祖国》是一部多声部合唱的电影，由陈凯歌担任总导演，张一白、管虎、薛晓路、徐峥、宁浩、文牧野联合执导，每位导演各指导一个电影单元。作为新中国成立70周年的献礼电影，《我和我的祖国》一反献礼电影惯用的叙事策略，以个体叙事代替宏大叙事，将个体小我放入时代的大背景中，彰显出个人命运与祖国发展的内在关联性、个体成长与国家前途命运的同构性。"前夜"单元避开了开国大典当日的历史负重和话语限制，叙事时间为开国大典前夕，讲述了天安门电动旗杆设计安装者林治远攻坚克难，让五星红旗在开国大

典当日飘扬在天安门广场上空的故事。在影片中,"前夜"不仅是国家历史性转折的前夜,更是小人物为大时代付出的前夜,前夜过去,明日马上会到来。开国大典最终顺利举行,林治远的重要价值得以彰显。"相遇"单元将时间推向20世纪60年代,讲述了原子弹研制人员高远为完成原子弹试爆,长达3年时间隐姓埋名,奉献出青春和爱情的故事。小人物的使命感消解了原子弹试爆的破坏性想象,小人物以自我的青春流逝,换取了一个时代的青春向前。"夺冠"单元讲述了20世纪80年代中国女排夺冠的辉煌经历。"夺冠"还原了上海弄堂里男女老少一起围坐在电视机前观看1984年女排夺冠的情景。女排在赛场内全神贯注投入比赛,街坊邻居在巷子里聚精会神观看比赛;女排在赛场内遭遇强敌,街坊邻居在赛场外遇到电视天线接收难题;电视里的主角中国女排成为国民英雄,电视外的主人公冬冬以无法向小美道别为代价为邻居调试天线成为民间英雄。影片并未宣教"顽强拼搏,团结协作,勤学苦练"的女排精神,但从女排夺冠成为普通人成长中一次难忘的记忆足以看出女排在普通人心中的分量。"回归"单元聚焦1997年香港回归,将《我和我的祖国》叙事空间扩展到了香江河畔。回归前叙事节奏放慢,叙事重点放在代表国家利益的升降旗礼仪上,英国必须行使主权到7月1日零点才肯降下英国国旗,中国必须在7月1日零点正式行使主权升上五星红旗,中英双方就此不断博弈,影片让鲜为人知的历史细节浮出历史地表。"北京你好""白昼流星""护航"三个单元书写了21世纪初期的故事。2008年北京奥运会、2016年神舟十一号飞船返回舱成功着陆、2015年纪念抗战胜利70周年大阅兵三个重要历史事件穿插在影片中。北京出租车司机、扶贫干部和牧民少年、女飞行员成为重要历史时刻的见证者,国家大历史作为故事背景,国家叙事成为隐形话语,个人成长历程被重点强调。张北京以恻隐之心成全汶川灾区孩子的心愿,获得了北京奥运会的参与感,沃德乐和哈扎布看到返回舱降落受到内心洗礼,吕潇然也以出色完成飞行队替补队员的使命为自己的成长增添了光彩的一笔。小人物的成长史无不借助大历史来完成,小人物的历史记忆无不以大历史为坐标,从这层意义上讲个人成长与国家命运是息息相关的,这也是《我和我的祖国》传递的价值旨归。

三、家乡题材的影片:唤醒对家乡的热爱

2020年是脱贫攻坚战的决胜之年,我国全面建成小康社会的第一个百年奋斗目标如期实现,正朝着第二个百年奋斗目标奋勇向前。从乡村到城市,广袤的中华大地到处是欣欣向荣的景象,处处传递着人民奔小康的喜悦。家乡旧貌换新颜成为中华民族复兴之路的有力注解。以《我和我的家乡》为代表的家乡题材影片从普通人的视角讲述着党的十八大以来家乡发展取得的新成就,书写了人民植根大地、热爱故乡的深厚情感。

《我和我的家乡》于2020年10月1日正式上映,4天后就夺得了第39周票房冠军。《我和我的家乡》可视为《我和我的祖国》的姊妹篇,承接了《我和我的祖国》的单元叙事,采用了缀合式团块结构(缀合式团块结构是一种"整体上无连贯统一的中心贯穿情节,而是通过几个相互间并无因果联系的故事片段连缀而成的影片文本结构"[1]),只是将《我和我的祖国》中的7个叙事单元降为5个。

《我和我的家乡》由《我和我的祖国》中的个人叙事转向底层叙事,影片5个单元讲述了党的十八大以来不同地域的底层人物所在家乡的新变化和家乡人民奔小康的幸福故事,传递的是家乡的归属感和文化认同感。"北京好人"作为"北京你好"的续篇,依旧以北京为主要叙事空间,主人公张北京攒够8万元想买一辆汽车,恰逢他送外卖的表舅得了甲状腺瘤上门借钱,张北京想让他的表舅享受医保待遇,于是让表舅剃成光头假扮自己。不料在成功蒙混医生诊断后,表舅在大排档庆祝时晕倒,被送到医院就医。真相被识破,张北京只好用自己攒下的8万元为表舅治病。他和

---

[1] 李显杰.电影叙事学:理论和实例[M].北京:中国电影出版社,1993:63.

术后痊愈的表舅回老家向舅妈讲起看病的经历，没想到舅妈已经给表舅办了医保卡，只是表舅不知道。党的十八大建立的全民医保体系落地惠及亿万农民，让农民医治大病有了保障，增进了农民的幸福感。漂泊外地的张北京和表舅因为家乡与亲情的连接，彼此扶持、相互关爱，张北京的善举让自己的道德境界得以升华，成为"北京好人"。"天上掉下个UFO"延续了"唐人街探案"系列的破案解谜模式，视域转向西南部的贵州黔南。故事以贵州"中国天眼"附近的阿福村中秋之夜惊现UFO开场。阿福村有UFO出没，一时之间各媒体争相报道，无形中带动了当地旅游业的发展。《再进科学》节目组老唐和小秦为调查UFO事件真相，远赴阿福村采访，科研工作者董科学、村干部王守正、商人王出奇协助调查。调查结果将这一切指向农民发明家黄大宝。原来他爱上了对面山村的姑娘阿花，却因为贵州山村山高路远，两人不幸分手。为了弥补当年遗憾，他尝试发明能够载物送货的UFO，但解决不了遥控和续航问题，UFO意外失控，于中秋之夜飞向空中。在董科学的协助下，UFO迭代为无人机，阿福村最终依靠现代科技吸引游客，脱贫致富。党的十八大以来在精准扶贫和科技扶贫的战略部署下，各地加快了脱贫步伐，"天上掉下个UFO"是科技脱贫的艺术展现。阿福村成为贵州科技示范村，乡民走向街头载歌载舞庆祝，增强了对家乡的文化认同。"最后一课"浓密的茶林、秀美的江南山水，将观众带到东部浙江的千岛湖畔，范老师和儿子旅居瑞士，不幸患了阿尔茨海默病，记忆停留在1992年给望溪村小学上的最后一课的时候。范老师认知出现障碍，他用断断续续的记忆反复拼接脑海中最后一课的情景。为了让范老师重回健康，他昔日的学生试图还原范老师最后一课的情景。范老师到达精心布置的教室，往日一幕幕复现：1992年离开乡村的那一天大雨突降，处在漏雨的教室中的他拿出记录问题的笔记本嘱咐每个同学好好生活、认真学习，有一个叫姜小峰的学生画了一幅画——学校未来的样子，因缺乏颜料被同学嘲笑，于是范老师回家去取颜料，返回学校的路上，他滑倒在地，颜料也随即流入河水中，这成为他心中的一大遗憾。范老师的旧日记忆被学生们找的代替当年自己的小演员的手机铃声打断，他恍惚间走出教室，走向街道，眼前现代化又富有地方特色的村中景色刺激着他，在路的尽头他走到了灯光闪耀的望溪村小学，这俨然就是上色后的姜小峰昔日画作，建筑师姜小峰也与范老师重逢，范老师记忆中的最后一块拼图完全拼好。党的十八大以来，党和国家高度重视乡村教育，对乡村教师队伍建设提出明确要求。2015年国务院办公厅印发的《乡村教师支持计划（2015—2020年）》，从师德荣誉、职称编制、工资待遇、培养培训等方面对乡村教师给予大力支持。2018年，中共中央、国务院印发了《关于全面深化新时代教师队伍建设改革的意见》，对加强乡村教师队伍建设进一步做出全面部署。乡村教育在党的十八大后呈现出新局面。范老师几十年如一日坚守乡村，在简陋的校舍给学生带去知识养料成为昔日乡村教育可歌可泣的"前历史"，新的乡村教育格局书写着教育脱贫的新历史。范老师培育的学生扎根乡村、回馈乡村、振兴乡村，改写着乡村的面貌，这亦是一份对家乡的爱。"回乡之路"抒写的是一曲生态治理的赞歌。陕北毛乌素沙漠沙里沟中学窗外昔日黄沙遍眼，高老师语重心长地告诫学生学习知识，让家乡变个样。多年后，沙里沟中学成立四十周年之际，各位知名校友受邀返校，商人乔树林和带货女王闫飞燕均在邀请之列。乔树林在飞机上偶遇闫飞燕，回乡路上一路推销自己的沙地苹果，被误以为是商圈骗子，校庆当日，一个男孩做了"我想成为的人"的演讲，他说他想成为的这个人爱吹牛，成为商人后捐钱修校舍，号召村民返乡治沙、种植果树，几经失败后终于种出沙地苹果，让沙漠变为现在的绿洲，这个人就是乔树林。闫飞燕决定免费为乔树林带货。党的十八大报告将生态文明建设与经济建设、政治建设、文化建设、社会建设一道纳入中国特色社会主义事业总体布局之中。2017年，将"必须树立和践行绿水青山就是金山银山的理念"写进党的十九大报告，绿色发展之路正成为乡村振兴的必由之路。"返乡之路"既是过去乡愁乡情的重温和乡村记忆的复原，也是乡村新面貌的历史见证。带着《西虹市首富》《夏洛特烦恼》的余绪观看"神笔马亮"，仿佛这是"开心麻花"原班人马的又一个"造梦"故事。"神笔马亮"聚焦东北，画家马亮主动请缨放弃了去俄罗斯美院进修的机会，成为村里的第一书记，在他的带领下，他所在的乡村成为远近闻名旅游村，他为振兴乡村做出了卓越贡献。然而他下乡扶贫之路是不顺利的，妻子知道他要下乡到单位大闹一场，可这丝毫没有动摇马亮的决心。他把宿舍装扮成富有俄罗斯风情的宿舍，在与妻子视频电话时，让村干部戴上金发饰演室友，妻子稍有怀疑便自己一动不动做出画面静止的样子，让妻子误以为信号不好。终于有一天妻子发现了他在欺骗自己。可当妻子看到村子面貌大变，村里的人们过上好日子时，她选择了原谅和理解。党的十八大以来，为打好脱贫攻坚战，中央累计向贫困村选派278万驻村干部，第一书记和驻村干部出主意干实事，他们是落实国家惠民政策"最后一公里"的引路人，在扶贫攻坚的路上发挥了巨大作用。影片中马亮发挥自身绘画优势，通过让自然景观和人文建筑带上艺术气息，拉动旅游，吸引年轻的务工人员返乡振兴家乡，实现了脱贫目标。

值得一提的是《我和我的家乡》5个影片单元在地域空间上横跨大江南北，兼顾东西大地。各单元选取的富有乡土特色的典型生活场景，唤醒了人们对家乡的情感，而这五个单元的故事合在一起是一个走向繁荣的祖国。

四、党史题材的影片：催人奋进的时代力量

2021年恰逢中国共产党百年华诞。在中国共产党成立一百周年之际，全国掀起了党史学习教育的热潮。习近平总书记指出："历史是最好的教科书。学习党史、国史，是坚持和发展中国特色社会主义、把党和国家各项事业继续推向前进的必修课。这门功课不仅必修，而且必须修好。"[1]一

---

① 人民网-中国共产党新闻网.学习路上·习近平"治国理政观"系列之四 习近平的历史观：历史是最好的教科书，也是最好的清醒剂[EB/OL].（2014-07-08）[2022-05-28］. http://theory.people.com.cn/n/2014/0708/c40531-25251002.html?from=singlemessage&isappinstalled=0.

批优秀的电影作品将艺术视角与"党史"接轨,或展现时代英模或还原历史,让观众从中汲取前行的力量。

  2021年5月上映的影片《柳青》讲述了柳青扎根皇甫村创作《创业史》的心路历程。柳青说一部作品需要经过50年时间的检验才能证明其是否为经典。时至今日,《创业史》出版已60余载,从出版时的畅销到文学史册中的"十七年"文学经典,《创业史》为何能成为具有史诗性品格的经典之作,影片给出了答案,对这个答案的探寻也构成了这部影片的主要叙事线索。影片中,柳青出场已是功成名就,《种谷记》《铜墙铁壁》等作品已在读者中产生了广泛的影响。他为了写出反映当时正在进行的农村合作社运动的好作品,自愿降低政治待遇,到长安县皇甫村落户,体验真实的农村生活。而现实主义风格作品的生活真实要变为作品中的艺术真实,作家必须在生活中挖掘素材,汲取写作养料,并经过自身的艺术提炼,在创作中融入主观感情。柳青为此从衣着打扮到讲话方式、思考方式都朝着农民转变,他和村民亲切攀谈,同吃同劳,逐渐从皇甫村村民敬而远之的县委领导变为百姓心中见多识广的主心骨。他无时无刻不在生活中观察着农村合作社运动中村里的发展变化——村民的日常生活、情感及命运遭际,终于写出了实践延安文艺座谈会讲话精神、体现为"工农兵"服务文艺方针的《创业史》。影片将观众带入具有浓厚的革命理想主义色彩的"十七年"时期。其时,作家在下乡入村体验生活之余,也肩负着振兴乡村的使命,因为作家除了具有文艺工作者的身份外还有党的干部的身份。双重身份下,作家既是农村生活的记录者又是改变农村面貌的潜在力量,他尽自己所能为闭塞的乡村引入建设乡村的"稀缺资源"。影片中柳青的责任感和使命感让他时刻关心着皇甫村的事务和农村的发展状况。他启迪村干部:农村合作化中农民关注的是现实的利益,并非说教就能服众;他将《创业史》的全部稿酬捐给王曲公社做工业基建费,支援农村;他让出版社预支7000元为皇甫村通上了电。在柳青身上,我们看到了一个党员干部践行初心使命的责任感。《创业史》从构思到出版历时7年。7年间,上级领导多次催促柳青发表作品，下达发表作品的政治任务。他的妻子因无法忍受艰苦平凡的农村生活短暂离开。这些阻力都无法动摇柳青写出一部好作品的决心。柳青的创作定力和恒心正是当前讲速成、求效率、重金钱的浮躁社会风气所欠缺的精神内核，他的事迹教育人们在个人的青春奋斗史中，只有不忘初心，才能找准航向，为时代和社会前行贡献力量。

中国共产党的成立是中国历史上开天辟地的大事件，深远地影响了中国革命的进程。1921年作为中国共产党建党元年，它在一定的历史语境中已经超越时间范畴，指向中国共产党的政治革命进程，具有了承载宏大历史的符号意义。电影《1921》就选取了"1921"作为片名，对1921年中国共产党成立的历程进行了图像还原与历史再现。《1921》"温故"历史的方式具有独特性。同是讲述建党故事，《建党伟业》是教科书式的讲述，它以中国共产党成立是历史的必然为讲述线索。为了强调"历史的必然"，影片再现了辛亥革命的失败、袁世凯称帝、张勋复辟、巴黎和会外交失败、五四新文化运动等重大历史事件，在这些历史事件的推动下中国共产党成立了。《1921》虽然也是将中国共产党成立作为"答案"，但一方面，影片在讲述历史时，做了时间上的取舍，中国共产党成立前的历史时间及历史事件尽可能作为序幕一笔带过，1921年中共一大召开和中国共产党成立前后这段时间被着重强调，这也呼应着影片的片名，突出了1921年这个时间节点的重要性；另一方面，影片采用"人像展览式"的讲述结构。影片以陈独秀第三次被捕入狱，李大钊前去探望为叙事起点，陈独秀、李大钊先后登场，之后李达、毛泽东等中共一大代表也依次出场。他们围绕中共一大召开这一核心事件，根据自己的职责和使命，开展了各自的行动。与《建党伟业》不同，影片对李达、毛泽东、刘仁静等中共一大代表出场时的年龄做了交代，让观众看到了中国共产党成立历程中青年的力量和他们的成长历程。这些革命者在影片中恰是风华正茂，他们用自己无悔的革命誓言和革命斗志，在觉醒年代谱写了自己的"青春之歌"。

总之，近年来上映的优秀电影，不仅在艺术表现上可圈可点，而且在思想和情感上能够引起观众的普遍共鸣。无论是学校题材、家庭题材影片还是献礼题材影片、家乡题材影片、党史题材影片，都注重与当下生活接轨，提炼时代问题、社会问题、家庭问题、青少年成长问题，为影视育人工作提供了新鲜素材，对青少年正确的价值塑造和理想人格的培育发挥了应有的作用，对其他观影群体也具有重要的教育价值和启示意义。

作者：忻州师范学院　刘彪

影视作品对中学生成长的积极影响

摘要：随着社会的快速发展及互联网的普及，影视作品的教育意义凸显。本文主要分析影视作品对中学生的积极影响，以期利用影视作品的积极作用促进中学生健康成长。

关键词：影视作品；大众传播；中学生教育

2018年年底，教育部、中宣部联合印发《关于加强中小学影视教育的指导意见》，要求把影视教育作为中小学德育、美育等工作的重要内容，纳入学校教育教学计划，使观看优秀影片成为每名中小学生的必修内容，保障每名中小学生每学期至少免费观看两次优秀影片。

据介绍，我国中小学影视教育工作基础还比较薄弱，一些地方存在思想认识不到位、条件保障不完善、活动开展不经常、体制机制不健全等问题，导致影视教育的针对性和实效性还不够强。对此，《关于加强中小学影视教育的指导意见》提出，力争用3~5年时间，实现全国中小学影视教育的基本普及，形式多样、资源丰富、常态开展的中小学影视教育工作机制基本建立，形成中小学影视教育的浓厚氛围。

《关于加强中小学影视教育的指导意见》明确指出，教育部将会同中宣部每年向全国中小学生推荐优秀影片片目，各地要注重遴选思想性和艺术性强、弘扬民族精神和时代精神、符合青少年身心特点和认知规律的优秀影片。有条件的中小学校可依托现有礼堂、阶梯教室等改扩建放映场地，利用原有电教设施或购置专门放映设备，在指定网站点播或下载优秀影片，组织学生在教室进行集体观看。

同时，各地宣传部门要推动当地影片放映机构创造条件为城市中小学生开设电影专场，组织农村放映队深入农村中小学校进行电影放映，实现农村学生免费观影活动全覆盖，并组织开展特种电影公益放映活动，让残疾青少年感受优秀影片魅力。

美国学者赖特在《大众传播：功能的探讨》中提出了"四功能说"。

一是大众传播的心绪转换效用——提供消遣和娱乐的方式，帮助青少年"逃避"日常生活的压力，缓解紧张情绪。

二是大众传播的自我确认效用——大众传播中的人物、事件、状况、矛盾冲突的解决方法等，为青少年提供一种自我评价的参考，通过比较，他们能够反思自身行为，从而协调自己的观念和行为。

三是大众传播的环境监测效用——通过观看影视作品可以获得与自己生活直接或间接相关的各种信息，及时把握环境的变化。

四是大众传播的环境认知模糊化效用——这一点符合了影视传播对青少年受众行为影响的理论，缺少辨别能力的青少年有时无法区分影视作品中的虚幻世界和现实世界，为了寻求一种现实中不能实现的心理补偿，他们情愿沉浸于剧情构建的理想化世界。

赖特的这一总结为我们理解影视作品对中学生的影响提供了帮助，笔者认为影视作品对中学生成长有一定的积极作用，主要表现在以下几个方面。

一、影视作品可提高中学生的视听语言能力

影视作品是以影像、声音的方式呈现出来，成为人们广泛促进文化和教育事业发展的强有力的手段。

影视作品作为以活动画面组成的影像语言系统，其光影构图、场面调度、镜头运动、色彩构成及景别、机位等表现手法和组合形式，像文字

语言一样具有其独特的语法结构和表意功能。在影视作品课上，教师带领中学生进行优秀影片的分析和鉴赏，针对中学生的年龄特点，指导中学生使用影像器材，制作中学生自己策划、导演、拍摄的短片作品。短片的编剧、拍摄等过程需要反复筛选，在此过程中使中学生感受影像叙事的魅力，还可以通过相关实践来提升中学生视听语文的能力。

二、影视作品可让中学生更客观地了解历史

历史题材的影视作品以曲折的情节和生动的艺术手法吸引着中学生的眼球。历史题材的影视作品的直观性可以激发中学生学习历史的兴趣，使中学生在学习历史的过程中对书本知识和影片进行一个回味和对比，避免了学习书本知识的枯燥感。优秀历史题材的影视作品的传播，既可以对中学生进行爱国主义教育，也可以帮助中学生塑造健全的人格，培养其坚强的意志品质。比如，《林则徐》《邓小平》《居里夫人》《英雄》《建国大业》等作品，既有艺术价值又有社会价值，也是一种教育资源，可让中学生去欣赏。

三、影视作品可锻炼中学生的创造思维

科幻片、动画片、科技博览片等能够通过现代科技将抽象的科学知识形象化，将宏观和微观的科学世界以画面的形式呈现给中学生，浩瀚神秘的科学世界、给人类生活带来便捷的智能化以及未来感十足的高科技，都会激起中学生对科学的兴趣和向往，增强中学生的学习动机。一些动画片中也充满了无尽的创意和想象力，在这些精彩画面的陶冶下，中学生不但得到了极大的审美享受，也提升了想象力和创新意识，拓展了创造思维。

四、影视作品可提高中学生的文化艺术修养

中学生艺术教育应该成为中学教育中的有机组成部分，如何使中学生在有限的条件下接受到纯艺术的熏陶，逐渐提高其艺术修养应成为中学教育思考的问题。艺术作品通常追求真善美的统一，如果中学生能经常接触这些艺术作品，就会在潜移默化中形成一种修养和素质，逐渐对生活有着诗意的认知，精神境界也会慢慢提升。这种在中学生身上体现出来的涵养也会造就一个灵动和谐的校园。

影视作品属于艺术作品的范畴，包含着音乐、美术、文学在内的多种艺术元素。同时，影视作品的独特表现形式能更好地展现其艺术魅力，发挥其吸引力和感染力，这就使影视作品能作为一种传播综合艺术美的有效载体，服务于中学美育，从而提升中学生的文化艺术修养。

影视文化作为传播文化的工具，传达了社会责任、国家认同、人文底蕴、科学精神、审美情趣等信息，也可成为中学生素质教育的一种方式，对中学生成长起着一定的积极作用。

五、影视作品可丰富中学生的校园文化

一个和谐发展的人，除了需要掌握专业技能和丰富的科学知识以外，还应当具有良好的综合素质，对美应该有一定的追求。

影视作品进校园是传播优秀文化的一种方式，也是教育中学生的一种方式。学校应该在开展影视欣赏课程、带领中学生鉴赏优秀的影视作品的同时，充分发挥中学生的主观能动性，鼓励中学生在课余时间将有先进思想性、艺术性，弘扬民族精神和时代精神的作品推荐给大家，建立优秀影视资源库，并分设不同类别，如爱国、励志、亲情、友情等。在此过程

中，既锻炼了中学生的信息甄别素养，又丰富了校园文化。还可以通过影视课程将校园文化渗透在中学生的日常学习、生活当中，使中学生在耳濡目染中接受校园文化的熏陶。

六、影视作品可扩大中学生的社会体验范围

学校和家庭是中学生社会生活体验的主要环境，比较简单，而影视作品不但能够从各方面反映真实的生活情境，还能够展望未来、展现历史。因此，影视作品可以成为中学生与外界联系的一个大窗口，既丰富了中学生的社会体验范围，又拓宽了中学生的生活空间。

观看健康的影视作品既可以成为中学生情感释放的渠道、休闲放松的方式，又对塑造中学生的价值观起着一定的积极作用，它的大众化、人性化等特点极大地满足了中学生在娱乐、审美、教育等方面的心理需求，引领他们去感受生活、认识世界、了解社会。

影视是一门综合的艺术，包含了哲学、文学、戏剧、摄影、音乐、绘画、社会学、心理学、科学等领域的知识。目前，影视作品所产生的文化氛围对中学生的影响日益加深，中学生的生活与学习中也折射出影视的印记，可以说，影视作品早已潜移默化地进入中学生的生活，观看影视作品几乎成为他们生活中不可缺少的一部分。所以，分析影视作品对中学生的积极作用，有利于我们利用影视作品来开辟中学生的第二课堂，拓展中学生的知识视野，塑造中学生的行为方式、人格修养、价值观念、审美情趣，促进中学生的健康成长。

作者：西北师范大学实验幼儿园　董金辉

第三章 实践·影视教育的路径延展

光影萌生

——小学生影视实训创作的成果和思考

摘要：为发展青少年素质教育，提高学生综合创新和影视欣赏及制作能力，武汉市江岸区200名4~5年级小学生组成了小学生科普电影社团，进行电影短片创作。经过3个月理论、实践课程和4次大师公开课，该社团共创作20部电影短片作品。社团中的每位学生都能熟知影视制作的分工及掌握制作技术，创作属于自己的电影短片。这样的教学实训活动是深入挖掘小学生的影视创作能力的大胆尝试和有力借鉴。

关键词：教学；实践；创作

一、武汉市江岸区小学生电影社团教学及活动

1.发起及组织结构

2018年11月2日，为发展青少年素质教育，普及科技、文化、影视知识，提高学生综合科技创新和影视欣赏及制作能力，推动武汉市江岸教育现代化实验区建设，经前期调研，由江岸区科学技术和经济信息化局、江岸区教育局联合发起，武汉传媒学院和湖北省电影家协会作为学术支持，"5号车间·全民创客中心"（简称"5号车间"）作为承办单位，在10所学校成立小学生科普电影社团，并在"5号车间"设立小学生影视教学基地，命名为"5号梦工厂"。

电影社团按照"政府主导、社会支持、学校组织、学生自愿"的原则，通过政府"购买社会服务"、开展"双创补贴"等形式开展活动。电影社团以4~5年级小学生为主，每校成立一个学生科普电影社团（人数20人），共计200人。

通过专业培训，电影社团的学生制作出一批真正出自自己之手的电影短片作品，并参加了学生作品展示活动。该社团以创新的方式推动和提升青少年对于核心价值观的文化体察和精神共鸣，建设和培养一批影视特色学校和小学生影视达人。

2.参与社团的学生的要求

（1）小学4~5年级、对影视编创有一定的兴趣。

（2）有一定写作功底，思维敏捷、想象力丰富（市级作文竞赛二等奖以上）。

（3）对摄影、摄像有热情，能吃苦（市级美术竞赛二等奖以上）。

（4）五官端正，热爱表演（市区艺术小人才二等奖以上）。

（5）有基础的计算机操作常识及兴趣（科技类竞赛获奖或参与者）。

3.电影社团的目标

（1）开发学生的想象力，培养学生的写作能力、拍摄实践能力、团队协作能力、艺术审美能力。

（2）激发学生对电影艺术的探究和兴趣。

（3）协助学生完成自己的电影短片作品。

（4）搭建展示及评选平台，让学生的学习过程和取得的成果受到关注和鼓励。

（5）由武汉市知名影视团队、专业演员担纲讲师，使学生全面了解电影策划、拍摄制作流程，学习国内外最新的影视拍摄手法和后期处理技术，引导学生合理分工，全方位体验影视剧组的创作和生活。

二、教学及实施计划

（1）2018年11月2日，"5号车间"提议、策划小学生电影社团项目，成立"5号梦工厂"，由项目发起人之一——导演包佳婧，对10所小学的校长、主任进行了第一次公开宣讲。

武汉传媒学院电影与电视学院院长偕党支部负责人、编导系学生代表在"5号梦工厂"举行了"小学生电影社团志愿者服务站"的挂牌仪式，为小学生电影社团建立绿色通道，共享教学资源，并为社团的教学、实践活动提供助教和志愿者服务。

（2）12月1日，由6名职业导演和摄影师组成的常驻教师和3名后勤专职教师团队入驻"5号梦工厂"，对课程、实践、大师课活动、学校组织联络等细节进行了周密的策划和分工。

（以下课程按大分类排序）

电影赏析及基础理论——用一边播放电影片段一边讲解的方式将团员们带入电影艺术的殿堂，激发团员们对电影幕后制作的浓厚兴趣。

影视特效化妆课——揭开电影幕后制作的奥秘，激发团员们对电影的热情和好奇心。通过制作枪伤、刀伤和美人鱼妆，使团员们了解特效妆在不同场景中对塑造角色的作用。

编剧课——讲述编剧创作理论，解读优秀微电影剧本范本及格式，并要求团员们在一周内完成剧本作业。写作要求为：字数，600字；时长，3~5分钟；地点，学校、家里或"5号车间"择其一；故事贴近生活，不可是科幻与古装题材。

观摩课——将课堂设在电影院巨幕厅，让团员们带着问题欣赏影片——《我们诞生在中国》，并特邀武汉传媒学院电影与电视学院导演系副教授在影片放映后与团员们一起交流影片的类型、剧情、制作等电影知识。

理论探索与实践展望

摄影课——先解析分镜头的技巧及运用手段，后讲述打光技巧及灯光在镜头中营造气氛的作用，并在理论课后组织团员们分组体验摄影机的操作及打光方法。

排练课——根据改编后的20个剧本进行演员选拔、拍摄分工及服化道筹备。让团员们在拍摄前自主选择分工，熟悉剧本、现场排练表演和拍摄过程。

短片拍摄——每部短片拍摄1天，共计8小时，在1名教师的指导下，根据分工团队协作完成拍摄工作。

剪辑课——以每剧组为单位，剪辑老师将对已经拍摄的素材进行整理，教授剪辑软件的操作方法及剪辑思路。由团员根据场记表自主剪辑短片，在课程和实践中完成素材的基本拼接。

导演大师公开课——"导演与导演"，在武汉传媒学院影音教室，特邀经验丰富的专业导演向团员们阐述导演与电影的关系，并对团员们未来创作的方向予以启发。

录音大师公开课——"声动我心"，特邀曾获两次"五个一工程奖"、两次"飞天奖"及"北京国际电影节最佳纪录片奖"的著名电影录音师——蒋憬，将大家带回到20年前，讲述自己从对声音产生兴趣到技术研究，再到电影录音艺术创作的历程。并通过放映个人录音代表作，和团员们分享电影声音创作的技巧和乐趣。

摄影大师公开课——"奔跑的镜头"，特邀北京电影学院摄影系硕士、作品多次入围北京大学生电影节及欧洲电影奖的电影摄影师——陈晨，在武汉图书馆青少年活动中心，为团员们现场演示"镜头的运动"和"运动的镜头"，让团员们在摄影基础课后对摄影艺术有了更深入的了解。

表演大师公开课——"演员的诞生"，由江岸区小学生电影社团发起人之一、武汉传媒学院电影与电视学院导演系讲师——包佳婧，通过讲述戏剧表演与影视表演的区别和关联，带领团员们现场体验"演员的训练"，从而使团员们对表演艺术有了全新的理解和认识。

三、组织与执行

1. 组织方式

（1）以学校为单位，每个学校出1~2名带队教师，负责电影社团全部联络及组织工作。

（2）建档，由学校提供入团学生的简历及档案，包括学校、年级、班级、性别、年龄、爱好、特长、家长联络方式等。

（3）每个学校建立微信或QQ联络群，"5号梦工厂"联络专管员在各群中同步下发课表和作业要求、活动内容，包括课程时间、地点、集合方式、注意事项等。每次公告内容都由带队教师落实执行。

2. 执行标准

（1）考勤。

建立考勤签到表，要求每位学生按照课表规定时间、地点严格出勤。未能出勤的学生应由带队教师了解情况后对"5号梦工厂"说明请假原因。累计2次未能出勤的学生，由学校作劝退或调换处理。

（2）分组。

建立拍摄分组及分工表：以每10人为一个拍摄组，以选出的1个剧本为拍摄内容，学生将自主选择在创作中的职务（导演、演员、摄影师、录音师、场记、灯光师），编剧可重复选择其中一项职务，例如在学生作业——"暴风雨后的爱""陪伴的旋律"中，编剧亦担任演员，在学生作业"明天开学啦"中，编剧在拍摄中亦担任灯光师职务。完成分组及分工后，将在拍摄前安排一次排练，集合所有演职人员熟读剧本，演员熟练台词，技术人员设计分镜、录音、灯光等，全面排练拍摄流程，以保证8小时的顺利拍摄。

（3）制片。

建立拍摄计划表（制片表格）：发动全组学生及家长参与演员的选拔，

通过试戏、试镜等方法和手段，公平选拔适合角色的演员，并动员家长提供拍摄场地。在拍摄时间和场地确认后，根据剧本内容制作制片表格发放到每个剧组，内容包括拍摄时间、集合地点、着装要求、道具要求、全部演职人员联络方式等。

演员、场地由学生或校方提供，指导老师、助理老师、制片、化妆师、美术由"5号梦工厂"提供。每部短片时长3~5分钟，拍摄时间8小时，务必在拍摄当天完成全部拍摄工作。

（4）剪辑。

拍摄完成后，将从导演、演员、摄影师中各选拔一名在拍摄过程中表现突出、创作力强的学生作为代表，参与剪辑学习和创作。后期混音及调色工作由"5号梦工厂"完成。

四、成果及总结

（1）来自10所小学的200名小学生进行了为期3个月的电影理论教学以及2个月的实践和拍摄，完成了20部电影短片作品的创作（剧本均由200名小学生自创，拍摄的分工由小学生自主选择）。

（2）参与此次小学生电影社团教学任务的有来自"5号车间"的9名常驻教师，助教和志愿者分别来自武汉传媒学院、湖北省电影家协会，参与活动的教职人员共计339人。

（3）2019年3月25日，著名导演王小帅专程来到"5号车间"，与小学生电影社团的工作人员交流关于影视创作的经验、体会，并探讨未来小学生电影社团的发展。王小帅导演对于小学生学习并自主创作电影感到十分惊讶和振奋，称其为"开创先河、史无前例的伟大艺术教育事业"，并主动提出愿意偕电影界同人为小学生电影社团贡献力量。

（4）2019年7月2日，在武汉市青少年宫音乐厅举办的首映式是小学生电影社团的20部电影短片作品的第一次公开亮相，参与创作的200个亲子家庭共750人在大银幕上看到了自己的创作。在此之前，入围影片已进行了为期一周的校园巡展及网络平台投票，网站的访问量达到94.3万人次，投票数达到11.8万。

（5）在放映20部电影短片作品之前，放映了《光影萌生——江岸区首批小学生电影社团活动纪实》纪录片，该片详尽记录了小学生电影社团自成立以来的全部课程、活动以及参与的家长、教师对该社团的评价及收获。

（6）20部平均时长4分钟的电影短片选自200名小学生的自创剧本，由武汉传媒学院师生联合常驻教师团队共同选拔和改编。剧本集合了家庭伦理题材、校园题材、探案题材等风格不同的影片类型，精彩呈现及深刻讨论了亲子关系、家庭矛盾、校园生活等多重话题。现场欢笑和掌声不断，影片放映后，在场的小创作者和家长们意犹未尽，为小编创者的想象力和创作力赞叹不已。

（7）颁奖典礼共设有15项单项奖和5项团体奖，与会的领导和艺术家嘉宾为参与创作的团员们共颁发了51座奖杯，其中"最受欢迎影片奖"由网络投票决出，其余奖项由专家评审组选出。在颁完最后一项"最佳影片奖"后，舞台火光四起、绚烂非常，全场来宾对获奖者报以热烈的掌声。江岸区首届小学生创作电影展颁奖典礼在大家的欢呼声和掌声中圆满落下帷幕。影展结束后，依然有大量学生及家长不愿离去，纷纷上台与校长及团员们合影留念。据悉，部分参与学校已自发组织开学后在校园举行"走红毯仪式"及"表彰大会"，以贺团员们在影展中的精彩表现和取得的优异成绩。

（8）2019年7月3日，共有23家媒体对电影展活动进行了全覆盖式报道。《楚天都市报》、《长江日报》、凤凰网、中新网、今日头条、经视直播等主流媒体对获奖的小学生进行了现场采访，并进行了多维度、深入的大篇幅报道，标题为《用儿童视野展望世界》及《全国首创小学生自编自导作品》。

理论探索与实践展望

五、教学及活动中的难点和思考

1.教学部分

（1）电影课程很容易得到孩子们的青睐，是因为电影的多样性的呈现和幕后制作的神秘感。为了让小学生掌握专业的电影知识，理论课程不可缺少，但是如剧本编创、摄影技巧等理论课相对单调、枯燥，超过5分钟的单一讲解，就会使小学生躁动不安，难以维持课堂纪律。教师团队要在课上以大量的影视素材和现场互动来调动学生的积极性和注意力，每2分钟提问一次，每5分钟互动一次，并在课后将课程的核心内容整理成文，打印并发放到每个学生手里，以复习当天所学的内容。但这样做难免造成学生对基础理论的理解不够系统和深入，因此只能靠如动手操作机器、分组表演和打光等实践活动来快速巩固理论课的内容。

（2）让每位学生体验全部影视工业流程的目的是让他们在创作中找到自己的兴趣所在。例如有的学生刚入社团的时候是因为热爱摄影，但是上完录音大师课后却选择在作品中担任录音师的职务，这说明兴趣的引导和发掘至关重要。但是设备的配备和课程时长有限，实践课中每人只能轮流操作机器，浅尝辄止，未能在实训课程中得到扎实的训练。令人欣慰的是，在作品拍摄过程中，超过一半的学生能在老师的协助下相对独立地完成工作。如果实训部分能有更为扎实的训练，制作的完成度和参与度会更高，有可能不仅限于完成，而可以直接提升到艺术创作和导演设计、摄影设计、声音设计等层面的思考和学习，从而快速成长为"专业人才"而非"技术人才"。

（3）进入拍摄环节，制片工作成了最大的难点。大量、集中的拍摄，制片工作不得不借助更多专业人士的力量。制片是影视制作中非常关键的部分，对拍摄的进度和质量起着决定性的作用。电影课程里不应遗漏和忽视制片课程，该课程既可以让学生加强团队协作的意识、提升对外沟通的能力，也可以释放一些教师团队在拍摄中的制片压力，真正做到全面分工和独立完成。如果条件允许，也应设置舞美课，其在实训拍摄中的作用与制片课同理。

（4）在活动中，我们发现部分（大概1/4）学生对电影知识和创作有极高的热情和向往，在这一部分学生中又有近30名创作力和个人素质很优秀的学生。课程结束后，他们和家长都希望电影社团的学习能够延续，甚至迫切希望能在将来报考影视类院校进而从事影视相关专业的工作。对于4~5年级的学生来说，对专业和人生进行定位或许过早，但是从小立志做舞蹈家、钢琴家、画家的孩子在持续不断的学习中终有机会实现自己的梦想，我们在小学开展的影视教学项目却暂时无法衔接到影视类高校，中间要经历初中和高中整整6年，届时，随着学业的压力和时间的推移，这次的影视学习和创作也许会成为他们的一段经历和过往，我们对幼苗的发掘和培育极有可能徒劳无功。如果在中学阶段也能配备影视选修课、兴趣课，进一步鼓励感兴趣的学生参与到影视学习中来，无疑会对未来和影视类高校的衔接起到关键的作用。

2.组织部分

（1）在这个项目中，组织的难度可以说非常之大。我们面对的是来自10所小学的200个家庭，在电影社团设立之初，即使经过三次公开宣讲，作为一门新兴课程，依然有大量家长及参与者表示对项目的不理解。因为是以"政府支持，学校购买"的形式，这门不用学费且"学了没用"的影视课被很多人忽视。我们不得不精心设计课程，让每次课程都以活动的形式呈现，激发学生的兴趣和自主性，即使这样，在早期依然有学生退团，甚至在全部活动结束后依然对影视"无感"。这一小部分学生既加重了组织的难度，也占用了热爱影视的学生的学习机会，但是在项目建立之初，我们无从辨别。所以，笔者认为应该将中小学影视教育的方向分为三个阶段——影视进校园赏析、电影知识普及，以及在这两个阶段后选拔有热情和天赋的学生进行深度培养，再进入实训和创作阶段，这样的影视专业授课资源才得以最准确和精彩的发挥。

（2）学习音乐、舞蹈等艺术类课程可以考级、表演、参赛，每次课都学有所获，与这些课程相比，影视的学习既烦琐又不能独占风头。学生的课余时间有限，为了保证学生不掉课，我们每次在课程前都反复落实出勤的情况，但是无论怎么排课，总会有部分学生因与其他艺术课的学习时间冲突而不得不牺牲掉电影课。然而具有艺术特长的学生往往也是我们电影社团想积极培养的对象，因为与不具备艺术特长的学生相比，他们更有热情。这成了一个难以调和的矛盾。所以在传达电影课的意义时，应开展更多中小学影视作品展示活动，突出电影艺术是对孩子"写作、美术、音乐、团队协作和沟通能力全素质培养"，而不是单一的某项艺术或技能的培养，从而吸引更多在兴趣和专长上有所对应的孩子加入到影视学习中来。

（3）这次项目的顺利开展，得益于社会各界无私的奉献和支持，很多教职人员都以纯公益形式参与该项目。但是公益项目需要复制和延展，靠点状或流动的支持是难有生命力的，需要专职的教师团队和学术机构作为核心，才能更好地壮大团队的建设，让每个参与的工作人员、教师、职业电影人获得相应的收益，把中小学影视教育作为一项事业去做，从而保证教学的品质。

这次武汉市江岸区小学生电影社团的组织和教学，可以说是"摸着石头过河"——不知道这么教对不对，没有一个既定的标准让我们去实施，也没有一个方向让我们大胆前行。于是我们设定了一个目标——让每个学生创作一部短片作品，为了达到此目标，反推设计了一系列的课程和实践。随着影视学习意识的加强，会有更多个人、学校和社会机构参与到此类项目中，他们不应该和我们一样"迷茫"，大家应该获得更多的信心和力量。中小学的影视教材的出版将会是教师和学生的一盏明灯，不仅会给投身于这项事业中的人们更好的实行标准，也会对普及和推进中小学影视教育有重要意义。

作者：武汉传媒学院　包佳婧

小学生电影社团实践与探索

——武汉小学生电影社团策划组织衔接工作

摘要： 武汉小学生电影社团是首个以培养小学生为电影主创团队的电影社团，本文以该社团为例，深入剖析了在为期3个月的电影创作课程及拍摄体验活动中，小学生不仅从电影中获得了乐趣，还学到了不少平时难以接触到的科技文化知识，并且最终创作完成了20部电影短片作品，以期探索中小学影视实践发展之路。

关键词： 武汉小学生电影社团；影视实践；小学生教育

武汉小学生电影社团是首个以培养小学生为电影主创团队的电影社团，由武汉市江岸区教育局、江岸区科学技术和经济信息化局联合发起，"5号车间·全民创客中心"承办，武汉传媒学院和湖北省电影家协会提供学术支持，来自武汉市10所小学的200名电影爱好者组成了小学生科普电影社团。社团旨在发展青少年素质教育、普及科技文化知识、提高学生综合科技创新能力、推动地方教育现代化试验区建设。团员以4~5年级学生为主，每校成立2个电影拍摄团队（人数20人），每个团队均有完整电影分工：学校策划编导组、学生摄影摄像组、学生表演组、学生影视后期制作组。社团学习体验结束后，20部由小学生亲自操刀、全程参与拍摄制作的电影短片作品在武汉市青少年宫举办的首届小学生创作电影展中进行展示，来自全国的电影人与武汉市民共同参与见证了这次活动。

理论探索与实践展望

　　为期3个月的电影创作课程及拍摄体验活动中，200名小学生已经从最开始只是简单地看电影，逐渐懂得如何真正欣赏电影、探索电影背后的故事，并且已充分了解到电影幕后工作的分工及电影拍摄设备的基本运用方法。不仅从电影中获得了乐趣，还学到了不少平时难以接触到的科技文化知识，并且最终创作完成了20部电影短片作品。

　　武汉小学生电影社团成立初期，由于课程跨度大且时间有限，我们以最终完成20部作品参加影展为目标进行反推，确定了课程安排及拍摄行程安排。我们以月为单位，提前一个月制定下个月的安排，发送给每个学校社团的带队教师。我们为10所学校分别建立了组织联络群，在每个联络群里公布所有社团成员的家长、班主任、分管主任及校长的联络方式。

　　我们的电影社团区别于所有课外的兴趣学习，因为它不是一个可以自由规划的兴趣课程。影视专业的特殊性在于它是一个综合性极强的科目，对团队协作意识要求很高。每一门课（编剧课、摄影课、特效化妆课、剪辑课等）都会学到关于影视知识的干货，并且这些全部都会应用于学生未来的作品创作中。所以我们可以看到每次课都是完全不同的领域，学生缺席一次课程就会导致一门专业认识上的缺失，并且我们每次课都有实践和作业。所以我们对每一位参与进来的学生的要求是——全勤。

　　当然这是一个非常理想的状态，在实际执行过程中，我们遇到了很多意想不到的困难。因为我们的学生都是经过筛选的，都有一定的艺术特长（或者在小人才计划里拿过作文比赛奖，或者在音乐舞蹈上有专长，或者是班里的学霸），在课外的时间，他们也要进行其他科目的学习，难免会和我们的影视课程产生时间上的冲突，这是一个难以调和的矛盾。值得欣慰的是，在我们的排课老师、带队老师和学校、家长的共同努力下，绝大部分学生都做到了全勤。

　　我们一共安排了12次理论、实践拍摄课和4次大师课。4次大师课的学生参与度非常高，反响很热烈，也许学生无法完全吸收专业的电影知识，但他们仍然领略了电影艺术的魅力，受到了艺术的熏陶。我们将这4次大师课中的两次都安排在了武汉传媒学院，让小学生和大学生一起上课，这样的学习经验对他们弥足珍贵。小学生在大学校园里学习的经历也让他们获得了极大的自豪感，家长们也为孩子们能有这样的体验机会激动不已。

在学习了这一系列课程以后，社团的氛围慢慢地发生了变化，家长从一开始的抱怨、不理解甚至质疑（觉得我们耽误了孩子们的学习时间、打乱了孩子的学习计划……），转变为不断地追问——后面的课程安排如何，他们要事先挪出时间来配合我们的课程安排，询问我们下次电影社团的开课计划。学生们更是对影视知识的学习产生了浓厚的兴趣。这种转变令人无比欣慰。

以上是笔者对小学生电影社团的理论实践课程及大师课的组织策划活动的大致介绍。下面笔者介绍一下关于收作业的问题。以我们的剧本课为例，剧本课结束后，我们要求200名社团成员每人交一份剧本作业，因为我们要在200部原创剧本中挑选20部适合拍摄的剧本，为保证学生有充分的时间进行剧本的创作，我们花了将近1个月的时间收集作业。这当中有些学生完成得很顺利，也有很出色的表现，当然也有些学生完成得特别吃力，迟迟无法交作业。其中有一个学校完成作业的情况很不好，几乎找不到适合拍摄的剧本，我们的剧本老师还针对这种情况专门给这个学校的社团成员补了课，对于个别的完成作业存在困难的学生，我们的剧本老师也对其进行了辅导，最终我们收到了200份剧本作业，并且选出了20部适合拍摄的剧本作品。

在电影社团的第一个月我们基本完成了全部的理论及拍摄实践课程，第二个月我们开始进行剧本排练课及短片拍摄创作。这个月的安排首先是让学生们选好自己的分工及团队，然后完全以团队形式进行排练和拍摄。每周我们安排这20个团队分别跟自己的导演老师进行排练，并在周末进行全天的拍摄。最终完成了20部作品的拍摄。

在剪辑课上，我们的剪辑老师指导孩子们用最简单的素材剪辑方法按照孩子们的思路进行剪辑，并帮助孩子们做了最后的润色工作。在拍摄和剪辑过程中，学生的自主创作度达到了70%以上。

接下来，我们为孩子们举办了属于他们自己的电影节，电影节有3个环节。

第一个环节是校园巡展：我们在10所学校进行长达一周的巡回展映。

第二个环节是网络评选，我们向全社会公开孩子们的作品，由大众进行投票，从中选出最受欢迎的3部影片。网络评选仅仅进行了一周，这一周内我们的投票率达到11.5万，浏览量达到98.5万人次。

第三个环节是首届小学生创作电影展。电影展在武汉市青少年宫举办，现场来宾包括200个家庭、影视学者专家、职业电影人及各个学校的教师和领导，以及20多家媒体。上午是20部电影短片作品的首映，孩子们第一次在银幕上看到了自己创作的电影短片。下午是走红毯仪式和颁奖典礼。10所小学的社团成员在他们校长的带领下完成了走红毯仪式。颁奖典礼中，15项个人单项奖和5项电影团体奖中，除了"最受欢迎影片奖"由网络投票决出，其余各奖项均由我们特别聘请的7位电影专家联合评审选出，保证了评选的专业性和公正性。

作为一个职业的活动策划人，当受邀做电影社团的时候，笔者知道这是一个很有意义的项目，但笔者不知道它意味着什么，也不知道自己能不能胜任这份工作。因为笔者从来没有看到其他人做过，也没有案例让笔者参考，所以并不能想象最终的结果。这是笔者第一次和小学生在一起学习、生活，学生们让笔者从内心产生了更大的热情和使命感。最初，是这份热情和使命感促使笔者全力以赴地投入这项工作，但现在，笔者已经把小学生影视教育当成了一份事业，并希望能将这份事业继续做下去。

作者：5号文创中心　李雯薇

青岛市中小学影视教育现状及发展研究

摘要： 在新媒体时代，针对青岛市中小学影视教育的发展现状和存在的种种问题及如何更好地开展中小学影视教育这一问题，从校园影视比赛活动、打造影视特色学校、电影博物馆研学三个方面做了初步调研，以获启发。

关键词： 青岛"电影之都"；中小学影视教育；路径探索

2018年年底，教育部、中宣部联合印发《关于加强中小学影视教育的指导意见》，提出力争用3~5年时间，实现全国中小学影视教育基本普及，并要求各地教育行政部门和学校积极开展校园影视教育活动，让中小学生在看电影、评电影、拍电影、演电影中收获体会和成长。

2017年10月，青岛被教科文组织授予"电影之都"称号，成为世界13个"电影之都"之一，也是中国首个"电影之都"。2018年，青岛上合峰会期间，首届上合组织国家电影节也在青岛举行，来自12个国家的23部参赛影片和55部参展影片在此展映，促进上合组织国家人文交流合作的同时，也将青岛这张"电影之都"的城市新名片擦拭得更熠熠生辉。

那么，作为"电影之都"的青岛，其影视教育在中小学阶段是什么样的状况、存在什么样的问题呢？截至2019年，青岛市有普通高中72所，初中247所，小学713所，特殊教育学校13所。针对青岛市中小学影视教育开展的情况，笔者从校园影视比赛活动、打造影视特色学校、电影博物馆研学三个方面做了初步调研。

一、青岛市中小学影视教育现状

1.中小学校园影视比赛活动

青岛市鼓励各中小学参加各级影视比赛，也会组织一些常规性的影视类比赛，如影评大赛、微电影大赛，以及影视配音比赛等，并且取得了一些成绩，青岛一中（青岛第一中学）、青岛实验高中等学校连续多年获得各级奖项。例如，在第十五届全国中小学校园影视奖颁奖活动中，青岛一中学生创作的5部作品经过层层选拔，最终获得两个一等奖、3个二等奖的好成绩，其中专题片《正当时》获校园专题类一等奖，校园节目《校园风向标》获校园栏目类一等奖，作品《重拾》《青空之下》《班主任说》获得微电影类、校园专题类二等奖。

在"新人文"精神的引领下，青岛实验高中校园电视台不断成长。它以兴趣为导向、知识为铺垫，为学生构建一个多元互动的教学平台。它还是一个全员参与、交流、展示的舞台。这里聚集着一群有梦想的学生，他们穿梭于光影校园，用镜头记录生活点滴、发掘身边之美，聚焦环境保护和反对浪费方面的公益片，关注自闭症等心理问题题材的微电影，探究学科知识类型的影视教学片。

学生们参加比赛的作品大多由学生自己或在家长的指导下完成，很少得到教师的指导，水平也参差不齐。如果教师能够在影视课程中有意识地将影视相关知识教授给学生，则完全可以让选修课程的学生有针对性地准备这些比赛，从而发挥影视课程的"活动组织意义"，提升课程在学校中的地位，从而在政策与经费层面得到学校的更多支持，这不失为促进影视课程开展的一种途径。

2.依托"东方影都"，打造影视特色学校

青岛成立了山东省首家专业影视局——青岛灵山湾影视局，近年来成果丰硕，目前入驻万达影视、五洲电影发行等影视企业200余家，新区拥有高端数字影院16家，设施设备领先国家大剧院的东方影都大剧院，有设计标准比肩悉尼歌剧院的凤凰之声大剧院等众多一流水准的影视文化硬件设施。《长城》、《环太平洋：雷霆再起》、《一出好戏》、《流浪地球》和《疯狂的外星人》均在灵山湾影视文化产业区取景拍摄。

位于青岛市灵山湾影视文化产业区的朝阳小学，依托灵山湾影视文化产业区的资源优势，开设了影视创作、编剧、影视表演、微电影等课程。致力于全方位培养小学生影视文化和实践能力，通过影视表演艺术学习，提高小学生对艺术的鉴赏力，增强小学生的艺术修养。

调查中发现，开设影视课程的教师大多没有专业背景或基础性的影视素养，大多数学校的影视教师由语文教师兼任，部分学校由音乐、美术、政治教师，甚至图书馆工作人员兼任。对于学校来说，似乎任何一名教师都可以胜任影视教育工作。对于教师而言，似乎只要经常给学生放映电影或让学生自由讨论电影，就完成了教学任务。

3.电影博物馆研学活动

笔者从青岛电影博物馆获悉，已有50所学校的10 000余名师生参与了电影博物馆研学活动。作为电影文化载体的青岛电影博物馆为前来参观的师生上演了一场影视教育"盛宴"。青岛电影博物馆在积极申报省市科普教育场馆的同时，将打造影视特色研学基地。通过青岛电影博物馆讲解员的介绍，学生们了解了电影背后的故事，感受了电影技术带来的变化，系统性地了解了电影工业化发展的整个流程。

青岛电影博物馆馆长介绍："青岛电影博物馆是一所科技与文化交融的综合性博物馆，除了在视觉上为学生和游客带来美的电影艺术享受外，还融入了多样化、创意性强的互动小装置。"学生们在场馆内可以通过讲解员的讲解及操作引导，亲身操作并了解电影发展进程中的一些有趣的技术原理，包括"视觉暂留"现象、"RGB"三原色的叠加与彩色电影的联系、电影动作捕捉的拍摄手法、电影后期制作环节的操作及应用等。

青岛电影博物馆位于灵山湾影视文化产业区核心区域，展馆突出"光影长河"的概念,把影像与时间两个概念巧妙结合在一起,让参观者通过与展品交互体验,切身感受电影的发展历程。在世界电影展厅,可追寻到电影诞生至今的历史源流,从胶片时代到数字时代,通过全息展台、VR体验、绿幕抠像等技术,让观众沉浸到影像中;在青岛电影展厅,则展示了岛城百年光影历史,从中国第一个电影院到中国第一部有声电影,再到中国第一位影后胡蝶在青岛拍戏的场景复原,深入展现了青岛与中国电影百年的不解之缘。

在青岛电影博物馆,学生们真切感受到了电影发展史,青岛电影博物馆搭建了一座文化交流的"桥梁",不仅能让学生感受到"行走的知识课堂"的魅力,还能拉近学生与电影艺术的距离。青岛电影博物馆作为文化传播的纽带,正在带领游客用全新的视角领略电影艺术,感受电影全产业链发展在这片土地上生根发芽的蓬勃景象。

二、青岛市中小学影视教育发展路径探索

中小学影视教育的主要任务应是培养学生正确的观看习惯和影视艺术鉴赏能力,对学生进行审美情趣的熏陶,提高其艺术素养,以及借助影像对其进行思想教育,培养其良好的人生观与道德观。在新媒体时代,笔者针对青岛市中小学影视教育的发展现状和存在的问题,就如何更好地开展中小学影视教育,结合专家建议和青岛本地情况提出以下几点建议。

1.影视篇目选取标准的丰富多元

新媒体时代,影视教育的内容丰富多元,对影视篇目的选择不应局限于主旋律电影,还有许多形式和类别值得挖掘,比如优秀的剧情片、网络节目、纪录片、动画片等。同时,基于影视内容资源质量良莠不齐的现实状况,各级主管部门应加强资源整合,以全面加强青岛市中小学影视教育为核心,制定一套合乎育人需求的衡量与选取标准,使影视篇目的选取有标准和制度可循,实现教育资源的科学、优化配置。

例如，《C9回家》是一部集科幻、励志于一体的青岛城市题材3D科幻动画电影，荣获2019年金鸡奖最佳美术片提名。该片由青岛数码动漫研究院、青岛新旋律传媒有限公司等联合创作，讲述了外星小朋友C9因飞船故障迫降在青岛，在岛城一群充满爱心、机智勇敢的小朋友的帮助下，战胜各种困难，终于登上回家的飞船。同时，在大人的帮助下，粉碎了黑心老板制造的惊天阴谋，使地球免遭灭顶火灾。内容涉及人间关爱、海洋生态、蓝色能源，一系列生动有趣的小故事向小朋友传递正能量，向社会传播"关注海洋生态平衡，保护人类共同家园"美好理念。

2.影视教育师资队伍建设的多样化途径

由周星教授主持、北京师范大学中国艺术教育研究中心承办的全国首个"中小学影视教育师资人才培养项目"，为中小学影视教育师资培养提供了成功的范例。该项目第一期于2019年7月20日开班，第二期于2019年11月7日开班，使来自全国各地的100多名学员接受了免费的公益培训。培训旨在帮助各地区中小学建立适合区域特色的影视教育教学计划与课程体系，从而带动全国中小学影视教育师资队伍的培养与建设，为提高中小学生影视审美素养服务。

在对影视作品的择取上，教师的作用举足轻重，直接影响着中小学生的影视教育内容，教师的导览和引领作用不言而喻。目前，青岛市中小学影视教育的师资在数量和质量上都无法满足现实需求。全面加强青岛市中小学影视教育，应将师资队伍建设作为工作的重中之重，重视影视教育的师资力量，包括教师的数量和质量。一方面，要加强专业人才培养，如影视专业大学毕业生的定向输送；另一方面，要加强现有教师的继续教育，提升其专业技能，如建立一套青岛市中小学影视教师培训标准，定向培训青岛市中小学影视教育的从业教师。

另外，高校大学生电影协会等组织的公益活动可以作为师资的补充，青岛市大部分高校都开设了传媒专业，大学生可以去附近中小学开展影视教育进校园的活动，既缓解了中小学影视教育师资不足的现实，也锻炼了大学生的专业素养。

3. 鼓励面向中小学生的影视创作

以电影为例，近年来中国电影产业发展迅速，2018年度电影总票房已超过600亿元。但其中真正面向中小学生的、真正有益于中小学生并为之接纳的电影是很少的。"喜羊羊与灰太狼"系列及其同类动画电影对中小学生来说过于低幼，而其他类型电影又较为成人化，电视剧亦是如此。影视作品的目标受众呈现出严重的断层局面。在这样的背景下，应通过政策引导、产业扶持等方式鼓励并推动面向中小学生的影视创作。

鼓励中小学生参加一系列影视教育特色活动，如微电影大赛等，使中小学生能够通过微电影的创作拍摄、微报告的展示、微影评的凝练等达到事半功倍的教育效果。充分利用互联网+影视，在信息化环境中对"影视微课"、"影视微报告"、数字故事进行探究、交流、演绎，让中小学生得以充分展开想象的翅膀。通过影视模仿配音、创意配音活动以及影视歌曲传唱活动等，引导学生深入了解电影艺术。

影视作品作为艺术形式和传播媒介深刻影响着人们的世界观、人生观、价值观，中小学影视教育对中小学生的人文艺术素养提升、审美品位养成等意义深远。在开展中小学影视教育时，应积极传播主流文化与意识形态，引导中小学生自觉传播体现民族特性的影视作品，树立文化自信和文化自觉。从传统影视教育范畴来看，我国与西方国家还有一定差距，在新媒体时代应把握机会，以新思路、新渠道积极开展中小学影视教育，更好地提升国民整体素质和文化素养，实现艺术教育与中国影视产业在新媒体时代的双赢，共同推进我国的新时代文化建设。

作者：青岛农业大学　李广辉

新时代河南省中小学影视教育的发展途径

摘要：加强中小学影视教育是时代发展的必然要求，尤其是在当前媒介信息纷繁复杂的环境中，通过影视，以一种"润物细无声"的方式，引导中小学生树立正确的价值观显得尤为重要。而对于河南省这样一个人口大省、教育大省来说，开展中小学影视教育活动更是必不可少。现阶段，河南省的中小学影视教育活动虽已拉开帷幕，但对于如何建立长期的运行机制、培养专业师资等问题依然需要在不断的实践探索中得以解决和完善。

关键词：中小学影视教育；影视媒介素养；师资培养

近几年，伴随着社会经济文化水平的不断提升、媒介技术的不断更新、中国电影市场的快速发展，影视文化以多元化的方式成为更多人茶余饭后必不可少的娱乐方式之一，尤其是对于伴随网络成长起来的中小学生，更是"沉溺"于各类网络平台推送的各种资讯、产品等的旋涡之中，其以更为直观生动的形式，潜移默化地影响着中小学生的思维方式和价值观的建立。因此，在新时代的背景下，亟须加强中小学影视教育，通过影像的力量，引导其树立正确的价值观，助力中小学生德智体美劳全面发展。

一、河南省中小学影视教育的发展现状

根据2018年年底教育部、中宣部联合印发的《关于加强中小学影视教育的指导意见》，河南省教育厅积极部署省内中小学影视教育相关工作，要求各地各学校提高认识，把握正确的教育方向，有计划、有目的地利用优秀影片对中小学生开展影视教育，为其健康成长提供优质影视教育的土壤。同时，鼓励不断创新举措，丰富中小学的育人手段，逐步建立形式多样、资源丰富、常态开展的中小学影视教育工作机制。此外，各辖市、县的教育部门应积极与其他相关部门密切合作，结合地方实际统筹推进中小学影视教育活动的开展。[①]

在河南省教育厅及地方政府部门的大力推动下，各地陆续开展多种形式的影视教育活动（表1）。2019年5月，中教华影电影院线股份有限公司联合河南永正校园电影院线有限公司，在河南省开展中小学影视教育试点工作，截至2019年12月，已经在河南省内6个地市中小学开展了"影视教育进校园"活动，播放了3000余场次影片。[②]此次活动覆盖面广，既有市级、县级的中小学，也有相对落后的村镇中小学，每一场观影活动都受到了观影学生及教师的好评，真正实现了以文化人、以文育人、以文感人。此外，为进一步促进中小学影视教育在河南省快速落地。2019年5月6日，河南永正校园电影院线有限公司与凤凰网河南频道达成合作，签订了"《影视教育进校园》栏目共建合作协议"[③]。2019年11月26日，首届中

[①] 中华人民共和国教育部.教育部、中央宣传部联合印发关于加强中小学影视教育的指导意见[EB/OL].（2018-12-25）. http://www.moe.gov.cn/jyb_xwfb/gzdt_gzdt/s5987/201812/t20181225_364730.html.

[②] 郭苗华.疫后再出发 永正校园院线与凤凰网河南继续牵手推进影视进校园[EB/OL].（2020-07-24）. https://www.sohu.com/a/409503269_628524.

[③] 李彬，郭苗华.永正校园院线与凤凰网河南签约 共建《影视进校园》栏目[EB/OL].（2019-05-06）. http://hn.ifeng.com/a/20190506/7421463_0.shtml.

小学生电影周在郑州启动。[①]2020年,受到新冠肺炎疫情影响,河南永正校园电影院线有限公司上半年的"影视教育进校园"活动暂停,但停播不停歇,经过半年的筹划与准备,该公司在2020年7月再次启动该活动,预计实现"影视教育进校园"活动的全省覆盖。该活动旨在将校园电影院线与中小学影视教育进行有机结合,将影视与思政教育进行融合创新,实现河南省影视教育平台的全域搭建。这些极大地推动了河南省中小学影视教育活动的快速落地与深入推广。在鼓励学生观看影片的同时主动参与影片的创作,丰富学生的课余生活、激发学生的创新思维、促进学生的健康成长。

表1 河南省2019年中小学影视教育相关活动汇总

序号	时间	开展形式	内容
1	2019-04	培训	全省教育电视暨中小学校园影视培训活动
2	2019-05-06	《影视教育进校园》栏目	中教华影电影院线股份有限公司在河南省的合作运营机构——河南永正校园电影院线有限公司与凤凰网河南频道达成合作,签订了"《影视教育进校园》栏目共建合作协议"
3	2019-05-08	"影视教育进校园"——优秀影片展映	中教华影电影院线股份有限公司联合河南永正校园电影院线有限公司到河南省鄢陵县大马镇实验小学进行电影放映,并邀请本次电影的主创人员与学生进行互动、交流,鼓励学生参与电影的拍摄,这是影视教育走进河南省中小学的第一站
4	2019-06-17(持续进行中)	"影视教育进校园"——优秀影片展映	自2019年5月8日"影视教育进校园"活动启动以来,中教华影电影院线股份有限公司联合河南永正校园电影院线有限公司在省内近40所中小学进行展映。而6月17日当天,该活动同时在信阳、南阳等地的10所中小学进行电影放映
5	2019-11-26	电影周	首届中小学电影周在郑州落户,这是中小学影视教育的一项品牌活动
6	2020-07-23	河南省校园电影院线建设	预计年末将"影视教育进校园"活动拓展到全省18个地市,实现河南省全省覆盖
7	2021-04	百部电影进课堂	百部红色经典电影推送

---

① 张楠.让电影教育走进校园 首届河南省中小学生电影周在郑启动[EB/OL].(2019-11-26). http://baijiahao.baidu.com/s?id=1651277336729545257&wfr=spider&for=pc.

截至目前来看，河南省中小学影视教育活动已经拉开帷幕，并不断拓展新的形式，但就长远来看，依然存在诸多问题。首先，河南省地处中原，属于人口大省，也属于教育大省，根据中国教育在线报道信息，2021年河南省的高考报名人数高达125万，位居榜首。[①]由于高考人数多，竞争压力大，加之受到地方传统观念及社会现实的影响，绝大多数家长更重视关乎高考成绩的文化课程的学习，而对于影视教育的意义及作用认识尚浅，观念的转变较慢。其次，受高考竞争压力大、专业师资匮乏等因素的影响，各地区的中小学影视教育容易流于形式，只是停留在看电影，而缺少对于电影文化、电影艺术知识等的了解及价值观的引导。最后，就目前活动的开展来看，缺乏长期运行的有效机制，这不是单独某一个部门能够解决的，而是需要学校、地方政府及教育部门、社会、家庭等多方力量共同实践和努力才能实现的目标。

二、加强河南省中小学影视教育的意义

1.有助于提升当前媒介环境下中小学生的影视媒介素养

正如马歇尔·麦克卢汉所说："就像鱼没有意识到水的存在，媒介构成了我们的环境，并维持着这种环境的存在。"[②]伴随着移动互联网的快速发展，普通大众参与媒介传播的方式越来越多元化，受众的年龄越来越趋于低龄化，其主要原因在于当前媒介环境对我们生活方式的深刻影响。而在自媒体时代，人人都可以成为媒介信息的传播者和生产者，尤其是伴随着短视频的火爆盛行，各类影视传媒和平台利用各种方式传播各种影视资源，而这些对于中小学生几乎处于完全开放的状态。加之中小学生正处于身心发展的重要阶段，如不进行有效的引导，势必会影响其健康发展。因

---

① 中国教育在线.河南:2021年高考报名125万人 6月25日零时公布成绩[EB/OL].（2021-06-02）.https://gaokao.eol.cn/he_nan/dongtai/202106/t20210602_2117061.shtml.
② 凯瑞.作为文化的传播[M].丁未,译.北京:华夏出版社,2005:12.

此，在当前这种媒介环境纷繁复杂的形势下，通过加强中小学的影视教育，引导中小学生正确观影，使其在影视作品的观看和鉴赏中获取愉悦，引发情感的共鸣，进而更好地面对生活中出现的各类问题，树立正确的人生观、世界观和价值观，保持积极向上的生活态度。这对于提升当前媒介环境下中小学生的影视媒介素养具有重要意义。

2.有助于帮助中小学生建立健全的人格和健康的心理

中学和小学阶段是人的身体快速成长和认知形成的重要时期，单纯依靠课本教学是远远不够的，尤其是对于当前这些号称"网生代"的中小学生来说，他们在网络的环境中长大，习惯并依赖于网络"生存"，讨厌直接说教式的教育方式。而影视教育主要通过影视作品的观摩和鉴赏，以一种潜移默化的方式影响中小学生的成长。这种教育方式注重学生的主观感受，从他们的视角解读电影，理解电影中纷繁复杂的人际关系，使他们了解真实生活的复杂性和残酷性，以娱乐化的方式轻轻触动其心灵，引导他们形成健全的人格和健康的心理。

三、推动河南省中小学影视教育建设的途径

1.建立中小学影视资源库

首先，以年为节点，汇集每一年国内外优秀影片，其中包括展现家国情怀、表达爱国主义精神的影片，展现地域民俗特色的影片，展现家庭和睦、传递亲情温度的影片，展现青春正能量的校园影片等。在此基础上，根据不同阶段的学生特点及心理需求，在对中小学生观影习惯及兴趣取向进行调查的基础上，本着尊重"受众"（中小学生）的观念，结合影视、心理、艺术教育等相关领域专家的推荐意见，给出"最佳推荐"影片100部，其中包括适合中学生观看的"最佳推荐"影片50部、适合小学生观看的"最佳推荐"影片50部。这100部影片会每一年进行增加，融入当年最佳适合中小学生观看的影片资源中。同时依托网络及手机客户端，建立

"最佳推荐"影片资源库，便于中小学生随时随地观看，发表评论，参与话题讨论。

其次，依托地方高校，在开设了艺术教育、广播电视编导、播音与主持艺术、电影学等相关专业的院校中，结合地方师资组建中小学影视教育课题组，一方面，通过对不同城市试点中小学学生兴趣爱好等的调研，结合"最佳推荐"影片，编写关于这些电影初级赏析的教材或与合作学校开展校本课程，引导学生在观影的同时，树立正确的价值观，建立乐观积极的生活态度。另一方面，地方高校中设立影视相关专业的可以与该地区的试点中小学建立长期合作关系，可以以社团的形式，组织专业教师及高年级的影视相关专业的学生一起走进中小学课堂，进行优秀影片的观看、分析与讨论。

2.培养专业的影视教育师资

首先，在初期探索阶段依托中小学中固有的师资力量。一方面，中小学教师可以在所承担课程教学过程中合理选取适当的影片片段辅助教学，以更直观、更形象的画面语言进行课程的讲解，便于学生对重点知识、难点知识的理解和识记。另一方面，在国家两部委文件的指导下，依托地方政府、教育部门的支持，建立适应当地发展的短期师资应急培训机制，即可以在地方高校（开设影视相关专业的院校）中组织专业教师对合作单位遴选出的中小学教师进行影视相关基础理论知识的培训，同时地方高校的专业师资也可以参与到中小学影视教育课程、活动的设置和策划中来，并以兼职教师的身份进行部分课程的讲解。而对于偏远地区的中小学，可以不定期地组织专业教师及学生以志愿者的身份到那里进行优秀影片的放映及讲解，让他们同样能够感受艺术，感受到影视带来的视觉体验和情感慰藉。

其次，从长远角度来看，若要进行规范化、长期的影视教育还需要依托国家、地方政府及相关部门的政策扶持，同时要结合地方实际情况，满足中小学影视教育师资的"供给"与"需求"的关系。一方面，河南省内的相关高校应在原有的人才培养的基础上（专业影视领域的从业者），建立适合中小学影视教育的专业师资的培养。另一方面，对于地方的中小学应增设专业影视教育师资的岗位，有条件的重点中小学甚至可以将其纳入编制。当然，这种方式并非适用于所有地方的中小学，如农村地区的中小学，原本的师资条件存在不足，暂时无法容纳更多影视教育的师资。因此，培养专业的影视教育师资并非一蹴而就，它需要一个长期的、循序渐进的过程，同时还应结合不同地区、不同条件的中小学的实际情况进行有计划的推广和实施。

3.校内外影视教育活动的拓展

第一，应从政府、学校、社会等方面多方位为中小学生提供更多观影的机会。一方面，学校可以与地方电视台建立合作关系，在其教育频道或电影频道多播放优秀影片；同时在地方媒体的微信公众号中运营一些与影视相关的节目，如简短的热门电影话题讨论或让中小学生自己评说电影——"萌宝评电影"，每周一期，每期选取3~5名中小学生参与节目，引导中小学生观看优秀影片。另一方面，可以与当地的各大影院之间建立合作关系，为中小学生提供免费观影机会，同时针对中小学生和家长提供相应的"打折票"或"亲子票"。

第二，为中小学生提供更多了解、参与影视相关活动的机会。一方面，可以根据地域特点，带领中小学生到地方或邻近区域的相关的影视城进行参观、学习，比如河南省的焦作影视城、中原影视城等。有条件的学校甚至可以在周末或假期组织家长和学生一起到这些地方进行"亲子游"，在了解影视文化知识的同时，增进亲子互动和交流，同时也帮助中小学生家长了解影视知识、转变教育观念。另一方面，在与地方高校合作的过程中，寻找对影视感兴趣、实践能力强的中小学生，使其参与到高校微电影、短视频、情景剧的作品创作中来，为未来的影视相关的专业寻找"好苗子"。

作者：商丘学院　赵红娟

普及中小学影视教育 与时代同行
——以甘肃省中小学影视教育为例

摘要： 影视教育进中小学校园是教育发展的一大趋势，在这一新兴艺术门类强势崛起的过程中，在学校贯彻落实中小学影视教育的过程中，会遇到哪些问题？解决这些问题的途径有哪些？本文将以甘肃省中小学影视教育为例对这些热点问题进行探讨。

关键词： 中小学；甘肃省；影视教育

随着我国经济的不断向好发展、综合国力的不断提升，人民日益增长的文化需求越来越明显地反映在影视领域，越来越多的人愿意走进电影院或在荧屏前观看影视作品。人们在欣赏影视作品的同时也迫切地需要了解相关影视知识，从而更好地理解导演的创作思想、更深入地思考当下的热点问题，因此催生了影视教育。而对中小学生的影视教育更是迫在眉睫，他们是这个伟大时代的亲历者、建设者，他们更应该从小学习影视知识，提高自身的影视鉴赏和艺术鉴赏能力。

一、甘肃省影视教育的现状

近年来，我国一些发达地区在中小学开展的影视教育课程如火如荼，例如上海市、成都市、厦门市等，尤其是在上海市，作为试点城市，中小学影视类课程已基本在全市范围内普及，大多数学校聘请了专业教师或外包给相关专业机构。而经济条件相对落后的甘肃省，公立学校中根本没有影视教师的编制，立即推行影视教育课程并不是一件容易的事情。那么如何在经济相对欠发达地区，最大限度地推行、落实好中小学影视教育呢？

兰州的许多学校立足本校实际，开发了校本课程，师资为本校教师兼任，有的学校开发了上百种校本课程，但由于校本课程的种类要受到该学校师资质量的限制，很有可能出现学生想学但没有教师会教的情况。有的学校虽然开设了影视教育相关课程，但随之而来的问题是如何才能真正将这一提高中小学生全面发展的重要举措有力地实施下去，这也将是相关学校和教师在今后很长一段时间内所要解决的首要问题。而在兰州以外的其他地区，状况更是不容乐观，学校对影视教育不够重视、师资力量匮乏等因素都制约着这门学科的发展。

二、甘肃省影视教育存在的阶段性问题

首先，小学、初中、高中之间发展不平衡。小学生、初中生动手能力较差，由于年龄的因素，他们并没有对电影产生强烈兴趣，没有形成对电影概念的完整认识，而高中生则不同，他们的世界观、人生观、价值观基本形成，对这个世界有了更深的认识，他们在看完电影之后，会产生对社会热点问题的思考，他们也会对技术层面产生浓厚的兴趣，经常会钻研如何使用摄像机、如何剪辑等。

其次，教材问题。目前，在省内甚至在全国都没有统一的适合中小学生影视教育的教材，在兰州，开设影视教育相关课程的学校，大多都是教师自己编写的校本教材，校际差异比较大，对于学生的考核标准也完全不同。在笔者看来，高中生应与小学生、初中生使用不同的影视教材，高中

生的教材内容可以参考艺术类高考相关教材，这样可以让他们既能有机会学到感兴趣的影视知识，又能有机会走上职业发展的道路。

三、甘肃省影视教育的发展对策

（1）对于小学生、初中生而言，教师应该首先选择适合他们观看的影片，也要充分听取学生的意见，要深入了解学生爱看什么类型的影片，掌握他们的兴趣所在，精选具有优秀文化价值、时代特色、弘扬正能量的影片，深入发掘它们所具有的鲜明特色，例如，在新中国成立70周年之际热映的《我和我的祖国》《中国机长》《攀登者》等爱国主义影片。我们还可以把范围扩展到纪录片，其实纪录片中也有很多值得给学生分析的片子，例如，表现医疗题材的《生门》《人间世》，从另一个角度看中国的《航拍中国》、展现建筑瑰宝的《故宫》等。对于高中生而言，由于高中生的人生观、世界观、价值观在一定程度上已经形成，他们渴望用自己的观点解读世界，渴望用镜头表达心声，对于他们的影视教育应采取影评和实践相结合的方式，他们既要掌握影视基础知识，学会运用所学知识写出影评，又要掌握摄像机的操作方法，学会基本的拍摄方法。

（2）教师应该多读相关影视杂志、报纸，例如，可以订阅《看电影》《环球银幕》《大众电影》等，通过阅读这些书籍，掌握影视动态、热点话题，多进行知识储备，能在上课时和学生"聊"到一起，了解他们所想，关注他们所关注的热点，并且能从他们关注的热点出发对其加以引导。

（3）教育部门应加强对影视教育教师的培训，加强教师的理论素养，定期请专家为教师进行专题讲座，要对教师有方向性的引导。教师也应该积极写下每一节课的教学反思和心得体会，加强与同行之间的交流，相互借鉴，并将收获用于教学之中。

（4）如果有条件的话，可以像音体美一样，编写统一的适合中小学生的影视教育教材，减少教师对校本课程的依赖，也可以让学生接受到更专业的影视教育。

（5）可以借助电视台等媒体机构，让学生真正走进电视台，了解我国电视体制、节目播出制度、节目制作过程等。通过了解真正接触到行业内部的结构、性质、模式等，使学生真正走进传媒，了解整个传媒行业的生态环境。

就甘肃省甚至全国而言，都没有形成一套系统的理论体系，这门课要想真正落到实处，确实还有很长的路要走。目前，影视教育正处于学校教育的弱势地位，需要人力、物力、财力的鼎力支持，特别是像甘肃省这样在经济上相对落后的省份，其教育观念也相对滞后，而对于影视行业来说，正处于行业发展的黄金时代，影视的工业化运作在一定程度上带来了高收益，影视教育也应该跟随时代的发展而不断发展。

学校、教师都应充分重视影视教育这门课程，青少年时期正是世界观形成的关键时期，而电影、纪录片等文化产品对青少年的影响巨大，发展影视教育也是发展学生德育的一部分。开展影视教育也可以帮助学生提高辨别是非的能力，使学生树立正确的是非观。

作者：兰州东方教育集团有限公司　孙丽琴

理论探索与实践展望

西北地区中小学影视教育推行现状分析
——以甘肃省兰州市"中小学影视教育师资人才培养项目"为例

摘要：本文以甘肃省兰州市"中小学影视教育师资人才培养项目"为基准，对西北地区中小学影视教育现状进行分析调研。在"一带一路"倡议下西北地区艺术文化交流逐渐丰富，在国家两部委对中小学影视教育工作进行部署的背景下，西北地区中小学影视教育发展亟待拓展。就西北地区中小学影视教育目前存在的师资和教材匮乏、硬件设施断层等问题，"中小学影视教育师资人才培养项目"在公益培训的基础上，在西北地区推动了影视教育师资队伍培养建设工作，同时启动"中小学教师影评联盟"项目，为中国影视教育发展开拓新局面。

关键词：西北地区；中小学影视教育；师资培养；艺术教育

电影经过百年发展历程，经历了从无声到有声、从黑白到彩色的科技层面蜕变，随着社会科学技术和教育资源的更迭发展，电影作品已经超越了作为单一艺术门类供社会大众欣赏娱乐的本质，向更为广阔的教育资源领域推进，并被赋予了深刻的教育内涵。

2018年年底，教育部、中宣部联合印发《关于加强中小学影视教育的指导意见》(简称《指导意见》)，这是2008年《关于进一步开展中小学影视教育的通知》的延续和强化。在总体任务部署方面，《指导意见》明确指出，力争用3~5年时间，全国中小学影视教育基本普及，形式多样、资源丰富、常态开展的中小学影视教育工作机制基本建立，中小学生影视教育活动时间得到切实落实，适合中小学生观看的优秀影片得到充分保障，学校、青少年校外活动场所和社会观影资源得到有效利用，形成中小学影视教育的浓厚氛围。在具体任务方面，《指导意见》强调，要把影视教育作为中小学德育、美育等工作的重要内容，纳入学校教育教学计划，使观看优秀影片成为每个中小学生的必修内容。①

  国家政策落实于中小学影视教育是件可喜之事，然而影视教育的贯彻实施却困难重重。国内不同地区经济发展水平不均衡，导致了中小学影视教育在各地推行现状各异。在北上广深（北京市、上海市、广州市、深圳市）及江浙（江苏省、浙江省）等经济发达地区，早在2018年具体的政策文件出台之前，影视教育就已经逐步走进中小学生的课堂。而在教育资源匮乏、经济发展水平相对落后的西北地区，推进中小学影视教育道阻且长。在此背景下，北京师范大学中国艺术教育研究中心、北京师范大学艺术与传媒学院在教育部高等学校戏剧与影视学类专业教学指导委员会的支持下，推出了"中小学影视教育师资人才培养项目"，教研团队走进西北地区重要城市——甘肃省兰州市进行实地考察和调研，通过对来自全国的50余名中小学教师进行影视教育培训、对当地中小学教育机构相关负责人进行访谈等方式，掌握了西北地区中小学影视教育的总体情况，总结讨论以兰州市为代表的西北地区影视教育存在的问题及原因，进而对促进西北地区中小学影视教育的可行性发展以及影视教育师资人才培养方向提出有效对策和建议。

一、"一带一路"倡议下的中小学影视教育

  "一带一路"是"丝绸之路经济带"和"21世纪海上丝绸之路"的简

---

① 中华人民共和国教育部.教育部、中央宣传部联合印发关于加强中小学影视教育的指导意见［EB/OL］.（2018-12-25）. http://www.moe.gov.cn/jyb_xwfb/gzdt_gzdt/s5987/201812/t20181225_364730.html.

称。2013年9月和10月，中国国家主席习近平分别提出建设"新丝绸之路经济带"和"21世纪海上丝绸之路"的倡议。"一带一路"是中国扩大开放的举措，习近平总书记指出要推动教育、文化等领域交流活动蓬勃开展。西北地区地处丝绸之路经济带，兰州市更是西北重镇，在此推行中小学影视教育不仅是为中国艺术教育开拓渠道，更是顺应国家和时代的发展需求对外进行文化交流的重大举措。

二、西北地区中小学影视教育存在的主要问题

1.影视教育师资匮乏

此次西北地区中小学影视教育情况调研以调查问卷为基础，调研团队向多位学校教师和学生家长分发问卷，共回收60份有效问卷且做出精确数据分析，以饼状图的形式呈现分析结果。笔者通过调查问卷分析和实地走访发现，西北地区中小学影视教育现状堪忧。在受访的中小学教师中，有47.06%的教师表示其所在学校的艺术课程极少，另有47.06%的教师表示虽然所在学校设置了音乐、美术等艺术课程，但上课时间经常被其他文化课程"侵占"，本来就不多的艺术课程在教学计划大纲中更显得边缘化，其中影视教育基本为零。除此以外，影视教育师资匮乏也是尤为突出的问题，大部分学校没有将影视教育纳入教育教学计划大纲，同时缺乏专职影视教育师资，且严重缺乏具备讲授相关影视课程能力的教师储备。具体的统计调查数据如图1、图2所示。

相较于我国发达地区，一方面，西北地区各方面教育资源相对缺乏，在学校整体不重视艺术教育、影视教育的情况下，很难吸引到从事影视教育的专职教师。另一方面，有志于从事影视教育的教师缺少获取影视专业教育培训的途径，在课堂上不知影视教育从哪里入手，应该以怎样的方式进行影视教育、影视教育需要达到什么样的成果。

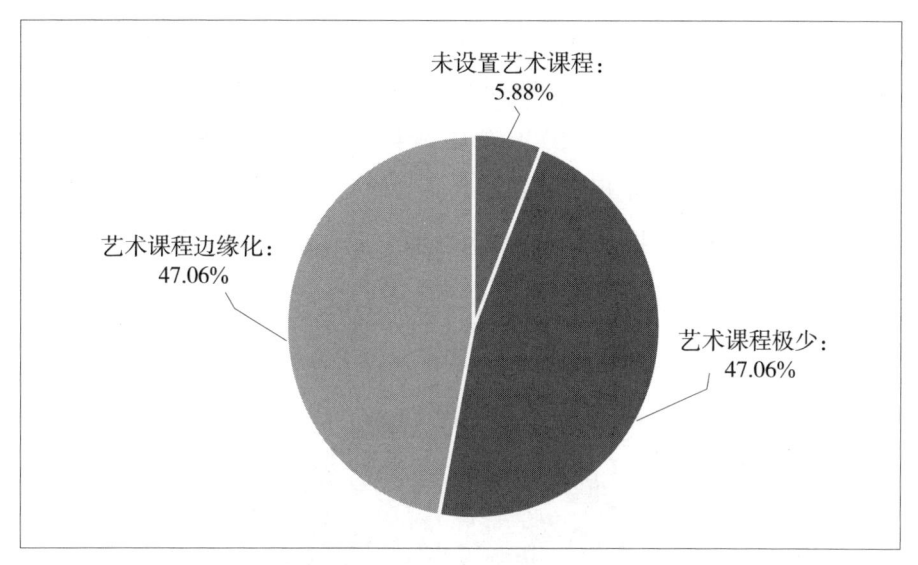

图1 艺术课程占比情况

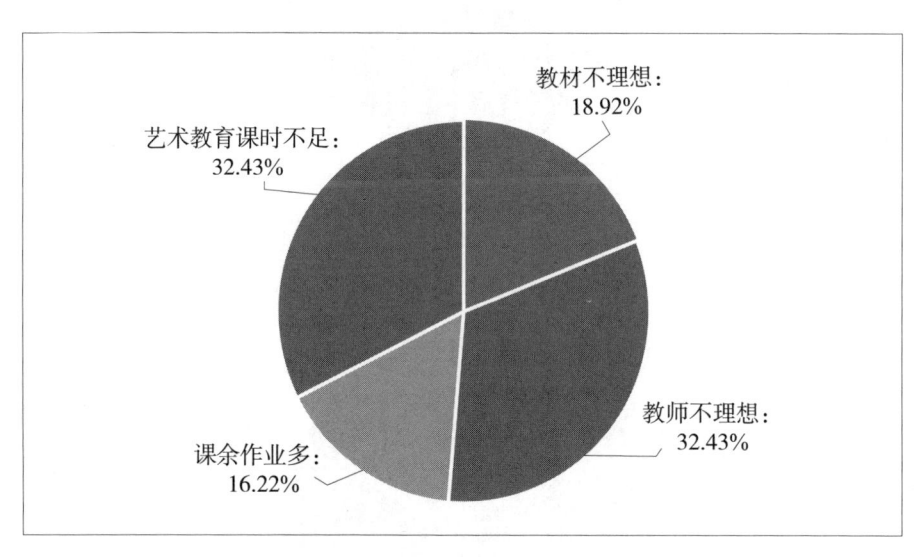

图2 学校艺术教育存在的重要问题

2.影视辅助教材缺失

通过回收调查问卷进行数据分析，笔者了解到中小学影视教育向前推进的困难之处还在于校方缺乏针对中小学影视教育的相关教材，教辅配套设施开发状况不佳，愿意从事影视教育的教师处在"无米之炊"的困境中。问卷调查对象中，80%的中小学教师表示其所在的中小学艺术课堂没有统一规定使用的教材，20%的中小学教师表示学校虽然有统一使用的艺术课程教材，但其中72.73%的中小学教师表示对教材不满意，认为教材内容陈旧，教材呈现方式单一，无法将传统艺术课程转变为一种寓教于乐、陶冶身心、提升审美的课程体系。具体统计调查数据如图3、图4所示。

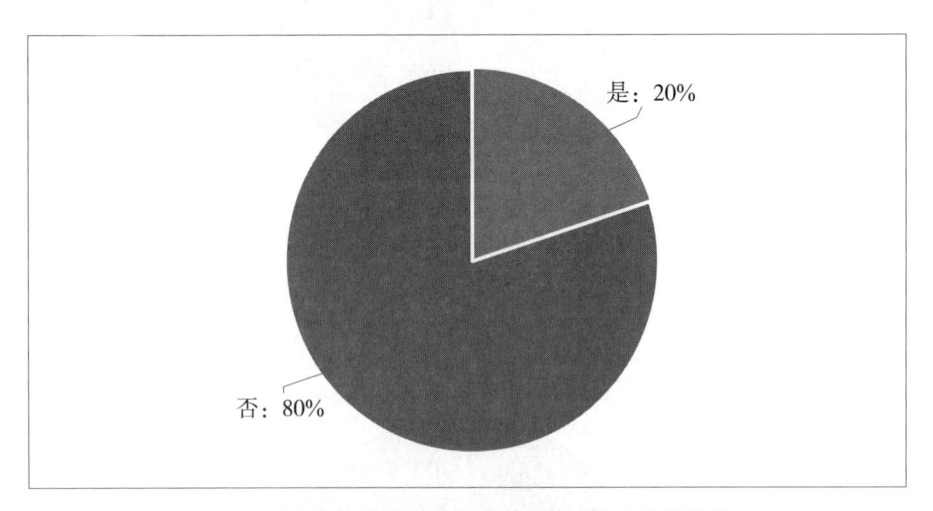

图3　所在中小学艺术课堂是否有统一规定使用教材

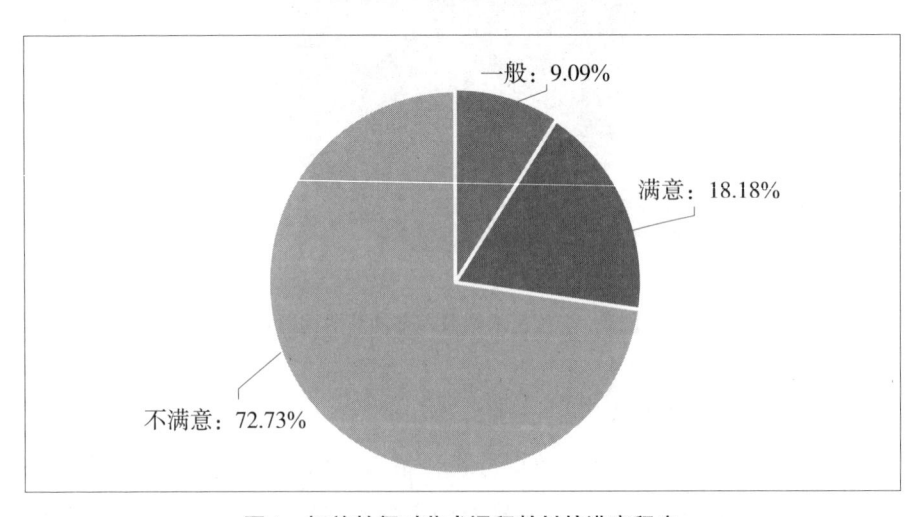

图4　相关教师对艺术课程教材的满意程度

对影视教育而言，遴选出有利于中小学生审美教育、身心健康的影片，并且针对影片进行得当的引导与分析，对于部分教师来说并非易事。因此，西北地区亟须组建专家团队对偏远地区中小学教师进行影视教育及影视专业知识基础培训，帮助其建立完善的课程体系，并编写相关配套教材和鉴赏读本，用于辅助教学。

3.教师授课难题

在此次调研中，共有40位从事艺术教育的相关工作者提交了面向教师的调查问卷，笔者通过调查问卷数据分析发现，西北地区中小学艺术教育教师在教学过程中出现的问题主要分为七类：教材不合适、家长干预过多、实践操作难以实现、学生艺术知识水平差异大、学生缺乏艺术类课程学习兴趣、语数外等必修课程干扰以及艺术教具缺乏，如图5所示。

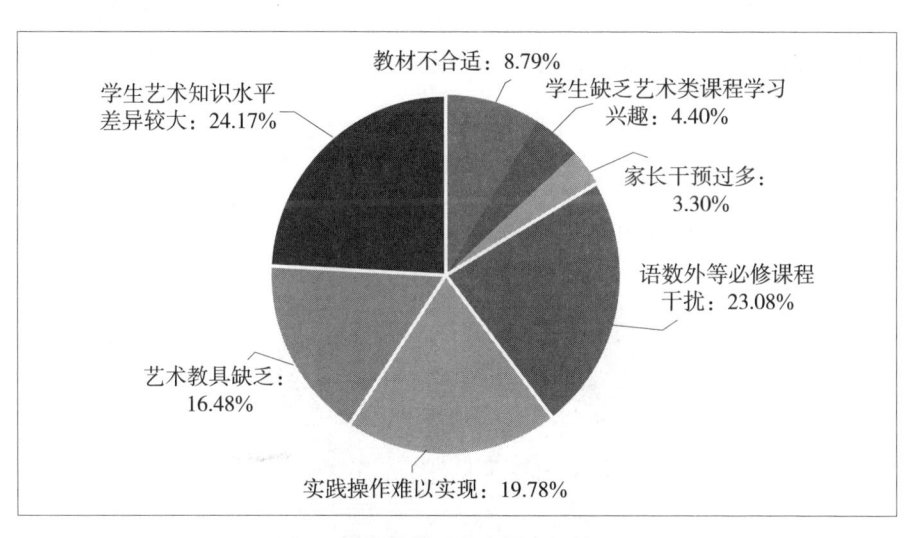

图5 艺术教学过程中最主要的问题

在各类艺术课程占比中，传统艺术课程如美术和音乐占比最大，分别为38.46%和30.77%，第三位是舞蹈，占比17.95%，第四位是书法，占比7.69%，最后才是影视与新媒体，仅占5.13%，此外还有部分教师表示学校的艺术课程为零。在西北地区中小学各类艺术课程占比不均的情况下，影视教育领域更是亟待开发。

4.家长对影视教育重视不足

此次调研共回收了20份针对学生家长的影视教育调查问卷，其中80%的家长认为艺术教育在孩子的成长过程中有着不可替代的积极作用和影响，并愿意为培养孩子的艺术审美和创作能力投入时间和精力。78.95%的家长曾有过陪伴孩子完成艺术课程作业的经历，但此类经历大部分建立在课外艺术辅导的基础上，也有少部分家长在九年义务教育过程中很少或者几乎没有陪伴孩子完成艺术课程作业的经历。

如图6所示，在受访家长中，46.67%的家长表示孩子在为艺术课程作业付出时间和精力时是乐在其中的，处于青少年时期的中小学生身体机能逐步完备，价值观念逐渐完善，他们在这一时期能更好地体现出对不同艺术学科门类的偏好程度，艺术课程的娱乐性、自主选择性更强，更容易赢得青少年的喜爱。与此相反的是，26.67%的家长担心孩子因为修读艺术课程耽误文化课的学习时间，20%的家长认为艺术课程会牵扯孩子精力，影响升学考试。

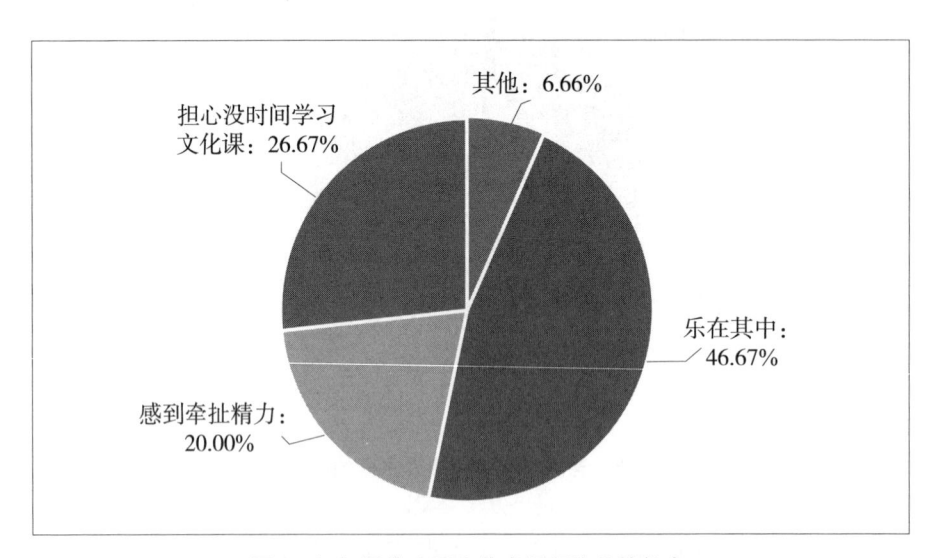

图6 如何看待孩子为艺术课程作业的付出

5.硬件设备断层

此次西北地区中小学影视教育调研实施地为甘肃省兰州市，教师调研群体中包含来自兰州市外围偏远地区以及全国其他地区的中小学教师。笔者通过访谈得知，西北地区影视教育资源在整体落后的情况下还存在断层现象，城市中心地区电影院上座率不高，只有部分中小学学校具有影片播放设备，而偏远地区难有影院以及专业设备为学生播放具有教育意义的影视资源，硬件设施的极度匮乏致使影视教育无力向前推动。

三、"中小学影视教育师资人才培养项目"实施

（一）项目实施背景

为贯彻落实《关于加强中小学影视教育的指导意见》提出的目标任务，力争用3~5年时间实现全国中小学影视教育基本普及，北京师范大学中国艺术教育研究中心、北京师范大学艺术与传媒学院联合全国14家单位，在教育部高等学校戏剧与影视学类专业教学指导委员会的支持下，推出了"中小学影视教育师资人才培养项目"。该项目已于2019年7月20—22日，在北京师范大学开办了首期培训班，来自北京大学、清华大学、北京师范大学、中国艺术研究院等单位的12位专家，对来自国内各高校的76名学员进行了培训。项目发起人周星教授在开班仪式上强调："我们将持续性举办针对大学影视（教育）师资、中学影视教学人员、中小学影视接受者的专项培训，特别是将为偏远地区影视（教育）师资提供全方位影视教学公益培育，并且借助网络开展更大范围的影视（教育）师资人才培训教育。"培养项目第二期培训班由西北师范大学传媒学院承办，旨在为西北地区中小学影视教育师资提供公益培训，培养符合国家要求的中小学影视教学人员。此次培训班为西北地区中小学影视教育师资调研活动的开展提供了坚实基础。

（二）项目实施举措

2019年11月8—11日，"中小学影视教育师资人才培养项目"第二期在4天的培训周期内对50余名教师进行了讲座、对谈与考核，培训对象为

理论探索与实践展望

来自全国23个省市区的大中小学教师，其中高校教师18人，中小学教师24人，教育部门专员及幼儿园教师等7人。本次培训对象主体是中小学教师，旨在帮助各地区中小学建立合适区域特色的影视教育教学计划与课程体系，从而带动全国中小学影视教育师资队伍的培养与建设，将中小学影视教育的理念与方法延伸进校园与课堂，为全国范围内中小学影视学科布局建设提供优质学习资源和顾问服务。

项目课程主要内容包括基本影视素养培训、基本影视技能培训、中小学影视教育论坛等，课程结束后项目负责人主要针对50余名学员课业完成情况和质量进行成绩评定。项目实施过程中，多位学员积极客观地阐述了其所在地区的中小学影视教育现状和问题，在结课期内提交了区域性中小学影视教育研究论文。学员在规定时间内获得全部学分后取得由北京师范大学中国艺术教育研究中心颁发的结业证书。

（三）项目实施成果

影视艺术代表了新的文明形态，影视艺术作为当下最方便、快捷、大众的艺术形式，为国家艺术教育资源和教育途径注入了新鲜的血液。此次"中小学影视教育师资人才培养项目"第二期在公益培训的基础上，进一步发挥优秀影视作品的育人功能，学员们通过此次课程培训在中小学影视教育发展道路上建立了更为紧密的联系，他们将共同探索影视教育的潜在领域。

在项目实施过程中，来自各个地区的学员相互交流，深度探讨具有区域特色的影视教育方法和途径。来自山西省的学员分享了中小学影视教育中影视绘本课的主体内容，通过绘本课程让学生认识世界，提升审美以及人文情怀；来自武汉市的学员创建了实践型中小学生电影社团，进一步培养中小学生电影拍摄制作能力。项目结束后，50余名学员建立了有关中小学影视教育联系网，及时交流、传播有关全国各个地区中小学影视教育发展内容。

自"中小学影视教育师资人才培养项目"首期在北京启航、第二期在甘肃省兰州市举办以来，项目整体负责团队在周星老师的带领下分别赴北京市中小学、云南省迪庆藏族自治州香格里拉地区中小学、新疆维吾尔自治区乌鲁木齐市中小学等开展中小学艺术教育改革调研，深入全国多个具有代表性、典型性的地区进行实地走访，把握各地区艺术教育的师资构成、课程建设、课时设置、考核机制等情况，提出中小学艺术教育改革的方向和策略。"中小学影视教育师资人才培养项目"呈现出阶梯性和多样性，成功让影视教育逐步走出大学校园，将影视教育的种子广泛播撒在中小学范围内，为影视教育增光添彩。

四、"中小学教师影评联盟"成立

与甘肃省兰州市"中小学影视教育师资人才培养项目"同步进行的，由北京师范大学中国艺术教育研究中心创立、北京青年基金联合主办的公益影评项目"中小学教师影评联盟"也于2019年年底在甘肃省兰州市正式成立。来自"中小学影视教育师资人才培养项目"的50余名学员成为"中小学教师影评联盟"首批成员，他们率先通过参与热映影片影评，引导并推荐全国中小学生选择适宜观摩的优秀影片，进一步发挥优秀影视作品的育人功能。

当下，中国影视市场发展迅速，电影电视作品数量和内容更迭不断，在如此庞杂多元的影视作品库中寻找到能够适合当下中小学生观看的作品是"中小学教师影评联盟"的首要任务。优秀的影视作品能够塑造中小学生正确的人生观、价值观，培养中小学生优秀的审美与良好的品格。"中小学教师影评联盟"是结合影视与教育的新型方式，是中小学影视教育改革的一项重要实践活动，不仅为影视教育师资搭建交流与共享的平台，更为中小学影视教育资源打造坚实的宝库。

结　语

综上所述，西北地区在中小学影视教育推行道路上面临一定的困难，主要体现在影视教育师资匮乏、影视辅助教材缺失、教师授课难题、家长对影视教育重视不足、硬件设备断层等方面。目前，由北京师范大学中国艺术教育研究中心带领的团队，在教育部高等学校戏剧与影视学类专业教学指导委员会的支持下，已经在西北地区逐步开展"中小学影视教育师资人才培养项目"并取得阶段性成果，及时弥补了西北地区影视教育师资空白，为中小学影视教育发展提供了可行实践。项目通过进一步培养中小学一线教师的影视教育资质和专业技术能力，加强中小学影视教育宣传力度，推动西北地区影视教育常态化模式。项目团队积极筹备中小学影视教育辅助教材出版工作，同时丰富"慕课""微课"等多样化教学资源，利用线上教育平台打造中小学影视教育的新形式，在"一带一路"倡议下丰富西北地区影视文化交流，开创中国艺术教育、影视教育的新局面。

作者：北京师范大学　张萌　李丽

中小学影视教育推进中的问题探寻
——以京津冀地区影视教育调研数据为参考的观察

摘要：国家对中小学影视教育的重视由来已久，二十几年来制定多项政策措施予以推动，很多学校开始设置校本课程，组织学生观影，营造影视教育的校园氛围。总体而言，中小学影视教育取得了一定的成效，但通过对京津冀地区中小学的影视教育调研发现，现有措施的推进过程中，仍存在青少年对影视作品的自发放任式接受、校本课程的敷衍"在场"及校园影视活动的被动式"缺席"等问题。中小学影视教育仍任重而道远。唯有在根本上解决师资配备、课程设置、教材制定等问题，才有可能真正全面地推进中小学影视教育。

关键词：中小学影视教育；校本课程；校园影视活动

一、中小学影视教育政策推行进程

国家对中小学影视教育的重视由来已久，历经二十几年的政策推行、教育实践，如运用优秀影片开展爱国主义教育、成立"全国中小学生影视教育协调工作委员会"，加强和改进中小学影视教育。

20世纪90年代初，国家就已经非常重视中小学影视教育的功能与实践，中宣部、国家教委、文化部、广播电影电视部于1993年联合发布《关于运用优秀影视片在全国中小学开展爱国主义教育的通知》，推进学校素

理论探索与实践展望

质教育，在新时期培养跨世纪优秀人才。围绕教育内容，根据不同的时期和形势，选择影片片目，并以映后的活动深化影片的教育功能。

1996年，国家教委、文化部、广播电影电视部联合成立"全国中小学生影视教育协调工作委员会"，协调与指导"优秀影片在全国中小学开展爱国主义教育"的工作，在北京、天津、上海三地开展试点，总结经验并在全国范围内推行。

2008年6月19日，教育部、国家发改委、财政部、文化部、国家广电总局联合发布《关于进一步开展中小学影视教育的通知》，为适应新形势下加强和改进未成年人思想道德建设的要求，进一步发挥优秀影视作品的育人功能，推进中小学影视教育工作的健康发展，制定了具体要求，提出要"将影视教育纳入中小学教学计划，充分发挥优秀影片的育人功能；采取多种方式，促进影视教育的均衡发展；加大支持和扶持力度，为影视教育提供保障"。

2016年11月7日，第十二届全国人民代表大会常务委员会第二十四次会议通过了《中华人民共和国电影产业促进法》，该法第二十八条明确规定："国务院教育、电影主管部门可以共同推荐有利于未成年人健康成长的电影，并采取措施支持接受义务教育的学生免费观看，由所在学校组织安排。"由此，中小学影视教育工作进入了法制化阶段。

2018年年底，教育部、中宣部联合印发《关于加强中小学影视教育的指导意见》(简称《指导意见》)，更加重视优秀影片在促进中小学德智体美劳全面发展中的重要作用，较为深入地对推行中小学影视教育提出了具体举措。《指导意见》明确指出，中小学影视教育的推行要利用优秀影片去开展；力争用3~5年时间基本普及全国中小学影视教育，建立基本的工作机制体系；充分利用学校及校外活动场所和社会有效的观影资源，形成中小学影视教育的浓厚氛围等，较之之前的政策文件更全面、更具体，也更具操作性和指向性。

25年来的政策推进，国内确实出现了一些示范性较强的地区性教育举措，取得了一定的成效。比如，山东淄博教委中小学影视文化课题组组长魏耕祥所负责的"中小学影视文化课程研究与实验",在1996年便被列为山东省教育科学"九五"规划国家教委重点研究课题。多年来,魏耕祥带领课题组成员致力于中小学影视文化课程的理论研究与实验调研,尝试将其规划成一门独立的教育学科,形成了完整的中小学影视教育教程、教材及理论,发表了多篇学术论文并出版了学术专著,为中小学影视教育的理论及实践开拓了思路、积累了经验。

另外,北京市、天津市、上海市等地陆续开展的学生观影活动,亦取得了一定的成效。从20世纪90年代中期开始,上海市中小学就采取对学生每学期收取50元观影费的方式,将组织学生观看优秀电影和思想道德教育与人文素养、创新能力的培养紧密结合起来,受到学生和家长的一致好评。[①]但不可否认的是,各地中小学采取的极其有限的措施并未从根本上改变青少年对影视作品的自发放任式接受、校本课程质量参差的情况,有些地方甚至存在敷衍与应付的尴尬局面,而最易实现的校园影视活动则更是被动式缺席,中小学影视教育仍处于"地基"建构阶段。

时至今日,国内中小学影视教育的最大问题仍旧是青少年对于影视作品的盲目跟风、渴望认知又缺乏判断,而中小学影视教育又存在滞后敷衍等情形。

二、青少年对影视作品的自发放任式接受

影视是对青少年产生影响较大的一种媒介。爱因斯坦在写给纽约尼古拉斯·罗里奇博物馆的信中曾说:"电影,作为一种对人类精神幼年时期的教育方法,是无与伦比的。因为电影可以使思想剧情化,这比任何其他方法更容易为儿童所接受和理解。"[②]随着国内电影电视业的迅猛发展,影

[①] 刘军.电影教育:溯源 传承 百年回望——北京电影学院第二届电影教育国际论坛论文集[M].北京:中国电影出版社,2018:356.

[②] 宋召艳,汪开庆.论如何加强中小学影视艺术教育[J].大众文艺,2018(14):180-182.

视已成为重要社会文化融入了人们的日常生活。同时，随着媒介技术的不断发展，电影屏、电视屏、手机屏等建构的多屏环境，已经融入人们的日常生活，影像已成为司空见惯并且不可逃避的信息符号。[①]当我们被无数的屏幕围绕，其影响自然愈加广泛深刻。

青少年处于形塑人生观、世界观、价值观的成长时期，日常行为、认知方式、观念意识无一不受到影视文化潜移默化的影响，包括"在生活中对影视故事的游戏化再现，对影片中人物的角色扮演，对明星言谈举止和生活趣味的崇拜与模仿等"。[②]

更易被忽略然而却更严重的问题是，青少年在日常生活和学习过程中如此密集地接触影视，但学校和社会提供的有限的认知储备实际上无法满足他们应对影视作品所必需的辨识能力，他们只能凭借自己有限的生活经验和知识累积自发地对其所接触到的影视作品进行认知、理解和吸收，因此其往往处于"直观而被动接收"的境况。很大程度上，他们对于信息的获取来源于大众媒介的信息推广。而能够形成社会想象和社会议题、引起学生广泛关注的，除了某一时段的"大片"和娱乐明星的新闻，似乎没有什么可以吸引他们的眼球。对于学习，他们的态度是解构的，对于电影，他们是全盘接收的，且各种题材和"口味"都来者不拒。[③]这种看起来自由多元，实则"自发放任式"接收电影方式存在较为明显的风险：他们更易被表象的绚丽浮华所捕获，更多地关注电影的娱乐性和刺激性，在缺少正确引导的情况下，忽略了电影更丰富的价值。自然状态下中小学生接受影视文化的鲜明倾向及存在的问题表现为：对异类影视片的过渡偏爱；影视青春偶像的严重错位；异类片对中小学生的成长产生破坏性影响；自然

[①] 田中初，郭凯云.媒介素养视域中的青少年与电影教育［J］.浙江师范大学学报（社会科学版），2017，42（3）：78-83.
[②] 潘国美.小学影视教育及教学建设研究［J］.南阳理工学院学报，2018（1）：63.
[③] 刘军.电影教育：溯源 传承 百年回望——北京电影学院第二届电影教育国际论坛论文集［M］.北京：中国电影出版社，2018：352.

观赏动画片的"快餐效应"制约了优秀动画片的观赏效果。①

北京电影学院中国电影教育研究中心于2017年10月通过调查问卷的方式，对北京市、天津市、河北省三地的影视教育情况进行了调研。数据显示，当下这个问题并未得到解决。

北京地区的中学生②对电影兴趣浓厚，在有效样本中，有超过25%的中学生去影院看过最新上映的电影。但其选择影片的依据较为多元，媒体报道、欣赏娱乐休闲、影片获奖知名度高、热点话题、朋友推荐等原因占比较为平均，尚未形成对影片的有效判断与认知。北京地区的小学生③看过的影片大多为院线热映影片，接受调查的学生主要依据欣赏、娱乐、消闲和兴趣来选择观看影片，较少学生因为课程要求去观看电影。学生的观影方式中，去影院观看占比75%，超过了网络渠道，可见其电影消费投入相对较高。

天津地区的中学生④对电影较有兴趣，观看的多为热映或者曾经热映的经典影片，选择观影的主要原因是兴趣和欣赏、娱乐、消闲，占比70%，50%的学生只有在喜欢的电影上映时才会去观看，每个月都会观影的仅占14%，40%的学生选择寒暑假观看；天津地区的小学生⑤对电影兴

---

① 魏耕祥.中小学影视文化课程理论与实践［M］.北京：蓝天出版社，2012：32-33.

② 北京地区调研的中学有21所，包括中国人民大学附属中学、清华大学附属中学、北京一零一中学、北京市中关村中学、北京市西城区外国语学校、北京市密云区新农村中学等，共收到有效问卷95份。

③ 北京地区涉及的小学共20多所，跨越朝阳区、西城区、海淀区、丰台区、大兴区等，包括北京市海淀区第二实验小学、北京市陈经纶中学嘉铭分校、北京双馨实验学校、清华大学附属小学、北京市东城区黑芝麻胡同小学、北京市大兴区第二小学等，共收到有效问卷428份。

④ 天津地区涉及的中学包括：天津市南开中学、天津市静海区第一中学、瀛海学校、天津师范大学附属中学、滨海新区田家炳中学、天津市民族中学、天津市实验中学、天津市新华中学、天津市西青区付村中学等，共收到有效问卷114份。

⑤ 天津地区涉及的小学包括：天津市河畔新城河畔小学、天津市津南区双港联合小学、贵港大港油田第一小学、天津市塘沽区浙江路小学、天津市实验小学、天津市西青区大任庄小学等，共收到有效问卷301份。

趣浓厚，近一半被调查者看过最新影片，他们选择影院、电视来欣赏电影，其选择观影的主要原因是兴趣。

河北地区的中学生[①]最近看过的电影，排在前两位的是《战狼Ⅱ》和《天才枪手》，其列举的影片基本为近期热映电影，包括《羞羞的铁拳》《敦刻尔克》《空天猎》《相爱相亲》等。学生选择观影的主要原因是个人兴趣、朋友推荐及欣赏娱乐，基本不会因为课程要求和获取知识而选择某一部电影。河北的小学生最近看过的电影基本为正在或者原先热映的电影，大致为《战狼Ⅱ》《羞羞的铁拳》《美人鱼》《闪光少女》等。学生选择观影的主要原因为个人兴趣、朋友推荐、欣赏娱乐，还有一部分学生选择看电影是因为媒体报道和热点话题，大多数人只在喜欢的电影上映时才会选择观看，少数人会保持只有寒暑假才看电影或者两个月看一次电影。

可见，媒体报道和兴趣、娱乐、消闲仍是当下青少年选择观看影片的首要原因，他们所喜欢的也是热映的、流行的，具有动作性、故事性的影片。如何选取有益的影片，对青少年选片进行干预和指导，是当下中小学影视教育的重要内容。

三、校本课程的敷衍"在场"

在国家二十几年推行中小学影视教育的进程中，很多中小学教育机构陆续响应号召，开始设置影视方面的校本课程。只是这样的课程大多流于形式，作为一种"正统教学"之外的"娱乐辅助"，或者是我们在"寓教于乐"上所选择的最佳方式。然而，对于电影本身，常识的普及和电影内容的文化阅读及剖析，并没有深入，也没有作为一种深层观察的考量。[②]

[①] 河北地区涉及的中学共有11所，包括高阳三利中学、新乐市第一中学、沧州市第一中学、河北保定师范附属学校等普通市级中学，也包括成安县第二中学等县级中学，共收到有效问卷64份。

[②] 刘军.电影教育：溯源 传承 百年回望——北京电影学院第二届电影教育国际论坛论文集[M].北京：中国电影出版社，2018：357.

中小学影视教育推行困难主要受两个重要因素的制约，一是校本课程的教师素质；二是教育实施学校目前所能提供的课程安排。

影视课程教师素质是校本课程能否高效推进的决定性因素，其自身的影视素养直接关系到中小学影视教育的落地和效果。以京津冀地区中小学校本影视课程任课教师为例，他们基本没有接受过专门的教学培训，参加过电影制作、摄制的比例也较少，参加过影视相关的电影节活动的则更少。

据北京电影学院中国电影教育研究中心对京津冀地区影视教育现状调研的数据显示，北京地区中学影视校本课程的任课教师，基本没有接受过专门的教学培训，只是将影视作为授课手段，且多采用作品鉴赏的方式，以片段放映或者映后讨论的形式进行影视教学。教师选择观看的影片70%取决于媒体报道。35%的教师参加过影片摄制，25%的教师参加过相关电影节活动。北京地区的小学中，94.12%的教师并未参加或者摄制过影片，88.24%的教师没有参加过相关电影节活动。天津地区的中学教师基本没有参加过相关的教学培训，80%的教师没有参加过或者摄制过相关影片，80%的教师没有参加过电影节相关活动；天津的小学教师中，86.44%的教师没有参加过或者摄制过相关影片，94.92%的教师没有参加过与电影相关的活动。河北地区的中小学教师中，92.31%的教师从未参加过或者摄制过相关影片（故事片、宣传片含微电影、广告等）的拍摄，受访教师中，96.15%的教师未参加过相关电影节活动。河北地区小学所有被调研的教师均未参加过或者摄制过相关影片，同样也没有参加过影视的相关活动。

完善教育过程链条各个部分的有效实施是中小学影视教育实施的保障。而影视课程作为游离于中小学教学系统外的存在，目前仍无法从根本上对中小学影视教育推进产生实质上的改变。校本课程设置的欠缺是当下中小学影视教育推进过程中最严重的缺失，直接影响到中小学影视教育推行的成效。

中小学影视教育课程体系指的是，以处在中小学教育阶段的儿童、青少年为主要对象，在相关影视教育思想、少儿心理学、德育美育等价值理念指导下，将课程的各个构成要素区分主次、深浅加以排列组合，使课程各要素在动态教育学过程中统一指向课程体系目标实现的系统。①

当下，中小学影视教育的课程体系仍在建设中，尚未形成从教学大纲、教材、教法到教学队伍的完整架构。一部分中小学尚未开设影视校本课程，影视只作为一种辅助其他科目教学的手段存在，而已经开设影视校本课程的学校，也存在教学手段单一、教材及授课大纲欠缺、多由本校其他科目的教师兼职代课、无法真正实现影视教育的教学目标等问题。

北京地区中学②的影视相关课程有45%是以校本课程的形式开设的，且有一半的影视校本课程没有教材。参与调查的教师有80%在授课时会采用影视手段，这些影视课程超过半数都是进行作品鉴赏，其他主要是进行影视文化和专业技能培养。这些课程的教授环节主要是片段播放或观看后讨论。电影实践方面，72%的学生没有参加过电影拍摄活动，81%的学生没有参加过电影节相关活动。北京地区小学中，61.76%的学校③没有开设影视校本课程，35.29%的学校的影视相关课程是用来辅助语文或美育课程（音乐、美术等）的教学，67.7%的教师讲授课程时会采用影视手段。开设影视类课程的教学环节主要为片段播放，完全没有参加影视拍摄基地的教学环节。北京地区小学的美育较为完善，但影视类课程推进较为滞后。在那些开设影视校本课程的学校中，超过60%的学校的教学内容是作品赏析，主要的教学环节是观看影片，只有9%的学校在教学中融入了扩展游戏如模仿表演等。总体而言，北京地区小学影视教学中存在着教学手段单

---

① 刘军，陈圆圆.中小学电影教育课程体系建设原则的思考[J].电影评介，2018（1）：1-5.
② 北京地区涉及的中学共有13所，包括北京市文汇中学、北京市第三十五中学、北京市第六十五中学、北京市中关村中学等，共收到有效问卷20份，授课教师涉及语文、政治、英语、物理、美术、历史、数学。
③ 北京地区涉及的调研场所，包括北京双馨实验学校、北京市海淀区万泉小学、北京市东城区黑芝麻胡同小学、北京市海淀区第二实验小学、清华大学附属小学和北京市大兴区少年宫，共收到有效问卷34份。调研对象在学校主讲课程为语文，其次是数学和美术，且存在有教师兼任两门及两门以上课程的情况。

一、缺乏创新的问题，学校也面临设备缺乏、影视相关活动开展较少的问题。

　　天津地区大部分中学[①]开设影视类课程是为了辅助音乐、美术和其他课程，70%的教师会选择运用影视手段来进行授课，实现影视教学。影视大部分作为教学手段辅助语文、英语、音乐、美术等课程，只有15.25%的中学开设了影视校本课程，课程以作品鉴赏和影视文化为主，课程教学环节以片段播放或者整部影片播放为主。开设的年级以高一年级和初一年级为主。60%的学校对于开设的影视类课程以片段播放和整部影片播放为主，其中，60%的学校已拥有了自己的课程书籍。总之，天津地区的中学影视教育有待加强，但同时值得关注的是，相关的社团可以培养学生对影视的浓厚兴趣，且需求量较大，这也从侧面反映出中学影视教育仍无法满足学生所需的现状。

　　天津地区小学[②]对于影视类校本课程的开设还是以辅助美育课程为主，但所占的比例也很少。54.24%的学校已经开设两年以上的美育课程，但61.02%的学校还没有开设影视校本课程，已开设两年以上影视类校本课程的学校仅占10.17%。影视类的课程主要是片段播放或者整部影片播放，以作品鉴赏为主。美育课程的教师多为本校主讲老师，且72.88%的课程没有教材。天津地区的小学生中，未参加过影片摄制、未接触过电影相关活动的占比93.02%。天津地区小学生对于影视兴趣相对浓厚，需求量较大。

---

① 天津地区调查了天津市塘沽区育华中学、天津市西青道中学、天津市第四十三中学、天津市西青区付村中学、天津市新华中学、天津市第七十八中学、大港区第九中学、天津第八十二中学等多个学校的情况，覆盖面较广，共收到20份有效问卷。

② 天津地区共收到59份有效问卷，涵盖的学校范围比较广泛，包括天津市西青区大任庄小学、天津市津南区双港小学、天津市西青区小南河中心小学、天津市西青区大寺中心小学、天津市和平区鞍山道小学、天津市和平区耀华小学、天津市逸阳梅江湾国际学校、南开小学（南区）、天津市河畔新城河畔小学、天津市和平区新华南路小学以及天津市和平区岳阳道小学等。

河北地区中学[①]影视教育开展的情况较为滞后，在受访教师所在的学校中，影视教学主要用以辅助其他学科教学，只有19.23%的学校开设了影视校本课程，影视课程的主要内容是作品鉴赏，而且教学环节较为单一，主要方式为播放整部影片或者片段播放、观看后讨论等。开设辅助美育课程（音乐、美术等）两年以上的学校仅占13.46%。总体而言，河北地区影视教育比较滞后，开设影视课程的学校较少，学校影视设备较为缺乏，影视主要作为辅助教学手段存在。

河北地区小学[②]的影视相关课程主要用以辅助教学课程（语文、数学、英语等），在受访教师所在的学校中，有45%的学校并没有开设影视类校本课程，开设课程的学校90%都依靠播放整部影片或者片段播放来教授课程，形式较为单一。河北地区小学影视教育程度较低，影视仅仅是作为辅助其他科目教学的工具，学校所组织的影视相关活动和社团数量较少，课程设置和师资背景尚不能满足影视教育的相关条件。

四、影视校园活动被动式"缺席"

通过影视活动来提升认知能力、实现影视教育功能的优越性显而易见，但受到教学任务和升学指标控制的中小学往往在组织影视活动方面较为松散，不成规模，有的甚至干脆不组织此类活动。影视校园活动在京津冀地区呈现出被动式"缺席"局面。

北京地区的中学基本都会组织观影活动，但65%的教师表示学校组织观影没有规律，15%的教师表示学校并没有组织过观影。对于学生

[①] 河北地区涉及的中学共有19所，其中包括石家庄第一中学、邯郸市第一中学、保定市第三中学等普通市级中学，也包括香河县第一中学、河北隆尧第一中学等县级中学，以及相关职业教育学校，共收到有效问卷52份。

[②] 河北地区涉及的小学有6所，包括河北保定师范附属小学、保定永华南路小学、保定市县学街小学、保定市联盟西路小学、沧州市新华小学及深州市深州镇新兴路小学等，共收到有效问卷20份。

参与影视拍摄情况，65%的教师表示学校会提供影视拍摄设备，10%的教师表示学校不会提供相关设备。仅有一半的学校设有影视相关社团。50%以上的学生表示学校有"电影社"和"电视剧中的化学"之类的电影社团。38%的学生反映学校没有组织过观影活动。关于所在学校是否提供影视拍摄设备（照相机、摄影机等）的调研中，选择"未提供"的占比40%，选择"不知道"的占比24.21%，选择"提供但需要付费"的占比2.11%。

北京地区的小学生中参加过影片相关摄制活动（故事片、宣传片含微电影、广告等）的仅占12%，参加过电影节相关活动的也仅占12%。总体来看，北京地区小学生电影消费投入相对较高，但现实中参与影视实践与相关活动的机会较少。另外，有44.1%的学校组织过集体观影但没有规律。受访学校中没有影视相关学生社团的占比80%，可以提供影视拍摄设备（照相机、摄影机等）的占比27%，有相关学生社团的占比17.76%。

天津地区的中学生中，未参加过影片相关的摄制活动的占比83.33%，参加过电影节等相关活动的占比8.77%。仅有15%的学校能给学生提供拍摄设备，拥有影视相关学生社团的学校仅占20%。天津地区的中学中，没有组织过看电影的占比69.3%，定期组织的占比5.26%，剩下的有组织过但没有规律。85%的学生不知道或认为学校未提供影视拍摄设备（照相机、摄影机等），59.65%的学校开设了影视相关社团，包括"DV社团""成长剧社""生涯剧社""戏剧社""电影社""看电影社团"等。

天津地区的小学中，组织过观影，但并不规律的占比70.76%；从未组织过观影活动的占比13.29%。提供影视拍摄设备（照相机、摄影机等）的占比5.65%。只有12.96%的小学设有影视相关的学生社团，社团名字如"小小故事社团""梦工厂""动漫配音""小影院""英语剧社"等。

河北地区的中学中，48.08%的学校从未组织过看电影，34.62%的学校组织过，但没有规律，只有17.31%的学校定期（每年一到两次）组织观影活动。25%的学校能够提供影视拍摄设备（照相机、摄影机等）给学生使用，88.46%的学校没有影视相关社团。

河北地区的小学中，70%的学校没有校本课程教材，65%的学校组织过看电影，但没有规律，35%的学校从未组织过观影活动。95%的学校不会提供影视拍摄设备（照相机、摄影机等）给学生使用，5%的学校不知道学校是否提供。河北的小学没有影视相关的学生社团。

结　语

美国发明家爱迪生很早就说过"电影是教育的工具"，这也是关于影视教育工具论的最早且被引用最广的说法。2012年荷兰便有专家展开了对于"教室电影的研究"，不仅将电影作为一种教学工具，同时还将其作为一种特殊的影片类型，论述其理论、特征、应用方法及技术变革等。相较而言，我们在理论上和实践上都存在一定的差距。

国家已经意识到在中小学推行影视教育的重要性，但影视文化的教育仍任重而道远。唯有在根本上解决了师资配备、课程设置、教材指定等问题，才有可能真正全面地推进青少年影视教育。从社会的总体架构来看，这不仅是简单的对于影视文化知识的普及，同样是全民影视文化素养的提升，更是影视这样一个时代媒体在社会最基础层面上的自我救赎。

作者：北京电影学院　康宁

以主题班会为路径探索高中影视教育的方式

摘要：影视与主题班会的融合纵然是现在常用且实用的方式。将影视教育融入每一次的主题班会，带领学生用眼睛看、用耳朵听、用心去感受，直击内心与灵魂，这便是影视的魅力，亦是应在高中阶段引导学生更好成长的探索。

关键词：影视教育；主题班会；山东高中教育

2018年年底，教育部、中宣部联合印发《关于加强中小学影视教育的指导意见》，明确力争用3~5年时间，全国中小学影视教育基本普及，在具体任务方面，强调要把影视教育作为中小学德育、美育等工作的重要内容，纳入学校教育教学计划，使观看优秀影片成为每个中小学生的必修内容。然而，正如周星教授所说："影视在中小学，属于基本可用客户，而且可以断定，多少年之内，影视作为课程在中小学不太容易实现，而媒介素养是影视所延伸的，是看图像、听声音的认知，所以我们必须寻找如何实现的思路。"同时在探索实现思路中，最重要的是把握中小学影视教育的性质——以德育人、以美化人。

一、山东省高中影视教育现状分析

学校层面，以笔者所在的高中为例，目前设置每周进行一次完整影片的播放并与学生就所观看影片进行交流是完全不可能的。主要有两方面原因：一是时间方面，山东历来被誉为"高考大省"，高中生的学习压力相对较大，一次影片的播放与分享基本在3~5小时，占用时间比重太大，并不能为学校、家长所接受、理解与支持；二是师资方面，影片的选择、人物的分析、影片教育意义与高中生思想引导等一系列的设计，需要教师具备丰厚的影视学知识、深厚的影视素养及对高中生的思想与心理有深入的研究与把握，才能将此活动的效果发挥出来，否则将适得其反。

学生层面，目前高中生都是"00后"，家长们在其成长道路上提供了优越的物质条件，过度的物质呵护与薄弱的精神关注在日积月累中，尤其是高中阶段懵懂与成熟的交织阶段爆发出各种心理问题，这也是高中阶段抑郁症屡见不鲜的原因。此时旧方式的单纯说教反而会拉大学生与家长、老师之间的距离，使学生觉得自己无法得到尊重与理解，加深隔阂，甚至拒绝沟通和交流；同时抑郁症的专业诊断虽然必要，但若发展成休学或吃药来控制病情则更加令人痛心。如何拉近学生与家长、老师之间的距离，建立良好的沟通和交流，把握现阶段学生心理特点选择适合并为其所接受的方式，帮助其更好地面对生活和学习，引导其树立正确的价值观，使其健康快乐地成长是笔者想要并必须探索的。

基于现阶段的实际状况，笔者借助班主任的身份，以主题班会为路径进行本班学生的影视教育与德育，并以此来探索高中影视教育方式，希望能为"中小学影视教育的普及"贡献一份微薄之力。

二、影视在主题班会中的作用

电影或者视频是高中阶段学生在高压学习下比较感兴趣并期待的解压方式。那么，如何使影视发挥其在主题班会中的育人作用呢？

1."你好，九月"——开启新征程

2019年9月1日，笔者所在班级在新学期的第一个周末进行了高二上学期的第一场班会——"你好，九月"，根据主题设置了四个环节："回首过往""你好，九月""星空日记""寒门贵子"。

"回首过往"环节的内容是将同学们在过去半年的生活和学习中所拍摄的照片和视频剪辑成一段5分钟的成长故事——2月开学、4月分班、6月学考（高中学业水平考试）、8月返校，忘记的时光以影像的方式再次展现，打开他们的记忆之门。

"你好，九月"为讨论环节，进入新的学习阶段，就"宿舍、班级管理、卫生、纪律、学习、老师"等各方面畅所欲言，说出自己的期待，以"立鸿鹄志，做奋斗者；惜时如金，孜孜不倦；求真学问，练真本领；知行合一，做实干家；强健体魄，身心健康"作为升华总结。

他人的故事、直观的影像远比苍白的语言有说服力。"星空日记"——北京大学的宣传片，通过视频中主人公的追梦故事引出"梦想与现实"的关系，"不是现实支撑了梦想，而是梦想支撑了现实"，我们一起说："你好，梦想！再见，现实！"

"寒门贵子"环节以刘媛媛的演讲视频（更加贴近学生心理与生活，更清晰、更深入地深化奋斗的意义）引出本学期对学生的寄语："有志者事竟成，破釜沉舟，百二秦关终属楚；苦心人天不负，卧薪尝胆，三千越甲可吞吴。"以此与所有学生共享努力的方向、成长的意义。

第二天笔者发现许多同学将"你好，梦想！再见，现实！""有志者事竟成，破釜沉舟，百二秦关终属楚；苦心人天不负，卧薪尝胆，三千越甲可吞吴"等写下来贴在自己的课桌上，也发现笔者与学生之间的交流沟通更加顺畅与深入了，他们愿意和笔者聊天、说心里话，让笔者帮助他们。

2.新中国七十年华诞——为祖国继创盛世而读书

2019年10月7日，国庆假期返校后的班会笔者以"我和我的祖国"为主题，以图片"阅兵车牌号1949和2019"为导入，直接展现"吾辈当不负先贤之努力,继往开来,共筑中国梦"的美好期许,以此为核心设计"我们要成为什么样的人""今日盛世,我们是观者,未来呢?""今日我们要做到——忍与能""下一个十年我们创造"四部分,最后以"我宣誓"结束。

"我们要成为什么样的人":以"最强外交天团"与王毅外长在历次新闻发布会上庄重、坚定并强势维护我国国家利益的混剪视频为载体,再次回顾新中国成立70年来外交舞台上的风云人物——周恩来、邓小平、吴仪等,展示他们的风采与魅力,感受"国之成就在于先辈的鞠躬尽瘁"。

"今日盛世,我们是观者,未来呢?":国庆阅兵式的混剪与新中国成立70周年成就播放,畅谈我们如今生活中的点点滴滴,分享对国之繁荣盛世想说的话。在此时再次引导"新中国70年充满了辉煌,亦有苦难",今日我们享受着先辈们心血浇灌的绝美果实,那未来?"我和我的祖国"在新的征程中,我们要做到……?

"今日我们要做到——忍与能":选取1981年中国女排夺冠前的训练视频呈现成功的背后,辉煌的支撑是忍,正如郎平所说:"人生不一定会赢,而是要努力去赢。"最后将重头戏放在"能"——剪辑了《外交风云》中"志愿军三十八军血战松骨峰"的片段:

彭德怀:我就问你一句话,你们卡不卡得住?

梁兴初:如果有一个敌人从我的防线逃脱,我梁兴初提头来见。

通信员:(在十四个小时急行军一百四十五华里,付出惨重代价赢得胜利后,得到了彭德怀的嘉奖。在硝烟过后的战壕里,一个人奔跑着,并高喊)同志们哪,同志们,彭总表扬我们了,彭总说"中国人民志愿军万岁,三十八军万岁,中国人民志愿军万岁"。

"下一个十年我们创造":生与死的交织,鲜血与牺牲的坚守,那句表扬的荣誉在学生的眼泪中无须语言。当情感烘托至高潮时,我们约定"下一个十年,我们相约天安门",为此我们宣誓:"我立志,胸怀天下,坚守理想信念,脚踏实地,不负先贤之努力,为再创祖国的繁荣盛世而读书。"

每一次的主题班会必定融入影视教育,如"敬畏生命、敬畏规章、敬畏职责"的《中国机长》等,用眼睛看、用耳朵听、用心去感受,直击内心与灵魂,这便是影视的魅力,也是应在高中阶段引导学生更好成长的探索。

三、高中阶段影视教育其他可能的浅显思索

影视教育与主题班会的融合纵然是现在常用且实用的方式,然而面向全体同学且每周一次的频率是否能比较长久地发挥作用,不能一概而论。

首先,高中学生正处于青春期,其心理与情绪的时常反复是正常现象,针对不同学生个体的心理状态,将影视教育融入心理辅导是否也是一条高中阶段影视教育的路径呢?关于此想法,笔者将进行心理知识的系统学习,与专业心理老师进行探讨与研究,争取尽快实现理论与实践的融合,在实践中不断地发展与完善。

其次,班主任是高中阶段学生教育的主体力量,班主任的理念直接关乎能否有效引导学生树立正确的价值观,更好帮助学生度过至关重要的高中三年。如何发挥班主任对高中阶段影视教育的推进作用,建议在条件允许的范围内尽可能多地对班主任进行系统化、理论化的影视教育方面的培训,支持、鼓励、引导更多的班主任加入此行列,开展多层次、全方位的交流会、座谈会,进行探讨、交流、沟通、合作与研究,尽快形成高中影视教育的合力。

最后,希望能够尽快呈现一个相对完善的交流平台,提供影视教育知识、影片、思想、活动等各方面的素材,既能吸引更多的人参与其中,也能高效保质地进行影视教育。

影视文化不仅是时代的需要,更是国家的需要。通过影视教育给予学

生自立、自强的精神鼓励和价值观的支持，既是教师的使命，又是创造性艺术最重要的东西。为此，我们将克服困难，携手同行，为中小学影视教育竭尽全力，不忘初心，完成使命，培养合格的中国公民。

作者：山东省博兴县第二中学　苏爽

中职影视课程的实践研究

摘要：教师应以中职影视课程的艺术性和教育性为核心，精选优秀影片、建设课程资源、研究课程活动和课程评价，引导学生积极地观赏影视作品，鼓励学生进行描述、评析、思考影视作品的表现内容、表达方法、艺术效果等，指导学生按照贴近实际、贴近生活、贴近时代的原则表达个人观点、思想和情感，鼓励学生交流表达、思考讨论，提升学生影视认知和影视素养，提高学生自信心和语言表达能力，启蒙学生思考和树立正确的世界观、人生观和价值观。这是"中职影视课程的实践研究"所要实现的目标。

关键词：影视教育；中职课程；教学实践

一、研究意义

1.国家教育的需要

2018年年底，教育部、中宣部联合印发《关于加强中小学影视教育的指导意见》（简称《指导意见》），《指导意见》中肯定了影视教育的思想、艺术和文化价值，明确了中小学生影视教育是加强中小学生社会主义核心价值观教育的时代需要，是落实立德树人根本任务的有效途径，是丰富中小学育人手段的重要举措。对中小学生形成正确的世界观、人生观和价值观，对提高学生审美和人文艺术素养，形成健康文明的生活方式等具有重要意义。《指导意见》要求力争用3~5年时间，全国中小学影视教育基本普及。

2.学生成长的需要

中职学校学生家庭情况比同龄学段普通高中的学生要复杂得多，问题家庭占几乎一半的比例。家长出于对孩子的愧疚以及自身文化素质、个人修养水平等因素，出现了过度溺爱和放任自流两个极端。这种不健康的家庭环境导致他们的孩子面对学校生活和社会生活出现各种不适应，内心恐慌自卑，表面却坚强甚至叛逆，对网络和手机尤其依恋。加之学习上落后和失败的体验更加导致他们自信缺失。随着全媒体时代各种信息带来的享乐主义、拜金主义、功利主义等社会不良风气的影响，这些学生极易迷失方向。通过影视教育相关课程可以帮助他们了解世界、认知社会、体验生活、思考人生。

3.人文艺术素养课程的需要

随着20世纪科学技术的飞速发展，自然科学成为学校课程体系的核心，而人文艺术学科的教育受到轻视和削弱。再加上升学压力比较大，更加凸显了应试教育的地位。长期以来"一手硬，一手软"的状况，导致一些学生精神空虚、文化贫乏，缺少对生活的热爱和兴趣，基本人文艺术素质降低，在艺术感知、审美鉴赏、创意表达和对文化的理解与传承方面都十分欠缺。这些问题更突出地表现在中等职业学校的学生身上。因此，亟须加强人文艺术教育，培养学生的思想、精神、道德和感情，全面提高学生的人文艺术素质。而影视教育就是人文艺术素养课程的万花筒。

二、研究设计

"中职影视课程的实践研究"以中职影视课程为载体，以学生为中心，以自主合作探究的学习方式，实现提升学生影视认知和影视素养，提高学生自信心和思想表达能力，启蒙学生思考和树立正确的世界观、人生观和价值观的研究目标，实现以德树人、以美育人和以文化人的育人效果。

（一）课程内容开发研究

作为研究载体，中职影视课程要充分体现艺术性和教育性。

1.影片艺术性

古今中外，电影都被赋予强大的教育性、艺术性、文化性、娱乐性、商业性，传达人文精神，强调文化自信和大国情怀，追求艺术价值和社会价值，褒奖艺术与市场的共赢。而电影的艺术性则是最后的也是最核心的竞争力。电影是独特的艺术产品，向观众传递什么是审美，让观众感受到导演的一种艺术的美。它通过文化的思考的美，以及抽象性的、哲理性的一些东西，让观众感受到其中的愉悦、其中的唯美、其中的意境等。影视美学艺术跟其他的艺术门类是不一样的。中职影视课程正是通过影片，使学生感受艺术元素、加强审美体验。

2.影片教育性

中职影视课程通过影片中的社会背景、故事情节以及人物性格和活动，体验生活百态，启发学生初步树立正确的世界观、人生观和价值观，正确处理理想、事业和爱情之间的关系；合理规划自己的人生，包括理想事业的规划、家庭爱情的规划和奋斗信念的规划；促进学生全面发展和健康成长，使其成为德智体美劳全面发展的高素质、技术技能型人才。

中职影视课程以纯真爱情、善良人性、坎坷命运、执着信念四大主题模块精选古今中外优秀经典影片20部，引导学生提前进行社会及生活体验。

第一模块：纯真爱情。精选影片《爱乐之城》《泰坦尼克号》《罗密欧与朱丽叶》《安娜·卡列尼娜》《乱世佳人》；

第二模块：善良人性。精选影片《放牛班的春天》《菊次郎的夏天》《音乐之声》《狮子王》《冰雪奇缘》；

第三模块：坎坷命运。精选影片《老人与海》《一代宗师》《末代皇帝》《黄金时代》《一九四二》；

第四模块：执着信念。精选影片《阿甘正传》《美丽人生》《大唐玄奘》《美丽心灵》《大卫·科波菲尔》。

（二）课程实施方式研究

（1）课前筹备学习资料和教学资源平台。

（2）电影鉴赏：开设选修课，师生课上共同观赏影片。教师运用问题导向，引导学生积极地进行观赏，包括景别、光影、音效、美术、摄影、音乐、歌舞、声音，以及历史背景、社会环境等元素，鼓励学生交流感受、提出问题并共同解决。

（3）电影评析：教师鼓励学生通过网络或教学资源平台搜集信息加之个人思考进行影评，并与同学进行分享交流。

（4）电影配音和表演：教师组织学生以学习小组的形式对某一片段进行配音或表演，进一步理解影片人物的心理活动。

（5）微电影拍摄：教师组织学生以学习小组的形式改编剧本、创作剧本以及问题构想等形式进行表演拍摄，表现自己的创作力和艺术表演力。

（三）评价研究

电影鉴赏、影评、配音、表演、剧本改编创作、微视频制作、完成"我的人生规划书"均作为评价依据。自评、互评、师评以及社会评价多元多方共同完成。

（四）学生发展价值研究

（1）短期表现：提高学生影视认知和影视素养；提升主动观影兴趣；培养学生认识美、体验美、表达美、创造美的能力以及认识自我和认识社会的能力；提高学生自信力，培养学生语言表达能力以及创造力和想象力；启发学生初步树立正确的世界观、人生观和价值观，正确认识理想、事业和爱情三者之间的关系。

（2）长期表现：影响学生个人的兴趣和爱好；有助于个人成长目标的确立；提升学生知识储备以及人文艺术素养水平；提高学生搜集信息的能力、自主合作探究的学习能力以及语言表达能力和人际交往沟通能力。

（五）课时研究

中职三年，高三实习。高一、高二开满4个学期选修课。每周2课时。

三、研究成果

（1）依据教育部2018年《中等职业学校公共艺术课程标准（试行）》编制《青岛交通职业学校中职影视课程标准》，以围绕课程性质与任务、学科核心素养与教学目标、课程内容、学业要求、课程实施、学业水平评价、教科书编写等七部分进行表述。

（2）依据《青岛交通职业学校中职影视课程标准》编制校本教材《中职影视课程》，按四大模块20部影片以模块导语、影片简介、剧情介绍、观影主题、审美体验、发现与思考、拓展活动、主题歌曲8个环节组织编制。并配套建设中职影视课程教学资源平台。

作者：青岛交通职业学校　李云

| 理论探索与实践展望

从影视教育到素养教育
——基于英国经验的本土化建设构想*

摘要： 因媒介技术的迭代与教育主体的变动，英国电影教育概念的内涵与外延一直发生着转移，电影教育超越了电影媒介自身的"紧身衣"，向更宽泛、更普及的素养教育的方向深化与拓展。当前英国电影教育可概括出以下三种特征，即多元化的教育认知、全民化的教育规模以及科学化的教育体系。本文基于英国电影教育的特色经验，提出了当前中国影视教育建设的若干设想。

关键词： 电影教育；素养教育；中小学影视教育；儿童教育

教育是一个伴随着人类历史进展的传统命题，电影是19世纪末出现的现代新兴事物，电影与教育的结合是一种新与旧的交锋，传统与现代的碰撞；与此同时，教育蕴藏着人类社会发展以来"向真、向善、向美"的思想智慧，而电影媒介频频引发负面影响造成"道德恐慌"，电影与教育结合也是一次善恶交织、是非对立的角逐与较量。总而言之，影视教育是一个倍增级的社会公共话题，这种话题要么形成"国家战略"，要么引发"社会恐慌"，因此，当影视教育一旦成为一种社会共识，便具有了蓬勃的

---

* 基金项目：浙江省哲学社会科学规划课题"浙江故事的影像表达与对外传播研究"（项目编号：22NDQN215YB）。

生命力，既是国家教育事业的重要补充，也是一股重要的颠覆力量。在英国，"电影教育"（Film Education）的概念并非一个固定不变的指代体，在近百年的发展中，因媒介技术的迭代与教育主体的变动，英国电影教育概念的内涵与外延一直发生着转移，电影教育超越了电影媒介自身的"紧身衣"，向更宽泛、更普及的素养教育的方向深化与拓展。

一、英国电影教育经验概述

21世纪以来，数字电影技术的发展与互联网的普及，给英国电影教育带来了新的机遇与挑战。数字电影技术的转型，不仅革新了电影媒介本身的表达手段，如3D电影、VR电影等正在建立新的电影美学范式，同时这种转型也为英国电影教育活动的开展提供了更加便利的条件，如互联网加速了在线电影教学和远程电影教育的发展进程。在这样的背景下，英国政府将"电影教育"提上了"素养教育"的国家议程，电影教育不仅是"关键教育"（Key Stage）阶段英国学校教学的"必修课"，并且被纳入职业教育、继续教育、终身教育以及公民教育的教学议程之中，电影教育的主体已经从学生群体扩展到每一位英国公民身上。教育学者大卫·帕金翰将21世纪以来的英国电影教育总结为"超越保护主义"范式，20世纪80年代末以来BFI（英国电影协会）提倡的"关键概念"的媒介教学方法是对"超越保护主义"理念的具体执行，并在电影研究的课程教学与考核体系中不断推广与普及。"超越保护主义"理念鼓励学生对媒介文本的研究持中立立场，通过自己的独立认知建立媒介的批评观念。[1]正是在这种宽容的教育理念的支持下，当前英国电影教育可概括出以下三种特征，即多元化的教育认知、全民化的教育规模以及科学化的教育体系。

---

[1] 帕金翰.英国的媒介素养教育：超越保护主义[J].宋小卫，摘译.新闻与传播研究，2000(2)：73-79.

1. 多元化的教育认知

经过近百年时间的摸索与实践,当前英国的电影教育体系蕴含着对电影本体的多元化认知,这其中包含电影作为艺术教育、文化教育、媒介教育以及视觉教育的认知与实践体系。

第一,在英国电影教育的多元化认知中,媒介教育占据核心地位,强调媒介信息文本的生产、传播、使用与再现的全部过程,对电影作为媒介教育的大力推广,与英国民主政治体制以及自媒体时代公民言论自由与权利息息相关,当英国政府放弃了对媒介影像信息的审查职能,培养和提升公民的媒介影像素养,便成为阻碍信息泛滥、虚假传播以及引发社会恐慌的重要国策。因此,对电影作为媒介教育的重视,是英国政府将国家的媒体监督权力转移到公民个人责任的具体体现,[1]这是英国电影教育的核心要义。

第二,通过电影媒介进行艺术教育,也是当前英国电影教育的重要方向。艺术教育强调对优秀电影作品的艺术分析与美学鉴赏,以电影文本为基础进行形式与内容、主体与客体以及创作者与受众群体的美学研究。电影艺术教育往往以欧洲艺术电影以及英美独立作者电影作为文本研究对象,是对电影作为独立艺术门类的教育践行。

第三,以伯明翰学派为正宗,英国形成了享誉世界的文化研究流派,文化研究理论也继之影响到电影教育,并将其带入更广泛的人文学科领域。电影文化教育是以电影文本为载体,借助社会学、人类学、政治学、经济学、历史学等其他学科的研究成果,对电影文本进行文化研究与文化教育。电影文化教育具有广泛的人文学科的拓展空间,是对英国人文教育的有效补充。

第四,视觉教育一直伴随着英国电影教育历史的发展,但直到21世纪以后,视觉教育才被提到英国国家教育战略的地位,如BFI在全国发起的

---

[1] NIKOLAS R.Governing the soul: the shaping of the private self [M]. London: Routledge, 1989.

动态影像素养战略与电影教育计划等。①视觉教育背后蕴含的是当下时代哲学理念的转向，即从书面文字的教育向图像、影像以及视听综合教育的转向，显然，视觉教育范式是对传统教育学范式的根本性颠覆，这种颠覆的背后是数字媒介技术的高速发展。电影教育之所以在当前英国社会中焕发着蓬勃的生命活力，其根本原因是电影教育契合了视觉教育范式的时代需求。

2.全民化的教育规模

当前世界上的任何一个国家，都没有像英国这样重视电影教育以至于将其作为公民素养教育的重要部分。电影教育之所以在英国形成全民化的教育规模，主要体现在国家政策出台、教育机构执行以及社会项目补充三个方面，它们共同推动了素养教育战略的贯彻与落实。

首先，21世纪以后，英国政府提出了"媒介素养"的国家战略，在对"媒介素养"的规定中，动态影像素养与电影素养成为21世纪每一位英国公民必须具备的基本素养。显然，电影教育已经超越了学校教育的界限，成为公民社会教育的一部分。电影教育不只是学校学生的重要义务，任何年龄阶段的英国公民都应该接受电影教育，电影教育正在成为一项全民化的教育事业。

其次，考试科目的设置与国家课程的规定为电影教育在学校中的普及提供了制度机制的保障。电影研究/媒介研究作为中等学历教育考试与大学预科考试科目，成为学校教育的必修性课程，在关键教育阶段扮演着越来越重要的角色。除此之外，在英语国家课程之中，电影及媒介知识成为学生结业考核的重要部分。

最后，随着电影教育得到了国家的支持，社会上的公益性与商业化的电影教育组织纷纷成立，如电影俱乐部（Film Club）、第一束光（First Light）、走进电影（Into Film）等，各式各样的电影教育项目与活动也在有序开展，英国社会为电影全民教育的开展提供了"温床"，电影教育逐

---

① British Film Institute. Making movies matter [M]. London: BFI, 1999: 2.

渐成为英国民众的一种生活方式，孕育出英国社会特有的文化生态。

3.科学化的教育体系

目前，电影教育已经完全渗透在英国学校教育体系之中，无论是在基础教育阶段，还是高等教育阶段，都已经建立起科学化的教学实践体系。在基础教育阶段，电影课程模块分布在启蒙学校、初级学校、中等学校等不同教育阶段，不同学龄的学生会接触到各种形式的电影教学活动。在启蒙阶段，教师会增加一些图片、视频、音频等教学手段，普及动态影像认知的基本常识，辅助和加深儿童对语言文字的理解能力；在小学阶段，学校会开发一些英语/英语文学与媒介研究的联合课程，目的是通过媒介教学提升学生英语/英语文学课程的学习能力。实践证明，媒介教学对英语/英语文学科目的学习很有效，有力地提升了学生面对11岁升学考试的合格率；中学阶段分为关键阶段3与关键阶段4，在关键阶段3，政府教育部门颁布了国家统一的《英语教学大纲》，媒介研究被规定为国家英语课程的重要组成部分，进入了英语科目考试之中；在关键阶段4，媒介研究/电影研究已经成为GCSE考试的独立科目，国家颁布了两个科目相应的课程教学大纲与考试大纲。

在高等教育阶段，一方面，媒介研究/电影研究是英国大学预科A-Level考试的重要科目，成绩优秀的学生可以获得进入大学的资格，到目前为止，媒介研究/电影研究科目的A-Level考试已经有30多年的历史，形成了系统而科学的教学考核体系；另一方面，在英国的大学教育中，电影研究学科形成了具有英国特色的本硕博多层次的教学体系，在本科教育阶段，学生会接触到与电影相关的理论与实践课程，建立对电影学科的综合认知，并注重培养学生电影创作的实践能力，其他人文学科也设立了与电影相关的本科学位教育，电影课程普遍受到欢迎；在硕士教育阶段，大学深化了电影研究的培养方向，设置以学术研究为目的的学术型硕士和以教学与创作为目的的专业型硕士，可供学生进行选择，寻找未来职业的成长方向；在博士教育阶段，英国电影教育主要是在人文学科背景下进行的跨学科专业研究，开展与电影相关的社会文化的研究与批判。

此外，21世纪以来的英国社会发起的电影教育推广计划是校外教育的重要组成部分，其目的是鼓励与引导学生参与到电影的创作实践之中，通过"参与式"的实践教育理念，建立学生对电影制作机制的深刻认知。总而言之，目前在英国建立起来的电影教育的科学体系与先进理念，是国家、社会、学校以及家庭共同行动的社会历史，也是行政官员、知识分子、教师、学生以及家长集体参与的社会事业，更是功在当代、利在千秋付诸几代人教育理想的热情实践。

二、中国影视教育建设的若干构想

从1996年开始，中国教育部先后下发了一系列关于中小学影视教育推荐片目的相关文件，中小学影视教育意识开始显露；2008年，由教育部、国家发改委、财政部、文化部、国家广电总局联合发布《关于进一步开展中小学影视教育的通知》，明确提出"将影视教育纳入中小学教学计划，充分发挥优秀影片的育人功能"，中小学影视教育正式以规范化文件的形式提出；2018年年底，教育部、中宣部联合印发《关于加强中小学影视教育的指导意见》（简称《指导意见》），《指导意见》指出，力争用3~5年时间，全国中小学影视教育基本普及，至此，中小学影视教育从国家层面被提出，并进入实际操作阶段。但从总体来看，当前中国影视教育的工作基础还比较薄弱，一些地方存在思想认识不到位、条件保障不完善、活动开展不顺畅、体制机制不健全等问题，显然，影视教育政策的针对性和实效性还不够明确。面对中小学影视教育的诸多问题，归根结底还是缺乏经验，即便顶层设计者瞄准方向，实施操作者也需要时间不断摸索，如何能更高效地推进中小学影视教育事业，我们有必要学习英国电影教育的特色经验。因此，基于英国电影教育的特色经验，本文提出了当前中国影视教育建设的若干设想。

1.小学阶段影视教育之设想

到目前为止，中国小学阶段的影视教育基本处于空缺状态，除了教育部每年向小学生推荐优秀国产片片单进行观摩学习之外，无任何切实方案，尤其是在课程设置以及教育资源投入等方面，有关部门没有考虑将影视教育纳入小学阶段的课程教学大纲之中。在当前媒介信息高速发展的新时代，影视教育有助于培养学生的艺术素养、文化素养、媒介素养以及视觉素养，这都是未来中国公民应该具备的基本素质，但是鉴于当前小学生的课业压力与教育成本的考虑，单独设立电影课程的难度较大，也不现实，因此应该在现有的小学课程科目的基础上，适当增加电影及媒介知识的学习。

在当前，与电影及媒介常识联系最为紧密的是小学语文课程，语文课程应该在对学生汉语听说读写能力培养的基础上，加入对动态影像、媒介文本的学习与判断。小学语文课程教学历来重视阅读经典，但经典文本多是纸质媒介文本，缺乏多元性，这与当前社会人才发展的现实需求严重不符。因此，一方面，我们要从经典文本向多元化教学文本过度，可以在语文教学中加入经典电影、电视节目以及新闻报道等多元文本的研读与鉴赏；另一方面，一般来说，小学语文课文强调对汉语的研究学习，注重语言本体教学，而忽略了学生独立判断能力的培养，因此我们要从汉语本体教学过渡到对文本信息的判断与甄别能力的培养，经典书面文本在某种程度上因为丧失即时的语境信息，而无从判断是非意义，因此应该在语文课本中增加电影、广播、新闻、电视节目、网络综艺等各种形式的媒介文本，既有助于对文学文本的补充理解，又能拓展学生对于媒介信息的甄别与批判能力。

2.中学阶段的影视教育之设想

中等教育包括初中和高中两个阶段，这两个阶段的学生生理与心理正在趋于成熟，对社会上以及互联网上的媒介信息的摄取与接受热情远高于小学阶段，因此，在中等教育阶段，仅仅在语文课程中增加对电影及媒介知识的考核是远远不够的，国家教育部门应该考虑开设电影研究或者媒介研究的独立课程，独立课程的开设是为了解决与日俱增的媒介信息充斥社会，对学生造成负面影响的实际需求。针对开设电影研究/媒介研究的独立课程的设想方案，需要做到以下三个方面：首先，要形成全国统一的课程教学大纲，对教学方法、考核目标以及案例选取都要做统一的规定与明确的要求，尤其要注重对中学生动态影像素养与批判性思维的培养；其次，在课程设置中，也要充分考虑理论教学与实践创作的设置比例，既要培养中学生独立思考的学术研究能力，也要引导学生动手制作影像作品的热情；最后，与开设独立课程相对应的是，在中考和高考中增设电影研究/媒介研究的考试科目，只有将电影研究/媒介研究纳入中等教育考试体系之中，才能提高学生对课程学习的热情。当然，我们也要看到推进这一方案的现实难度，目前，国家为了推进教育公正与公平，中考与高考的考试科目设置比较单一，但是，这样的中等考试机制，并没有体现出教育主体的差异化与教育目标的多元化。随着国家不断推进中等教育考试改革，我们有理由相信，在不久的将来，电影研究/媒介研究会成为中考或者高考机制中一个可供考生选择的考试科目，满足一部分学生的兴趣爱好与职业发展需求，从而实现学生的自由全面发展。

3.全民电影素养教育之设想

从目前的情况来看，视觉素养和媒介素养的缺乏，不仅仅是未成年人的问题，中国社会各个年龄阶段的民众都存在这样的问题。一方面，网络暴力与诈骗横行，谣言四起，老年人群体尤其成为媒介社会发展的主要受害者，这显然是媒介素养教育缺失的结果；另一方面，我们生活在一个读图的时代，图片、视频、影像随处可见，令人眼花缭乱、真假难辨，视觉教育的需求越来越凸显和急切。因此，政府应该出面将影视教育/媒介教育作为素养教育的国家战略来贯彻与执行。具体来说，包括以下几个方面：第一，从国家层面来讲，需要中宣部、新闻署、教育部、工信部以及文旅部等政府部门共同牵头，制订全国性的影视教育计划或者媒介素养教育战略，利用国家力量向全社会推行，建立辐射到学校教育、社会教育以及网络教育的全民教育体系；第二，成立与影视教育/媒介教育相关的国家机构，主要负责推行和执行具体教育政策的实施，要建立与影视教育/媒介教育相关的配套基金与金融体系，确保教育战略在充足经费的支持下顺利开展；第三，应该在全社会形成影视教育的强烈氛围，引导成立与影视教育相关的专业机构与商业组织，扶持与影视教育相关的公益性与商业化项目，确保不同年龄层次的民众都能获得接受影视教育的机会，以此为基础，形成学校教育、职业教育、继续教育乃至终身教育的全民影视教育的社会体系，从而大力提升全民的媒介素养与视觉素养。

结　语

我们欣慰地看到，改革开放40多年来，中国人民用勤劳智慧完成了西方发达国家100多年的现代化建设，我们也有理由相信，中国社会可以用几年的时间复制英国影视教育模式，但是，必须明确的是，影视教育是一项长期计划，教育工作者必须具备足够的耐心和拥有崇高的理想，我们正在塑造与培养我们所期望的未来中国公民的理想形象。影视教育应该从年轻人开始，最终成为每个公民的一种生活方式，教育的目标不会在5年或10年内实现，但是如果从现在开始，就有可能在我们这一代实现。

作者：浙江师范大学　李侃

红色文化影视教育资源在高中思政教学中的探索及运用

摘要：推进红色文化影视教育资源融入高中思政课教学，能够充分利用富有地方特色的影视资源，激励青少年学子从红色文化中汲取奋进力量，还能引导广大青少年深刻领悟学习红色文化的现实意义和时代价值。随着5G技术的普及，为当下高中思政创新教育改革提供了宝贵的机遇，影视资源已越来越多地进入人们的生活当中，潜移默化地影响着人们的学习、工作、生活和思考方式。而对高中思想政治教育课程而言，要实现课程目标、提高教育教学质量，就必须重视教育教学信息化，利用优质红色文化影视资源来优化教学，提高教育教学质量。而影视资源中的红色文化作品为高中政治课堂提供了大量的教学资源。

关键词：影视资源；红色文化；思政教育；5G时代；高中生价值观

一、高中政治教学利用红色文化影视资源的反思

长期以来，高中政治学科教学的方式比较单一，以灌输式为主，说教意味比较浓，致使高中生思想政治教育难以取得突破性进展。当今时代，红色文化影视作品的大量出现，为思想政治拓宽了教育路径，使观者可以透过电影电视屏幕以最直观、最易受到感触的方式得到教育。

在高中思想政治学科教学和学生德育活动中，恰到好处地运用红色文

化影视资源，可以激发高中生的学习兴趣，陶冶中学生的情操，有利于对其进行爱国主义情感教育，提高其思想品德修养。在教师教学中，红色文化影视资源既能辅助教学、拓展教材，培养高中生的逻辑思维、批判性思维和创新能力，又能帮助学生掌握学习策略、强化学生成就动机，树立终身学习意识。同时，还可以促进教师教学手段信息化，提高高中思政课堂效率等。影视教育不能更多停留在对高中思政教学表层意义的认识上，更要对优质红色文化影视资源教育价值进行深入的挖掘和拓展，这样才能在思政教育教学实践中取得预期效果。

1.红色文化影视教育资源作品在高中思政教学中的作用和价值

很多教师和学者认为，采用影视资料只是为辅助教学，它可以激发学生兴趣、设计教学情境、展现教师的多媒体技术水平，是教育教学信息化的基本要求，其实，我们应该认识到红色文化影视作品是一种重要的媒体课程资源，我们要从人文与社会领域来审视影视资源中红色文化的特殊价值和意义，充分把握高中政治、历史学科的特点，深入思考红色文化的人文性、教育性、思辨性、科学性与高中思想政治教育课程结合的实际效果。在思政教学中，利用红色文化优质影视资源可以创造出引人入胜的、无可替代的社会情境，使学生身临其地体验、感受着我国社会的发展。红色文化影视作品多以真实的革命英雄、建设模范和革命史实为原型，主题积极，境界深远，以对假恶丑的批判和真善美的发扬为出发点，将为理想而献身奋斗的高贵品格呈现给观众，旨在引导人们树立远大的理想和为信念艰苦奋斗的精神。

红色文化影视教育资源对高中生的思想政治教育具有正面影响。首先，优秀的影视传媒作品有利于引导高中生树立正确的人生观和价值观。高中时期是一个人人生观和价值观形成的关键时期，优秀的影视传媒作品以其正面的、积极的、具有典型性的、鲜明的艺术形象，引导高中生树立崇高的人生理想，追求正确的价值目标，提高高中生的道德规范和行为准则；其次，优秀的影视传媒作品有助于丰富高中生的知识储备和思维能力，拓宽高中生的视野，促进高中知识观念的更新，从而有效提高高中生的创新能力。一些优秀的影视传媒作品，如《建国大业》《建党伟业》《辛亥革命》《东京审判》等，能够培养高中生的爱国主义热情，提高高中生的民族自豪感和责任感，使高中生深刻感受到自身与国家、民族的兴衰同呼吸、共命运，从而有效提高高中生思想政治教育的工作效率和质量，以实现思想政治教育的最终目的。

2.红色文化影视教育资源作品在高中思政教学中的选用和实践

在高中思政教学中，恰当地选用红色文化影视作品可以带动高中生的学习热情、增加课堂的吸引力、提升课程教学的效果。高中思政教育教学利用红色文化影视资源，一定要有突出的学科特点与明确的教育教学目的和要求，利用红色文化影视资源要有利于将课堂变得鲜活、充满智慧与情趣，有利于有效提升课堂教学效率，有利于培养高中生良好的思维品质、人文素养、公民意识、民族民主精神和全球视野。红色文化影视资源与思想政治教育都属于社会意识形态，具有共通性，而红色文化影视作为综合性艺术，能以更直观的方式达到思想政治教育的目的。红色文化影视以正面人物为主要形象，以光明事件为主要线索，在歌颂真善美的叙述中，弘扬民族精神，表现爱国主义情怀，传达一种积极向上、健康上进的态度。

每一部红色文化影视作品都蕴含着爱国主义、理想信念、品格情操等方面的教育内容，对高中生价值观、人生观的树立和改进起到重要的指导作用。如电视剧《任长霞》是以河南第一任女局长任长霞的真人真事演绎而成，其以忠于职守、克己奉公、疾恶如仇、刚正不阿的鲜明形象在百姓中获得了极高的赞誉。再如电影《焦裕禄》《铁人王进喜》《孔繁森》《第一书记》等，这些电影或电视剧作品都能以其真善美的价值弘扬而使观者受到感染，起到润物细无声的教育作用。红色文化影视资源并不是故步自封的艺术，它多着眼于当今时代，出现了很多以当今时代为背景的优秀作品，如电影《第一书记》《我是一个兵》《袁隆平》《鹰击长空》，电视剧《女子特警队》《士兵突击》等，其中尤以军事题材的影视剧居多，且制作也相对精良。这些影视作品从当下社会生活出发，反映了人们的生活工作状态和思想情况，进一步丰富和充实了思想政治教育的内容。

二、高中政治教学利用红色文化影视资源的选用原则

影视资源中红色文化作品在高中思想政治课教学中运用，应遵循以下原则。

1. 科学性

高中思政教学选用的红色文化影视资源应有鲜明的学科特点，事实客观、可信，有充分的说服力；知识性、思想性强，有利于传承文明、科学和理性；有利于高中生健全人格的形成和个性的健康发展。

2. 政治性

高中思政教学选用的红色文化影视资源应具有马克思主义的立场、观点和方法，坚持辩证唯物主义和历史唯物主义，符合党和国家政策、法律法规及舆论导向，弘扬社会主义核心价值观，彰显爱国主义为核心的民族精神和改革开放为核心的时代精神，能够用"正确的舆论引导人，高尚的精神鼓舞人，优秀的作品塑造人，崇高的人格激励人"。

3. 时效性

高中思政教学选用的红色文化影视资源一定要紧扣时代发展和社会热点，关系国家和民族的前途命运，特别是历史影视资源，可以以重大历史事件、重要历史人物或周年问题为切入点，在历史与现实之间对高中生进行爱国主义教育和学科素质拓展。

4. 趣味性

高中思政教学选用的红色文化影视资源应当生动、鲜活、有情趣，符合特定阶段高中生生理、心理特点和学习需要，能够为学生的知识积累、成长经验、兴趣爱好和成就动机所接受、消化。

5. 成长性

高中思政教学选用的红色文化影视资源要有利于高中生健康成长，有利于促进高中生健全人格和科学世界观、智慧人生观、理性价值观的形

成。优质影视资源的整合、利用，不仅可以明显提高教育教学质量，还将使高中生受益终生。

三、高中政治教学利用红色文化影视资源的意义

中小学生是青少年的主体，是国家的未来和希望，红色文化影视作品具有鲜明的阶级立场和巨大的感召力，其所蕴含的丰富的思想政治内容对于学生树立远大理想、培养高尚情怀具有重要意义。所以，加强影视教育中红色文化作品对高中生思想政治教育的积极影响是一项长期的课题任务，我们必须挖掘红色文化影视作品中的思想政治内容，不断发掘和探索影视资源中红色文化作品在高中思政学科中的作用和价值，着力培养担当民族复兴大任的时代新人。

总之，高中政治教学中红色文化影视资源的选用一定要选取综合运用正面积极的素材，坚持基本教学理念，弘扬时代精神，明确传达教学目标，密切联系生活。将影视传媒运用到高中生思想政治教育工作中，以促进当代高中生世界观、人生观和价值观的发展和进步。

作者：西安市车辆中学　张灿灿

第四章　展望·影视教育的价值创新

青少年艺术教育现实考察和发展思考

摘要：以德育人的口号近年越来越成为我们的教育目标，就是因为更加看重培养青少年的德行的意义，也意味着教育超越了生存单一目的而具有全人格培育的完善价值的意义，在这里艺术教育给予的审美熏染的价值也更为凸显。为青少年全面发展着想，艺术教育必须得到更为强力的支持，才有益于"少年强则国强"的现实呼唤。

关键词：青少年艺术教育；现实考察；发展；思考

无论什么时候，对于青少年的艺术教育都是教育中最重要的存在之一。教育能给予一个完人的分阶段的精神和知识的熏染，但许多时候，人们把教育仅仅当成成长护航的一个知识性的存在。事实上教育真正的目的不完全是知识的传授，更重要的是让人们精神健康、心理健康，适应社会的发展和伴随身心成长，而造就逐渐能够安身立世和为社会做贡献的人。

一、中国青少年艺术教育的现状

时至今日，中国的儿童教育已经形成了一整套的成长模式和教育体系，从幼儿园教育到小学、初中、高中阶段教育，再到大学阶段教育，其中的中国艺术教育也随之实现从有成熟建制，到形成越来越丰富的多元形态发展态势。近年来国家将修订基础教育的艺术教育课程标准,延伸到制定高中艺术教育课程标准和教材的修订,以及大学阶段的艺术教育相关配套的蓬勃发展。学校教育体制中,艺术教育已经成为非常重要的组成部分;与此同时,随着国家经济、文化的不断发展,社会教育中的艺术教育也在蓬勃发展。我们几乎可以在每座城市中看到风起云涌的校外艺术教育培训机构,社会艺术教育要适应需求发展须具有越来越多样化的构建体制,包括国家体制的少年宫的艺术教育、民营和私营的各种类型的艺术教育,与政府体制中的课程设置的公共艺术教育相互辉映。由此形成了社会自然呈现趋向,即从孩子出生之后,家长们一般都会不由自主地让孩子接受多类型的校内外艺术教育。

由此而论,一般意义的艺术教育在中国的教育体制中,已经具有体制建构性和形态的多样性。而社会实践中的艺术教育也成为人们心目中的刚需,星罗棋布的社会艺术培训机构,已经成为协调学校艺术教育不足的侧面呼应。

最重要的是随着倡导数十年的现行青少年艺术素养需求成为共识,新一代对于艺术技巧的认知和艺术能力的提高,都有了不同以往的成绩。学校艺术教育课程和社会艺术教育培训,为艺术的普及贡献了巨大的力量。从某种程度上说,适合艺术教育的整个体制与持续鼓励支持和投入是有密切关系的,中国青少年艺术教育的丰富发展,以及学校教育和社会教育的蓬勃发展都证明了中国人对于孩子的艺术教育的重视程度已经有了相当大的提高。但是,与人民群众对于美好生活的需求和对下一代更美好地成长的期望,以及社会整体艺术素养需求迅速提升的要求相比,中国的艺术教育无论在体制设立上还是课程设置上都呈现出十分明显的不足。由此促发着需要进一步拓展中国青少年艺术教育的迫切任务。

二、青少年艺术教育发展状貌

谈论青少年的艺术教育,不能不从最高端的高等艺术教育的状貌来聚焦和体现。艺术学科和艺术专业在高等教育乃至于研究生教育中，已经得到了非常好的发展，这正是中国的艺术教育在整个国民教育之中重要地位的体现。近年来，随着艺术学科的蓬勃发展，艺术在学科体制和社会观念层面的重视程度都有了前所未有的改变。总体而言，大中小学艺术教育的走向，显示了艺术多元性观念的变化。尽管青少年基础艺术教育还没有实现我们最理想的目标，无论从课程的设置、师资的配备、接受艺术教育的途径、多门类的艺术教育在中小学的实施，还是从政策上、制度上保障艺术教育在中小学能够得到普遍性的开展，都还不够理想，特别是在城市和乡村对于基础艺术教育的实施方面还存在巨大的差距。但可以看得到中国的基础艺术教育已经越来越受到重视。最重要的是，在观念形态上对中小学生进行艺术教育已经成为一个共识，只是各种条件相配套还要有待时间来验证。

当下的中国中小学艺术教育的不足体现在两个方面。

第一，艺术教育与人的成长，尤其是与进入小康社会的人的成长需求还不尽吻合，无论是艺术的多类型教育方式，还是艺术教育课程的规范和课程类型的丰富性都显然不足。在中小学的课业之中，艺术教育的课程无论就重视度和实际上所呈现的位置地位，还是师资配备和授课时间，都显然大大不足。从调查来看，遇到重要的时节，艺术课程经常被让位于语文、数学和外语类文化课程。

第二，艺术在中小学教育之中还没有取得很稳固的地位。同时，和小康社会所需要的艺术的多样性、适应学生对于艺术喜好接受的多门类相比，现实的艺术教育也依然存在着差别。长期以来，艺术教育基本局限在艺术的两大重要领域，即音乐教育和美术教育。即便如此，相比语文、数学、外语等学科，艺术教育的师资配备也不是很到位。以音乐、美术作为范本的艺术教育，在中小学中普遍成为替代艺术的全部教育的对象，这在以往艺术教育还不普及的时候，显然有其必要性和合理性。但是随着蓬勃发展的艺术教育大趋势以及青少年越来越高的文化素养需求，他们从校内外的艺术教育中所接触到的内容远远超越了音乐和美术的范畴，并且对于既有的音乐、美术的艺术教育也提出了更高质量和更具丰富性的要求。既往的艺术教育有些落伍，如在一些学校，音乐教育就是唱唱歌和简单的音乐欣赏，甚至以集体合唱作为他们的集体艺术活动的代表，音乐原本的更丰富的内容却不能得到更好地发挥。类似的在美术教育中，也多以绘画作品作为主体，更多样的美术样式如书法、地域特色非遗、当地的民族艺术，以及剪纸、泥塑等很难纳入仅有的艺术教育体系中。显然，要扩大视野和容纳多元艺术，形成多样化的艺术教育局面依然需要努力。但是近年来，随着国家对于艺术教育的重视，过去阙如的戏剧和戏曲的艺术教育，与现代化的电影和电视的艺术教育，以及向着新时代拓展的网络艺术教育开始得到重视和发展。

三、2020年特殊背景下的青少年艺术教育变化

2020年新冠肺炎疫情给整个世界带来了极大的变化，也给中国的艺术教育实施带来重大影响。在这期间，当人们从疫情中慢慢舒缓过来，开始探讨教育形式变化而寻求补救措施的时候，整个教育生态从学校教学、课堂教学和老师面对面教学等常态转换为线上教学，这也让艺术教育的整个"景观"发生了变化。艺术教育（包括讲授传授、感知与身体力行的实践摸索）首先需要接触感知。疫情期间，通过电视传媒和互联网感受艺术形态的逐渐复苏，也对于学生感受艺术有所弥补。尤其是一些艺术表演人才通过短视频展示他们的艺术才能，后来逐渐出现了一些讲授艺术项目、教授艺术技能技巧以及自由展示才艺等艺术表现形式，使得孩子们能够通过网络平台看到各式各样的艺术短视频，感知着艺术气息。欣慰的是，疫情让孩子们真切知晓大自然和社会的遭际，这是他们成长过程中一种难得的认知收获。而越来越多的艺术家亮相视觉传播平台，也为孩子们创造了更多的艺术欣赏机会。随着抗疫工作的深入，许多令人感动的医务人员的动人事迹开始呈现，更多出色的艺术工作者开始隔空联袂表演，以表达他们

对于医务人员的赞美与感谢之情，这对人们知晓艺术和对生活情感的联系有了更直观真切的感受。在艺术的协调和表现上也开创了前所未有的创造形式，从不得已的隔空到杂糅表现的艺术展示再到反串的表演方式，艺术工作者用越来越多的新鲜的手段来表现抗疫生活，对学生产生了良好的影响。

总体而言，突如其来的新冠肺炎疫情催生了新的艺术教育形式：即时性的网络艺术教育，但如何来实施网上的艺术教育的方略，还处在未曾适应的局面，对于青少年开展即时性的网络艺术教育的措施也严重不足。通过有效地组织艺术家奉献有逻辑、有体系的艺术教育还没有得到特别系统的应对和实施。在网络平台上播放影片以满足抗疫期间人们的观影需求也没有很好地实现。这就提醒我们在时间、空间的变化上，在难免遭遇突如其来的灾难的时候，组织专家队伍进行引导或提早做出预案，有效利用线上资源对青少年进行艺术教育和熏陶，既能弥补突发情况造成的艺术教育损失，又能开创艺术教育的新局面，因此我们应该逐步将线上艺术教育的经验摸索提到议事日程之上。

四、青少年艺术教育进一步发展的思考

青少年艺术教育整体向好发展，但在某些方面还存在不能适应新时代艺术教育发展的趋向，这需要引起我们的关注。

首先，社会艺术教育机构应对突发状况的能力很差，仅仅依靠单一的线下授课方式会遭到致命性打击。但只要现在开始设计和鼓励支持，应当会有新的局面。其次，人们对艺术类课程的重视程度不够。疫情期间的线上授课形式也使艺术类课程暂时成为被忽视的对象。很少有学校会利用各种方式来接续原有的艺术教育课程，更不用说作为公共艺术教育、课外的艺术教育基本就没有纳入网络复课的视野之中。这也在一定程度上反映出日常生活中的艺术教育师资不足和课程授课条件不足等问题，理论上应该

在这一个独特的时间，以强化聚拢的方式更好地发挥网络在艺术教育方面的优势。但如何使网络艺术教育授课方式找到新的突破，创造新型的网络和艺术的结合，引导学生进行多样性的艺术表现认知，还必须从观念上打破陈俗，并在实践中寻求方略。其实，相比单一型的授课方式，艺术技能技巧课程的授课方式更具灵动的可能性，需要的不仅是措施和方法，还有观念和思考的开拓、改变。引导学生利用网络上的艺术资源，积极、主动地学习艺术，适应网上的艺术课讲授方式，为艺术贴近时代人心和适应时代发展找到新的方向。

新时代对于青少年寄予更多的期望，强化青少年艺术教育也需要新的思路。

首先是目标的确认。青少年艺术教育的目标不是简单的知识教育，而是情感的熏染教育，更是一种柔性的人格教育。而教育目标，在终极上应该是培养人的素养和品德，所以观念上必须提升青少年艺术教育的以德育人的目标。艺术教育重在育人，实现艺术以美化人的功用是要实现以德育人的目的。以艺术教育来实现培育新一代青少年的完善品格和人格，是青少年艺术教育设计新思路的教育目标和路径需要考虑的问题。

其次是核心的确认。无论是从哪方面、哪个层次的艺术教育来说，最重要的是美育，即给予人的审美教育。在强化审美精神教育这一核心上，需要对青少年艺术教育内核的意义的认知进行调整，高度重视美育的功能和美育与艺术技能教育的异同。艺术不同于其他学科的价值是审美精神的培育，学习艺术不仅是掌握艺术技巧而是熏染感知艺术精神，通过艺术学习给予学生审美的鲜活感和领受力是艺术教育的基础。

再次是范围的强调。基于中小学的艺术教育的范围还相对狭小的现状，除了音乐和美术之外，戏剧、戏曲、书法、舞蹈、电影、电视，以及互联网视频等艺术形态，都将成为青少年艺术素养、媒介素养和应对智能时代的多维素养的需要。扩展青少年艺术教育的内容范围和丰富性势在必行。既往艺术教育受限于少量的艺术领域，尽管已经从音乐、美术教育向更为多样的艺术教育形式推进，但对于戏剧、影视等越来越明显适合学校艺术活动和学生接受形态的教育,应该加大进入校园学习的力度。在社会艺术教育中,舞蹈、主持、书法以及戏曲兴趣培训班的增多,也启示学校艺术教育不能囿于传统而应该拓宽视野。

最后是现实需求的适应性。中小学的艺术教育,除了完成上面所要求的任务之外,还应立足于中小学生的身心成长,满足他们所面对的现实的需求。让艺术教育和生活、和周边的环境以及和中小学生未来发展密切相关,是实现艺术教育效能的重要所在,应大力发展主动适应青少年状况的艺术教育和媒介教育。网络已经是时代须臾不可离开的重要对象,互联网的承载和传播对于青少年的艺术接受和影响日渐强大,艺术教育应更加重视随着网络和智能时代到来而形成的艺术形态与传播方式的价值,构建艺术教育新的平台和传播形态,发展更加灵动多变的艺术教育体制。

作者:北京师范大学　周星　刘仁洲

理论探索与实践展望

中小学影视教育的困境与出路

摘要： 中小学影视教育取得法定课程地位，要坚持"两步走"战略，先校本课程，后地方课程。中小学影视教育课程必须坚持课程标准、课程内容（教材）、课程实施和课程评价的系统性建设，教育部负责研制全国统一的课程标准，编写推荐版的教材，采用多样化的课程评价方式，推动中小学影视教育课程建设。中小学影视教育师资队伍建设必须坚持短期过渡方针和长期战略，短期过渡方针着眼于培养兼职教师队伍，长期战略立足于培养高学历的专业化影视教育人才队伍。

关键词： 影视教育地位；影视教育课程；影视教育师资

随着影视时代的到来，影视已渗透学习、工作的方方面面，融入生活、娱乐的角角落落，成了现代人日常生活不可缺少的一部分。当然，影视也早已走入校园，走入中小学生的学习、生活，成了中小学生认识世界、开阔视野、感悟人生的重要方式。2018年年底，教育部、中宣部联合印发《关于加强中小学影视教育的指导意见》（简称《指导意见》），标志着中小学影视教育正式开启新征程。尽管有部分学校的自发尝试，也有官方的文件指示，但影视教育的普及依旧面临不少问题。

一、影视教育地位的"两步走"战略

《指导意见》指出,力争用3~5年时间,全国中小学影视教育基本普及。影视教育在中小学的普及,最关键的是要有课程地位。影视教育有了应有的课程地位,普及自然不是问题,剩下的就是课程质量问题。如果没有取得应有的课程地位,影视教育真正普及就是一句空话,至多就是以每学期一两次的集体观影、社团活动等方式存在。

1999年,我国提出新一轮基础教育课程改革(简称新课改)。这次改革一个最大的亮点就是课程政策的改革,即打破国家课程大一统的局面,建立国家课程、地方课程和校本课程三位一体的课程体系(也称三级课程体系)。国家课程一共15门,要求各学校必须按照国家的统一要求开设。地方课程和校本课程要求各地各校以满足学生的个性需求和促进学生的全面发展为基本价值取向,做到因地制宜、因校制宜、因需制宜。从新课改实际情况看,国家课程开设最好;地方课程虽然编印下发了教材,但实际上并没有开设;校本课程开设较好,但限于客观条件,还处于摸着石头过河的阶段。在很多学校的校本课程"菜单"上,影视教育课程都是一道"硬菜"。原因主要有两个:一是受学生欢迎,二是门槛低。这也反映出一个严重的问题——大家对影视教育的理解过于简单,认为影视教育就是看电影。这实际上是把影视教育庸俗化了。影视是艺术,影视教育是艺术教育的一部分,是美育的一部分。影视艺术作为综合性的艺术门类,融合了文学艺术的叙述魅力与视觉艺术的异彩纷呈,具有通俗易懂、引人入胜、感染力强等特点,同时易于传播、便于展示,在中小学艺术教育中应该占据更加重要的位置。①

在三级课程体系中,影视教育应该在哪一级中占据位置、取得法定地

---

① 吴键.2018年中国艺术教育年度报告:中学篇[J].艺术评论,2019(3):158-162.

位呢？首先，影视教育应该继续巩固和加强在校本课程中的地位，探索出一条影视教育校本课程之路。其次，在校本课程的基础上，再将影视教育升格为地方课程。校本课程是选修课，因此，影视教育作为校本课程还难以让所有学生都参与。但影视教育校本课程升格为地方课程之后，就可以得到真正普及，做到全员覆盖。这是影视教育的"两步走"战略，即先校本课程，再地方课程。

作为一门课程，从课程论的专业角度讲，课程目标、课程内容、课程实施和课程评价是一门课程不可或缺的要素。在这里，课程内容一般来说就是教材，教材是课程内容的基本表现形式，但课程内容又不局限于教材。从校本课程的实际情况看，绝大多数学校的校本课程的基本要素都是残缺的。校本课程"教材化"现象十分普遍，[①]而且是"唯教材化"和"伪教材化"，课程目标和课程评价在校本课程中是严重缺失的。当然，影视教育课程的情况更为严峻，就教材而言，好多影视教育课程的教材就是拷在硬盘中的电影或者线上的电影，影视教育课程的教学方式就是看电影，影视教育课程的教师基本都是非专业教师补缺。所以，影视教育不但要取得应有的课程地位，还要加强课程的自身建设，树立良好的课程形象。

二、影视教育课程的系统性建设

课程目标、课程内容、课程实施和课程评价是一门课程不可或缺的要素，其中，课程目标是课程的核心，课程内容、课程实施和课程评价都围绕它展开。课程内容既是课程目标的接续和载体，又是课程实施和课程评价的基础和前提。课程实施是课程内容的实现，课程评价是对课程内容实现结果的评判。课程实施是课程的关键，教师是影响课程实施的主导性力

[①] 潘洪建.走出校本课程开发的误区[J].教育与教学研究，2017(1)：98-103.

量和决定性因素。课程评价是课程的重要组成部分,对于审视课程不足和提高课程质量具有重要意义。

影视教育是艺术教育,但影视教育应该从"艺术教育"走向"文化教育",从单一的艺术知识传授走向立体的、综合的"文化感染和熏陶",在潜移默化中,在对影视鉴赏和创造的过程中完善学生的人格结构和心理结构,并重建对生命、对人生的积极态度,从而真正实现"立德树人"。[①]从这个意义上说,影视教育课程是立德树人的重要课程。影视教育不仅是艺术教育,也是"三观"教育、传统文化教育、民族身份和国家身份的认同教育。也就是说,影视教育不仅关乎个人艺术修养和审美情趣,更关乎国家意识形态安全。"放眼好莱坞,从来都是美国'看不见的宣传'工具,将'美国梦'、美国意识形态等深入骨髓地植入美国大电影。"[②]因此,对于这样一门重要的课程,课程标准必须统一,必须由教育部研究制定,各地各校不得自行其是,各地各校要按照课程标准开发影视教育的地方课程和校本课程。

在现行制度下,各地各校的影视教育专业力量都严重匮乏,因此教材问题也很突出。没有好的影视教材,再加上缺乏专业的影视教育人才,即使有课标,也很难保证影视教育课程的实施效果。教育部应该组织专业力量,根据不同学段的学情,编写专业权威的推荐版教材,供各地各校选用。中小学影视教育研究也应加强,创办有关中小学影视教育的专业期刊——刊名拟定为《中小学影视教育》,加强中小学影视教育科研成果学术阵地建设。

课程评价也不容忽视,教育部应该综合性地、有针对性地采用恰当的评价方式评价影视教育课程,重视形成性评价,努力做到评价为课程建设服务。具体而言,有两种方法可以尝试。

---

① 龚金平.中小学影视课程中"立德树人"的意义与实施路径探索[J].上海课程教学研究,2018(1):11-14,76.

② 刘静,宋园园.媒体人如何做好"看不见的宣传":以《战狼》和人民日报《我的军装照》为例[J].新闻战线,2019(9):66-67.

理论探索与实践展望

一是依托"全国中小学电脑制作活动",新增"微电影"项目,为中小学影视创作搭建平台。全国中小学电脑制作活动已经举行二十几届,每年一届,由教育部下属单位中央电化教育馆负责组织。全国中小学电脑制作活动共有五大项目,"数字创作"是五大项目之一,"微视频"是数字创作的子项目。根据《第二十一届"中国移动'和教育'杯"全国中小学电脑制作活动指南》的介绍,微视频的主要要求是:反映学生家庭、校园、社会生活等与学生紧密相关的原创内容;通过创意、编剧、导演、拍摄及剪辑、合成等手段,运用声画语言表现内容的动态影像短片;作品须加设中文字母;作品片尾应加设拍摄花絮,播放时间为30秒左右。可以看出,微视频项目主要考察的是电脑制作技术,技术创作是基本价值取向。如果在微视频项目上加上艺术创作,微视频项目就可以升格为微电影项目。这个新的微电影项目就可以成为中小学影视创作展示、分享、交流和发展的平台。

二是依托"一师一优课、一课一名师"活动,开展中小学影视教学"晒课"活动。"一师一优课、一课一名师"活动由教育部基础教育二司负责组织,中央电化教育馆具体实施,活动主要分为教师网上"晒课"和"优课"评选两个阶段。"一师一优课、一课一名师"活动主要通过"国家教育资源公共服务平台"开展,操作便宜,教师参与度高,影响力大,活动举办5年来,截至2020年活动结束,共晒20 078 034课。"一师一优课、一课一名师"活动分为小学、初中和高中三个学段,每个学段分为"学科"和"专题"两个部分,"学科"部分涵盖各学段所有国家课程,"专题"部分每个学段都由相同的四个小专题组成,即综合实践活动、家庭教育、心理健康教育和安全教育。建议在专题部分新增"影视教育"小专题,为影视教育课程搭建晒课平台。

三、影视教育师资队伍建设的短期过渡方针和长期战略

课程实施,教师是关键。但在现行的教师配置体制下,学校的教职岗

位都是根据国家课程设置的，而且都必须持证上岗。因此，学校既没有影视教师专业岗位，也缺乏影视教育专业人才。由于这种体制约束，学校很难解决影视教育师资问题。国家应当建立短期救济和长期制度性的影视教育师资培训体制。就长期而言，应当号召已经较为成熟的大学影视教育专业重点培养针对中小学的专业师资。从短期的角度来说应当立即开始对可以兼职教授影视的教师进行专业性的培训。①

短期培训属于过渡性师资人才培养，其对象是兼职教师，追求的是速成。短期培训应该以"外包"或者"政府购买"的方式开展，即政府出资承担培训费用，但不组织培训活动，培训的具体实施外包给第三方专业机构。在学员的选拔上，"以文参训"、"以作品参训"、"以课例录像参训"或者"申请—审核"制的方式较为理想，可以很好地克服"学校派员"制的弊端。在培训方式上，可以综合采用讲座和论坛等多种互动式教学，严格考核。网络培训尽量少用或不用。一般来说，教师参与网络培训的积极性都不高，网络培训看似高效，实则流于形式。由北京师范大学中国艺术教育研究中心主办、西北师范大学传媒学院承办的"中小学影视教育师资人才培养项目"第二期培训班就是短期培训的示范性样板工程。

长期培养旨在为中小学影视教育培养专业化人才，因此，长期培养要立足于系统化和正规性的学历培养。在现行的教师从业资格认证和教师人事管理体制下，学校新设影视专职岗位和招聘影视专业人才，都不现实。因此，影视教育师资培养的长期战略要立足于各地各校现有影视兼职教师的研究生学历教育，而非本科学历教育。

师范类高校的教育学院（部）可以申报"课程与教学论（传媒）"专业博士和硕士学位点，招收学术型研究生，为中小学影视教育培养中高端研究人才；还可以申报"课程与教学论（传媒）"专业硕士学位点，招收专业硕士，为中小学影视教育培养一线教学人才；其他高校有条件的学院也可以申报"影视教育"学术硕士学位点和专业硕士学位点，为中小学影

---

① 周星.青少年影视教育的历史使命与实施路径[J].浙江师范大学学报（社会科学版），2019，44（2）：58-64.

视教育培养研究和教学人才。

　　这个长期战略的可行之处有四点：一是不改革现有相关制度，减少阻力，降低代价；二是最大限度地调动高校的资源参与中小学影视教育事业，高校可以获得发展效益、经济效益和社会效益等多项收益；三是实现兼职教师队伍的专业化转型，为中小学影视教育事业提供专业的师资保障；四是有利于提高教师个人的学历层次，有助于拓展教师专业成长的边界，有益于教师晋升职称。

　　有了法定课程地位、完善的课程体系、专业的师资队伍，中小学影视教育虽刚刚起步，任重道远，但前景光明，未来可期。

作者：甘肃省庆阳市镇原中学　苟强

美育观念辨析与高校美育难题再认识

摘要：围绕当下美育在时代发展中所呈现出来的一些没有认识到位的问题和认知误区，需要进一步展开分析论说，其中包括美育和艺术教育之间的关系，美育随着时代变化所遭遇的观念认知变化，审美教育的本质探索，艺术技能教育和审美教育之间的关系，新文科建设背景下审美教育应有的位置和担负的责任，以德育人、以美化人的相互作用等。

关键词：美育；艺术教育；以美化人；新文科建设

当我们聚焦美育这一老生常谈的话题时，已经意识到似乎人所共知却需要深入探讨的美育存在久未解决的难题。这就需要不断思辨，即必须站在更高点交流探讨中国美育的相关重大问题。"回归审美"是2011年美国学者卡勒所强调的，[①] 提醒我们需要倾听不同专家从不同角度对美育所做的学理阐释，从历史和现代的冲撞中寻找新的共识。总体而言，美育已经得到社会的共识，也得到教育主管部门和国家重要部门的认可。美育从概念上已经并列成为德智体美劳的一个重要组成部分。因此，从理论上来说美育的地位已被确认，但在美育的相关问题上，在参与美育教学的教师和研究者心目中，美育概念、范畴、指称意味和社会实际认知，以及各级学校中的"美育"实际地位等，依然有一些重要问题未得到很好的解决，需要

---

① 卡勒.当今的文学理论[J].生安锋，译.外国文学评论，2012（4）：49-62.

理论探索与实践展望

深入论证。

一、问题探究

在美育成为社会共识的时候,真正落实共识和实施美育,的确需要不断进行理论探讨。在实践中,美育的一些概念和认知时常遭到辩驳,研讨中也时常遭遇不断重复的常识性对话。显然,在基础认知和常识问题上存在似是而非的差异性,在探讨美育尤其是中国高校美育工作时,我们需要弄清楚以下一些问题。

1. 关系认识

美育到底和艺术教育是怎样的关系?实际上,在我国,尽管近年来美育已经得到较为普遍的实施,也被政府机构与学术界所认可,但由于对概念的模糊认识,无论在政策观念上还是在大众的认知中,都有意无意地将"美育"略等于或者几乎等同于艺术教育。将美育和艺术教育相提并论,其优劣到底如何,这是一个现实疑难问题。从理论上来讲,美育即审美教育,和艺术教育之间似乎相互交叉,区别主要在于两类人的认识言说:从事艺术教育的人认为,他们所做的都是美育的工作,美育似乎天然地囊括在自己的工作范畴之中;而在一些美育概念的倡导者看来,美育的主要实施途径的确是艺术教育,但二者未必完全等同。因此,美育应该被如何看待,则既涉及美学,又涉及相关的教育学,同时还与艺术教育关联。在这三者的牵涉之中,我们是认可它们应该如此关涉而有一个宽容地带,还是非要较出一个独一无二的名称所在呢?

2. 矛盾认知

在从事美育类课程教学或者专门研究审美教育的少数人群中,也矛盾丛生,彼此争议。一方面,讲授美育课程和从事审美理论研究的一些人,将美育视为较为狭隘的审美欣赏和审美教育概念范畴;另一方面,尽管他们视艺术教育为辅助,其心目中的艺术教育就是艺术技能技巧的教育,与理论认知的美育似乎还有相当大的界域区分，但基于现实生存状态，又不能不抓取艺术教育的庞大对象来支撑自身的美育理论教学。而站在更为广阔的艺术教育领域，从事艺术技能技巧教育的工作者却一直以为，响当当的美育就是以艺术教育作为主要支撑，或者两者毫无差异而基本等同，因此总是将任何美育的政策和倡导都视为艺术教育的重要性的佐证。我们到底是去强化1至2门的美育概论类的理论性课程，作为主体的美育满足从事美育教学的人们的纯正性要求，还是以更宽泛的艺术教育作为组织主体的审美教育来支撑美育？这两者之间，到底要不要区分得那么清楚，把控得一是一二是二呢？

3. 本质学理探求

美育即审美教育固然不错，所以望文生义，只要是以美为对象的教育都应该归入美育的范畴，但美育是不是需要将更多的美的理论、美的理念、美的思想和美的传达等作为其课程属性，或者是扩大成为美育学这样一个庞大体系的范畴呢？实际上一些专家已经开始呼吁"美育学"并进行阐释。由此反过来看，在一些艺术技巧传授者心中，作为需要理论支撑的美育仅仅是一个幌子，如果没有艺术教育，特别是具体的艺术技能技巧领域的教育，美育将荡然无存。也许美育的一些理论仅仅是说教，既不能实现美育的功能，也不能真正把美育落到实处，但从观念上来说，艺术教育固然具备美育的实证和实践功能，却不能完全称为美育。一些艺术教育工作者偏于艺术技能技巧的教育，偏爱"术"的功能提升，却忽略了学理上的审美观念和意识教育，因此没有获得美感和美的滋养。

4. 界域划分

到底要用什么样的方式、什么样的称谓来对待美育，是作为一个学科还是与艺术教育牵涉在一起的一个概念，是作为课程的主体还是实现了审美意识、审美思想的教育形态。最大的问题在于人们对于美育是不是满足于德智体美劳这样一种宏观的指向范畴，而不必指正其定位性。反之，如不满足于此，则要将美育具体落实成为具有架构的理论基础，梳理它与美学的关系，界定它与教育学、艺术学纵横交错的相对界域。

当我们论述上述问题时,有时候也怀疑是否需要将事情弄得那么清楚。美育作为人类追求的一个非常重要的对象,有聚焦的点和核心所在,也有依托的领域,比如艺术学。但不限于此,更重要的是,美育成为人们追求的一个宏大目标,成为人类追求的一个审美精神和情感的理想。因此,美育不仅是一个具体的功能性对象,更是人类追求的梦想和理想,乃至"高攀"到可以与科学相提并论,我们或者未必需要去明晰美育的种种"是是非非",但确实期望在研讨中不断丰富深入。

二、中国高校美育焦点难题和出路辨析

在美育和艺术教育最为聚焦的高校,囿于概念产生了不少矛盾和疑惑。

1.混同观的误区——人们对于高校审美教育的焦虑

高校研究美育的人们时常会发出困惑的议论,特别是当各种"美育"文件发布时,他们会提到其实此美育非彼美育。何以如此?核心原因是美育和艺术教育几乎在很多时候被等同,或者是具体的艺术类型冠以美育在实施。但有一点必须确认:"美育固然是学校教育,但也是一种特殊的人本精神教育。即通过催发人的本质情感,而实现自发追求美善的目的。"[①]人们对于美育或者艺术教育的共识性正在于此。这里的问题就在于,艺术技能的教育、艺术分科类的教育和艺术审美的教育,在一些专业人士看来是不同的。而各种文件所提到的"倡导美育""普及美育",在很大程度上是将不同类型的艺术的教育,包括艺术技能的教育或者是更多侧重于实践艺术技能的教育,归拢于美育,默认艺术是从事美育的最主要的途径和对象。于是,一些"锱铢必较"的从事审美教育的人难免疑惑,认为美育和

[①] 周星.新背景下的艺术审美教育思考[G]//李心峰,王廷信,朱庆.中国艺术学的传统资源与当代建构:第十一届全国艺术学年会论文摘要.北京:中国文联出版社,2016:79.

艺术教育并不能完全等同，甚至提出"中国美育不能成为真正的美育"的诘难。

　　这一始终存在的矛盾也许要等推出"美育学"才能得到很好的解决。为此，全国政协委员、中国美术家协会主席、中央美术学院院长范迪安建议，"在高等教育体系中加强'美育学'学科建设"①。细细辨析，也许美育在认知中存在"大美育"和"小美育"之别。"大美育"是与德智体美劳并置的美育概称，其宏观比较的是非美育的、大范畴的空间存在对象，显然是区别于德智体劳的、独特的人类精神审美需要的对象范畴。而"小美育"是审美教育欣赏的理论范畴，具体到欣赏审美意义的对象。"大美育""小美育"在概念认知之间游移，使得一般人无法辨析出差异性而容易混淆。对于领域外的人们包括领导机构而言，艺术的确就是审美的对象，所以简单地置换艺术为美育，这种认知反而让一些人产生不满。如果需要有某种决然的分野，似乎精细划分就是艺术技能的教育（艺术教育也包括技能和理论的教育）和审美理论观念教育的分野，或者说要凸显两者之间的差异性才能弄清楚区别，但实际上在各种文件以及社会认知和艺术家的认知里，难以统一认识到美育（审美教育）是独立的而不能与艺术技能教育完全等同的对象。因为这种认识使得艺术教育工作者又不满意——他们觉得自己是在从事美育，而且百姓也不理解——他们所接受的各种艺术的技能教育，无论弹琴还是绘画，怎么就不是在进行审美的教育？

　　所以，我们必须从根本上来进行美育的命题阐释，同时也需要对美育和艺术教育之间的关系进行比较宽泛意义上的认知，否则解决不了真正的美育难题。美育当然要强化对审美的意识、审美的理想和审美的理论支撑，但同时必须和艺术的一些相关性相勾连。两者既分又合，才能较好地解决这一难题。

　　2.偏颇论的扭转——教育部对高校美育设想的含义

　　2019年4月2日出台的教育部对于高校美育工作的认知，给我们很大

---

① 王广燕.范迪安委员：加强"美育学"学科建设［N］.北京日报，2020-05-26.

的一个提醒，就是"健全并不断完善面向人人的高校美育育人机制"①。在高校实施美育包括"强化普及艺术教育""提升专业艺术教育""改进师范艺术教育"，即"高校美育要以艺术教育的改革发展为重点，紧紧围绕高校普及艺术教育、专业艺术教育和师范艺术教育三个重点领域，大力加强和改进美育教育教学"②。事实上这就触碰到一个核心观点，厘清了一些难题，即审美教育是一种与审美意识、审美理想、审美高尚趣味、审美价值观密切联系的以德育人的人格教育，换句话说，艺术教育工作者同样要认识到审美教育的价值意义，需要进一步提升对于美育的认知，提升自己的审美意识和审美教育的能力。2020年抗疫期间，天津茱莉亚学院辞退了一位发表不当言论的教师。这位教师的确是位艺术家，也是成立30余年的"上海四重奏"组合中的一员，具备较高的艺术技能技巧，从理论上说似乎是位美育工作者，但因在网络上发表有关疫情的不当言论而备受谴责。这一案例告诉我们，一些技艺高超的人未必人格德行就没有缺陷，艺术家亦需要进行审美的教育。

3.缺乏依靠的困惑——高校美育教师的难题

常人理解中所有艺术类的课程都属于美育课程范畴，这一方面是因为将美育简单等同于艺术教育，另一方面是人们对于纯粹的美育理论课程持有一定的怀疑。一般高校认为已开设足够数量的美育课程，实际上主要是艺术类课程，这些艺术类课程既有艺术技能教育课程也有一些审美类的公选课程。但是一般高校从事艺术教育的教师通常缺乏归属感和坚强的支撑体制，其地位显然不如专业艺术院校或美术学院、音乐学院、舞蹈学院等艺术学院的教师。而高校专职从事美育教学的教师数量很少，他们在面对众多自认为

---

① 中华人民共和国教育部.落实全国教育大会精神，推进新时代高校美育工作：教育部印发《关于切实加强新时代高等学校美育工作的意见》[EB/OL].（2019-04-11）[2020-05-21]. http://www.moe.gov.cn/jyb_xwfb/gzdt_gzdt/s5987/201904/t20190411_377509.html.

② 中华人民共和国教育部.落实全国教育大会精神，推进新时代高校美育工作：教育部印发《关于切实加强新时代高等学校美育工作的意见》[EB/OL].（2019-04-11）[2020-05-21]. http://www.moe.gov.cn/jyb_xwfb/gzdt_gzdt/s5987/201904/t20190411_377509.html.

从事美育的艺术教育工作者时,发现无论是课程量还是影响力,自己都显得微不足道,国家所倡导的美育与他们心目中预想的更是大相径庭。他们希望自己至少是审美教育中的排头兵,却淹没在大量从事艺术教育的人员之中,所以难免感到委屈。如何改变这种状况,当然取决于提高开设美育课程尤其是美育理论课程的重视度,改变艺术教育完全等同于美育的观念,对专业艺术教育强化审美鉴赏和审美理论教育,使高校美育教师获得政策上的支持。

4.交融性的分析——高校美育发展的专业性和融通性关系

探讨高校的审美教育课程必然面临与专业艺术教育课程如何更好地融通的问题。其中关键所在是艺术教育工作者必须意识到自己已经肩负审美教育的重任,明了艺术教育是实施美育的主要途径,加强自身审美理论、审美知识和审美意识教育,从而在教授艺术技能技巧的同时,与审美理想、审美观念之间形成良性互动,强化学生的审美意识和审美认知,这是艺术教育追求的目标和价值所在。进一步说,高校美育应该渗透到不同学科特别是文科的专业教育中,关切知识教育向人的本性、人的文化性和人的审美性发展,以实现人的审美心性的提升。而从事艺术审美理论、艺术鉴赏教学的教师,应该更多地学习艺术技能技巧,不能以一种空谈的审美概念来取代感同身受的艺术认知。美育固然可以包含社会美、自然美等广泛的认知,但通过艺术技能技巧的学习体验,是更能深入浅出地进行审美教育的。

5.核心价值的强化——新文科建设背景下高校美育发展的价值和意义

"新文科并非一个'横空出世'的新学科设立,而是立足并服务现实需要的全新开拓。"[①]新文科建设必然触及艺术学科的改革发展,美育也需在新文科建设背景下进行提升、突破,强化其核心价值。对于艺术教育和美育,此前我们都有可能限于各自角度和利益不能全面认识。比如美育工作者常被视为虚浮不落地,于是要求他们呈现可以度量的成绩,却忽略了检验美育的场域是精神领域,以德育人和以美化人需要恒久性与去功利性;而对于艺术教育工作者,如果仅以发表文章来衡定价值高低显然更为

---

① 周星,任晟姝.新文科建设背景下艺术学科综合性发展的思考[J].南京师大学报(社会科学版),2020(3):142-150.

不妥。犹如中国中央电视台主持人白岩松曾经提及西安的"奇葩"检查,要求街头1平方米灰尘不超过5克。检查人员在马路上,考古似的用小刷子扫土称重,超过5克就可能罚环卫工人钱,白岩松认为这"真有点魔幻现实主义","是鸡蛋里挑骨头的考核方式"。实际上对于艺术技能教师严苛要求论文数量和对于美育教师要求显现培养成效,都类似这种考核标准。

新文科建设面向的是新时代、互联网时代和人工智能时代。我们一方面必须坚守对于新文科中的各个学科包括艺术学科的原有传统基础和成熟体系的尊重,另一方面又要使新文科适应新时代,充分适应网络计算机和智能时代的要求,适应实践的需要,推进艺术各学科的交融和发展。尽管艺术的表现方式多种多样,艺术需要面对商业社会和市场变化,特别是面对媒介变化给艺术的传播和接受带来的诸多变化,但是越在此时越要强化艺术学科不同于其他文科的核心之处,即艺术审美。艺术审美是支撑和贯穿艺术的最有价值的独特所在,除此别无他物,因此美育就成为艺术学科须臾不可脱离的。其他学科需要增强对于人的重视,这是对人的教育的核心,需要以德育人、以美化人,那么艺术美成为其中最重要的因素,因此美育从这个基点出发扩大影响、扩大其核心价值也就无比重要了。

6.前后端口的认识——高校美育的前端基础与延续发展的认知

也许我们可以这样来认知,要更好地使高校美育获得应有的价值地位,凸显坚实基础,确实要考虑设立美育学的问题,以美育学作为核心来确立审美教育在高校中的地位。那么,同时需要考虑的是高校美育的前端应是中小学的审美教育,需要加强艺术技能教育中的审美意识和审美精神教育,使学生具备更好的审美认知。而后端应是人类社会保持跨阶段的美育持续性,发展社区美育、成人美育等。如许江倡导的社区美育已引起人们重视,而笔者也是中国成人教育协会艺术教育专业委员会的理事长,近年来参加社区教育中的艺术审美活动时,的确感受到艺术教育极具生命力,对丰富成年人的审美观念和审美理想有很大的作用。

作者:北京师范大学 周星

校园微电影创作分析及反思

摘要： 网络视听媒体的发展为校园微电影创作及传播提供了广阔的空间，近年来在青少年美育思想引导下，各地校园微电影创作团队已初具规模，从上至下开展校园影视教育与创作体系是社会发展的必然，校园微电影创作策略方法、内容叙事都亟待全社会力量共同参与。

关键词： 校园微电影；影视教育；美育

    网络视听时代的到来使全民成为视频创作的主体，微电影作为一种能完整叙事、蕴含情感的视频类型，经过多年实践，已经成为独特而成熟的艺术创作形式，吸引着众多专业、非专业创作者积极投身其中，对媒体的发展及文化传播都起着至关重要的作用。有专家曾预测，"微电影虽小，却不可等闲视之……看起来暂时没有掀起滔天巨浪，但我朦胧意识到，微电影对于全球电影来说或许将开启一个新时代"，现在，这个时代已经来临。在众多微电影创作主体中，以"青春""情感""成长"为表述内容的青少年群体成为一支不可忽视的力量，他们以自己的方法书写自己的年华，抒发着当代年轻人的主体意识，成为"校园微电影"类型创作的最佳代言人。

    21世纪初，"以人为本"理念的提出促进了校园"以学生为本"教育理念的深入发展，同时，新媒体时代的大众传播对青少年群体主体意识建构、价值体系建立有着重要的影响，所以让这个群体自主参与到媒体创作及应用中来,既遵从了主体教育理念又符合社会发展及人的成长规律,各大中小学影视创作社团陆续建立,相应的创作活动也逐渐开展,而2018年年底教育部、中宣部联合印发的《关于加强中小学影视教育的指导意见》的出台,为开展相应的教育及活动提供了宏观的政策指导。

一、校园微电影

校园微电影不只是一个狭隘的名词,也不单纯是作为微电影的衍生品,而是学生在校园里根据独有的校园资源进行整合而形成的独立微电影体系,它包含了学生的创作过程和教师的教育理念。在这里我们可以将校园微电影界定为"是以在校学生为主要策划创意、拍摄制作甚至参与演绎的,以校园为主要取景地点所拍摄的以'青春''情感''成长'为主题的微电影",其特点表现如下。

1.校园微电影题材单纯、真实

所谓的题材单纯、真实是指校园微电影的创作主体大多是身处校园的学生,人生经历、阅历都没有那么丰富,选材往往从身边的事情入手,内容和生活、学习、成长息息相关,题材相对真实。真实性的内容更加容易让受众产生共鸣,也适合于在校园内传播,容易取得成功。

当然,简单不等于平凡,当今科技快速发展,学生从小接受的教育也比较全面,质量较高,创意性的培养方式赋予了学生天马行空的想象力,学生在进行校园微电影创作的过程中充分发挥了自己的创意,各种奇思妙想使得作品更富有个性化的特征,而浓郁的个人特色也会为校园微电影的创作增添光彩。这种真实性和个性化会促使校园微电影朝着更好的方向发展。

2.创作主体年轻、环境简单

校园微电影创作主体是生活在校园里的学生,是一批新的主力军,他们年轻、有活力,浑身充满着朝气,思想上积极向上,看待事物比较理想化。拍摄出来的作品青春阳光、富有张力,能够吸引受众观看。新一代年轻人更加注重审美的享受，在演员的选择和构图布景方面会认真挑选，尽量在视觉上呈现出唯美的意境，美好的画面会让人产生赏心悦目的感觉。再加上年轻人跳跃性思维，天马行空的情节设计与唯美的画面相结合也会产生意想不到的效果。

校园微电影的创作环境简单，给这个新兴发展的事物创造了很大的发展空间，能够凸显创作者的个人风格，更加真实地再现校园生活原貌，拍摄出原汁原味的影像与生活。

3.具有很强的宣传教育功能

在校学生是未来社会发展的中坚力量，他们价值观的塑造非常重要，微电影创作中，学生充分体会到体验式学习带来的身心变化，加强自主探究能力的培养；另外，校园微电影创作中，导师可以引导学生创作主流价值体系相关内容，在创作和投放过程中，都能够有效传递正能量，对学生的思想品德素养培养有积极作用。

校园具有阳光向上的氛围，而校园微电影渗透着校园文化精神，可以用于宣传校园文化、地域文明甚至独特个性，为树立学校特色形象、增强地方特色服务。

4.校园微电影创作非商业化

校园微电影创作区别于传统电影最具独特性的一点是非商业化。在校学生拍摄的校园微电影脱离了社会上浓重的商业气息，不是为了宣传而拍摄，也不必特意地去迎合某些受众，可以自由地发挥创意，拍摄自己喜欢的作品。去除商业化之后的校园微电影虽然在技巧上比较稚嫩，但是有了更多的想象空间，同学们天马行空的思维有时候会取得意想不到的效果。

二、校园微电影创作的基本策略

校园微电影体现出团队组建的临时性和创意随机性等特征，所以在创作过程中，应该有尽量严谨的策划和创作流程。

1.必须要有成型的创作团体

电影自诞生以来就是一种综合艺术，是一项团体活动，校园微电影的创作团队选择和影视圈的专业团队组建的方式不同。

专业团队拍摄有特定的程序，如前期策划、正式拍摄和后期制作，有很多可以直接套用的模式备用；而学生团队一般以第二课堂创作团队为主要模式，没有明确的年龄界限，也会随着升学等外部条件发生变化，团队的流动性很强；有些团队也可能是因某门课程临时组建的，很多时候都是团队先于创意，而且有身兼数职的情况出现。所以团队人员的选择特别重要，要由专业指导教师根据任务职责等要求，充分了解所有成员的技术特征、个性特点，尽量组建一个有主体领导，成员和谐共处的、能够分别承担主要任务的团队。要尽量形成一套稳定的传、帮、带模式，采取"片场式"人员培养，为微电影创作提供有效的技术、人员支撑。

2.要有充分的前期准备

从前期策划方面看，学生大都倾向"青春""成长"等主题作品创意，原因在于：这类题材与主题贴合校园生活，在自己认知范围内，且各个方面便于掌控，利于作品的拍摄；这种题材的故事情节一般比较简单，可以从学生中寻找合适的演员完成拍摄，不需要高难度的演技和动作；在这种题材类型下更利于学生进行后期剪辑工作，在熟悉的工作环境中进行后期制作更有利于把这些视频片段串联起来。

当然，随着社会文化的高速发展、快速传播，学生对文艺类、科幻类、社会现实类作品也会有所涉猎，这些类别作品大都在一定的赛事主题范围要求下，一般不属于常规操作范畴，但这些类别作品的选择也会为增强学生的创作能力提供很好的锻炼。

3.要灵活运用镜头语言

镜头语言包括画面、声音的技巧及应用，要有专业教师作为技术指导，运用成熟的技术培训体系对摄像技巧、景别运用等内容进行循环强化。引导学生从摄影入手，先对基本的景别观念做深入的理解：远景多用于表现空阔的大场面，比如自然风景、人多的群众场面和战争场面等，主要的作用是渲染气氛、抒发情感；全景多用于表现场景的全貌或者人的全身动作，主要的作用是交代人物之间和人与环境之间的关系；中景多用于表现人物膝盖左右部位，它相较于全景来说缩小了取景范围，主要是表达人物的上身动作，用来进行叙事；近景多用于表现人物胸部以上或物体的局部特征，着重表现人物的面部表情动作，传达人物的内心世界，主要的作用是人物之间进行感情交流；特写多用于表现人物肩部以上的头像或者被摄物体的局部，能够细微地表现人物的面部表情，主要是用来加深观众对被拍摄体的印象。

技巧方面，要通过不断的实践来完成学习，通常由于设备限制，学生在拍摄作品的时候会进行大量剪辑而很少使用长镜头。但是毋庸置疑的是镜头语言的灵活使用是学生拍摄校园微电影的必备技能。

4.要注意作品的叙事节奏

叙事节奏是指影片中的故事情节与人物在发展活动中所产生的情绪交织的一种节奏感，也就是对作品所进行的剧情设计。

其中最早的两种对立风格分别是以巴赞为代表的长镜头理论和以爱森斯坦为代表的蒙太奇理论，巴赞的叙事风格比较写实，他认为没有进行过剪辑的镜头更加贴近生活，在他的作品中叙事节奏比较缓慢，能够更加真实地再现作品的现实生活；而爱森斯坦的叙事风格相对来说比较夸张，比长镜头更加能够抓住观众的眼球，他强调对列之间的冲突，认为重新进行组合过的镜头更有冲击力，在他的作品中叙事节奏比较激烈夸张，能够吸引人们长时间观看。

无论什么风格的作品，叙事节奏都有着重要作用，决定着整个作品的好坏，因此在进行拍摄前一定要事先确定好作品的叙事节奏。

校园微电影自身的独特性决定其创作过程必然与常规电影/微电影创作有着不同之处，要充分把握其特征，在有效的指导下完成有意义作品的创作及传播。

三、关于影视教育的思考

自两部委关于中小学影视教育指导性意见发布以来,各地中小学影视教育也适度开展,但很多地方性学校还是限定在不定期的观影体验和第二课堂创作团队或兴趣小组式的实践内容,具体的影视教育体系还没有完成开展,要在全国各中小学开展影视教育,必然要考虑几个方面的问题。

1. 开展影视教育的方式

全面开展影视教育,就不能按第二课堂方式进行,需要跟常规艺术课程一样有教学方案、配套的教材、专业的教师,这是一个系统化的过程,没办法快速而有效地开展起来;当前中小学艺术类课程大都有各级各类的比赛跟进和促进,影视的相应比赛规程也要出台,从部分到整体,慢慢覆盖,这需要全社会的协调一致。

2. 课程主体内容的设定

影视教育属于美育范畴,会让人联想到思想道德教育,狭义理解为用影视作品感染当代青少年,树立正确的人生观,激发爱国热情等。而我们之所以开展影视教育,不仅是传递思想文化,还要在当前传媒大众化过程中,从小培养学生的信息素养、思想品格和文化判断,这些不单是一部教材、几个微电影就能解决的问题,要系统化地融合中小学美育的全过程,这个系统工程的具体阶段和相应内容,还需要进一步思索。

3. 教师资源问题

全面开展中小学影视教育需要大量的专业教师,因影视艺术的特殊性,需要教师有非常专业的知识和影视美学基础,所以需要在高等院校设置相应的影视教育师资专业,系统全面地进行专业培养,这些需要集国家和社会的力量完成,还要有时间的保证。

当今时代,影视是大众不可或缺的精神生活来源,网络视听媒体的发展为全民创作开辟了空间，校园微电影是在校学生创作的主要阵地，加强影视教育，培养学生影视美学素养和创作能力、创作更多的校园文化叙事内容，都将成为青少年美育的重要途径。

作者：黑河学院　黄力力

挑战与机遇

——中小学影视教育发展策略探究

摘要： 互联网时代，信息搜寻的方式更加多样。而影视艺术作为当下最具有影响力的传播媒介已经深入生活的方方面面，中小学生对于影像和媒介的接受程度远远超过我们的想象。但是实际上相对应的影视教育，尤其是对中小学生的影视教育十分匮乏。面临的问题是一无师资，二无教材，三无场地，中小学影视教育依然任重道远，充满机遇和挑战。

关键词： 中小学影视教育；问题；策略

2018年年底，教育部、中宣部联合印发《关于加强中小学影视教育的指导意见》指出，力争用3~5年时间，全国中小学影视教育基本普及，形式多样、资源丰富、常态开展的中小学影视教育工作机制基本建立，保障每名中小学生每学期至少免费观看两次优秀影片。同时，要教育引导学生深入学习影视作品中的英雄人物、先进人物和美好事物，正确看待影视从业人员，不盲目追星。

一、开展中小学影视教育面临的问题

截至2017年年底，我国已成为电影银幕总数最多的国家，并有望成为全球第一大电影市场。虽然我国电影产业的发展取得了长足进步，但从总体上看，我国中小学生的影视教育工作基础还比较薄弱。一些地方和中小学存在思想认识不清，将影视艺术课当成可有可无的"杂牌课"；条件保障不完善肆意挤占影视艺术课活动场地；没有相关场所的建立，活动开展不经常，每学期只是象征性地放映一次电影以满足检查需要；体制机制不健全、没有专门的负责人和教师等问题，以上种种因素均是导致我国中小学影视教育开展难度大的症结所在。

上述问题是中小学影视教育开展所面对的困难，但在开展中小学影视教育过程中，我们面临的最大痛点是什么？不在于社会不重视影视教育，也不在于影视教育不受欢迎，而在于还没有形成相关的课程标准，简单来说就是中小学影视教育还未形成一个理论化、标准化、体系化的课程标准。归根结底就是中小学影视教育还没有纳入国民教育的课程体系中，没有解决好教什么、在哪教、谁来教的问题。

1.中小学影视教育应当教什么

随着两部委相关文件的出台，很多中小学尤其是东部地区的中小学陆续响应号召，开始在学校教学活动中设置影视方面的课程。但是从课程的内容上来看，这样的课程大多流于形式，作为一种"正统教学"之外的"娱乐辅助"，起到的主要是活跃气氛的作用，甚至变成了学生繁重学习生活的一种放松手段。然而，对于电影本身，常识的普及和电影内容的文化阅读及剖析，并没有深入，更加没有作为一种深层观察的考量。当下，我们国家的中小学影视教育存在的最明显的问题是：通过相关课程培养我们学生的什么能力？如果给学生讲影视，讲什么内容呢？是电影的赏析、电影的制作，还是电影明星和八卦？未来不仅是中小学，甚至幼儿园的小朋友都会面对国民影视教育问题。在可预见的将来，我们的孩子很大程度上要通过影像来获取知识和认知。这同样也启发我们思考，我们的中小学影视教育是解决艺术教育问题还是解决媒介素养问题，抑或是解决在影像时代通过何种方式、内容和手段来培养他们观察、思考和认识世界的能力的问题？

2.中小学影视教育应当在哪教

众所周知，艺术教育尤其是影视教育与数学、外语等课程不同，其教学活动没有一套明确的标准、场地、教具、教参等作为保证，也不是在一个固定场所接受经验传输的过程。艺术尤其是影视艺术是滋润人的心灵和修养的、长期驻扎在人的精神层面的东西，是很难通过讲授去获得经验的。艺术教育尤其是影视教育是需要欣赏、观摩、撰写、实操、剪辑等多方面的经验积累的，因此，相比传统的课程无论是设备的投入还是场地的建设都要大很多。但是对于影视教育体系对艺术的评价，大部分学校却还停留在在教室"欣赏"一部影片的层面上。因此中小学影视教育是一项综合育人的活动，需要整合学校、家庭、社会等多种教学资源、教学场地和教学设施，不是一间教室就能开展好中小学影视教育的，我们最终要围绕影视教育形成一个集欣赏、评价、拍摄、传播于一体的完整体系，让学生能够爱电影、懂电影、评电影、拍电影，这绝不是一间教室所能满足的。

3.中小学影视教育应当谁来教

对于中小学影视教育，一个理想化的师资是什么样的？中国传媒大学戏剧影视学院教授胡克给出答案。首先要是一个全才，而不一定是一个专才。他指出，传统教育的学士、硕士、博士是培养专家的，但对中小学的师资应该注意不要让他往特别狭窄的专业去发展，而要培养全才。比如对于中小学生，不能只注重故事影片，而忽略了纪录片、动画片和科教片。其次要是一个通才。"如果从一部影片出发，通才至少会掌握两个方向，一个是创作方向，另一个是欣赏和批评方向。除此之外，你应该是学校的影视权威，在电影面前你就应该是一个活着的、行走的百度。"通过对于河北省关于中小学影视教育现状的调研走访，笔者发现很多值得关注和反思的问题，首先便是专业影视教育师资人才极度匮乏，大部分的中小学没有专门的影视艺术教师，甚至由具有文科类背景或艺术类背景的教师担任影视艺术教师的情况也是不多见的。大部分的学校都是由所在班级的班主任充当影视艺术教师。整个河北地区，尤其是北部和东部的农村地区，音体美影等艺术类课程均由同一名体育老师负责讲授的现象普遍存在，甚至有的小学连体育老师都没有。因此，由谁来教便是当下开展中小学影视教育的一个棘手问题。

二、中小学影视教育发展策略

虽然中小学影视教育发展存在着挑战，但是教育部、中宣部联合印发的《关于加强中小学影视教育的指导意见》却是对这种挑战的一种积极回应，是中小学影视教育发展的一种机遇。这就需要学校加强电影美育促进学校课程发展、丰富影视教育实施基础以及重视影视教育师资队伍建设。

1.加强电影美育促进学校课程发展

将影视教育课程纳入日常的学校教学规划，促进影视教育的常态化教学。学校根据学生身心发展的实际需要和自身办学发展条件，以学校文化建设和课程体系优化为抓手，以教学改革和学科实践活动实施为平台，探索出适合学生发展的影视教育课程体系。影视教育课程区别于一般的传统课程，它是一种跨学科、多文化、自主性的课程学习体系。影视教育的目的是通过开展跨学科的探究活动引导学生自主性地观摩和创作一些影片。从而达到发展学生的学习力、思维力和研究力，发展学生的探究精神、思维能力和创新品格，提高学生的综合竞争力。

2.丰富影视教育实施基础

在改善学生观影条件的问题上，有条件的中小学校，可依托现有礼堂、阶梯教室等改扩建放映场地，利用原有电教设施或购置专门放映设备，为学生观影提供良好环境。具备放映条件的少年宫、青少年校外活动场所，要利用现有场所和设施设备，主动为附近不具备放映条件的中小学校提供观影服务。同时为激发学生对电影的兴趣，学校可每年举办电影夏令营，设定不同的主题内容，让学生通过实践体验电影文化。亦可以鼓励学生拿起身边的拍摄工具（如手机、平板电脑等）走出课堂，参与到实际的拍摄当中。

3. 重视影视教育师资队伍建设

各学校可结合自身地区特点，重视影视教育师资队伍建设，不断提升影视教育水平。既可从校外聘请兼职影视教育教师，也可以根据学校实际情况，组织对电影艺术感兴趣的教师，定期开展相关影视素养培训，建立自有兼职影视教育教师队伍，发挥各自优势，开展具有学校特色的影视教育实践活动。同时还要邀请影视教育专家，通过开设电影主题讲座等形式，讲授电影知识，传播电影文化。教研部门要按照《关于加强中小学影视教育的指导意见》要求，将电影放映、电影理论、电影鉴赏、微电影创作等专业知识纳入中小学影视教育课程。

中小学影视教育的发展虽然取得了一定的成果，但是依然任重道远，在这个充满挑战又暗含机遇的课题中，广大中小学校应该抓住机遇、迎接挑战，全面推进中小学影视教育，从而提高全民族的影视媒介素养。

作者：河北外国语学院　宋雨

百年光影 生辉校园

——关于中小学影视教育发展之路的思考

摘要： 自2018年年底，教育部、中宣部高瞻远瞩，联合印发了《关于加强中小学影视教育的指导意见》后，全国各地的高校、中小学校以及影视传媒、教育培训机构整合资源、开拓创新，做出了许多积极的尝试和探索，力求在此基础上开辟出一条集科学性和普及性为一体的关于中小学影视教育的可持续发展之路。这同样是一个遇到问题和解决问题的过程，在此过程中，我们展开了一些关于中小学影视教育发展之路的思考。"影视教育进校园"应该与时代接轨、与人文素质教育结合、与多元化人才培养相辅相成，切实做到以光影的力量提升中小学生的综合素质能力。

关键词： 影视教育；可持续发展；光影；综合素质能力

2018年年底，教育部、中宣部联合印发《关于加强中小学影视教育的指导意见》[1]，指出，通过加强中小学影视教育，着力在坚定理想信念、厚植爱国主义情怀、加强品德修养、增长知识见识、培养奋斗精神、增强综合素质上下功夫，努力构建德智体美劳全面培养的教育体系，对于激发学生对党、国家和人民的热爱，增强对"四个自信"的理解与认同，对于从

---

[1] 中华人民共和国教育部.教育部、中央宣传部联合印发关于加强中小学影视教育的指导意见［EB/OL］.（2018-12-25）. http://www.moe.gov.cn/jyb_xwfb/gzdt_gzdt/s5987/201812/t20181225_364730.html.

小养成良好思想道德、心理品质和行为习惯，形成正确的世界观、人生观、价值观，对于提高学生审美和人文素养、形成健康文明的生活方式等具有重要意义。与此同时，《关于加强中小学影视教育的指导意见》明确了3~5年内全国中小学影视教育的工作目标、主要任务及保障措施。这一举措，无疑开启了我国影视教育之路的新篇章，也为全国中小学德育、美育工作补充了新的内容、注入了新的血液。

2022年是世界电影诞生127周年、中国电影诞生117周年，在这百余年里，国内外一代又一代电影人在光影中追寻梦想、挥洒情感、解读人性、探索时空，创作出一大批具有划时代意义和深远影响的电影作品。而随着影视业的不断繁荣发展，电影作为一门可以容纳文学、戏剧、摄影、绘画、音乐、舞蹈、雕塑、建筑等多种艺术形态的现代科技与文化艺术的综合体，在教育领域的重要性和优越性也日渐突出。结合《关于加强中小学影视教育的指导意见》精神，针对我国中小学影视教育基础较为薄弱、地区差异性大、内容方法有待探索等问题，笔者进行了分析研究，并提出了时代背景下影视教育走进校园的相关建议。

一、"影视教育进校园"与三观进校园、正能量进校园

"影视教育进校园"首先是三观进校园、正能量进校园。在当代，影视作品的教育意义有时会远远超越平淡乏味的书本，尤其是对正在成长期的中小学生，直观的视觉冲击配以震撼人心的音乐、音效营造出的影视作品独有的视听感受可以寓教于乐，无疑是承载教育意义的完美载体，也是对学生进行美育、德育的较佳途径。然而，我们不得不承认的是，影视教育确实是当前中小学教育内容的一块短板，大部分中小学教育工作者对此项工作缺乏经验甚至不知从何入手。这就要求学校从基础工作做起，结合自身条件，挖掘、培养或外聘专项师资，制订科学、合理的教学计划，并将影视课程正式列入日常课程表。只有做到以上几点，学校才有实力对类

型繁杂的影视作品从题材、内容、影响等各个方面做出综合考量，进而进行慎重、科学的甄别，筛选出适合中小学生年龄阶段、心理特点并对其树立正确世界观、人生观、价值观具有积极作用的正能量影视精品，让学生能够通过鉴赏真正从影视作品中汲取营养、感悟真谛、得到熏陶、收获美的享受、激发奋发向上的精神力量！

二、"影视教育进校园"与中国文化进校园、民族精神进校园

"影视教育进校园"应该是中国文化进校园、民族精神进校园。影视作品是文化的载体，也是文化进步的产物。[①]从艺术发生学的角度来讲，电影是欧美文化的产物，中国传统文化与电影并无嫡系血缘关系。但是，自从电影技术被引进中国后，它渐渐与中国土生土长的文化元素相互碰撞、相互交融，与中国历史前进的车轮一同经历百年风雨洗礼，形成了能够反映中华民族历史与现状、生活与斗争的集聚地域特色、民族风格的"中国电影"。中国的影视作品在此过程中受到了中国传统文化、红色文化、社会主义特色文化、中国梦的深刻影响，而这些文化瑰宝又为影视作品创作者提供了源源不断的创作灵感和热情。让"影视教育"走进课堂，不能形式化、表面化，而一定要通过对具有丰富文化内涵的优秀影片的观赏、通过交流讨论、通过学习撰写影评的方式让我国上下五千年屹立于世界民族之林的卓越文化传统及民族精神走进课堂，走进学生的内心深处，从而教给他们中华民族的道德伦理、风俗礼仪和修身、持家、治国、平天下的深刻道理；激发他们勤劳勇敢、朴实无华、明礼守信、热爱和平、不畏强暴、自强不息的民族秉性和爱国热情；增强他们的文化自信，让优秀的中国文化得以传承和延续！

---

① 周斌.百年中国电影与中外文化[J].复旦学报（社会科学版），2005（5）：175-182.

三、"影视教育进校园"与专业知识进校园

"影视教育进校园"应该是专业知识进校园。电影是一门海纳百川、包罗万象的文化艺术,从内容上讲称其为"世间百态的缩影"并不为过。[①]从专业角度分析,一部短短两个小时左右的影片同时是剧作、导演、表演、摄影、灯光、美术、录音、剪辑、特效、制片等各种知识的集合。中小学生初涉电影,可以从影评、表演角度入手,在学写影评的过程中了解电影类型、题材选择、拍摄技巧、欣赏方法等内容,在学习表演的过程中学会与人沟通、观察生活、感知人性、熟悉调度,力求在教师的正确引导和指导下,掌握影视常识并针对自身特点和优势从中找到兴趣点加以深化学习。在教学过程中,还应该充分利用影视教育的"兼容"优势,与其他学科建立密切联系,相互补充、相互促进。比如语文、英语、历史教师可以鼓励学生将一些具有故事性的章节改编成小剧本在课堂上当作戏剧影视片段进行排演,既能激发学生的表演欲、创造力、学习热情,又能加深学生对此章节知识点的理解与记忆;音乐、美术教师可以通过播放经典电影片段,引导学生从音乐、美术角度对电影的声音、画面、构图、色调、造型等进行分析,让学生由感官的美感层次提升到理性的思考层面;计算机教师可以在课堂上加入视频剪辑课程,让学生亲自实操体验蒙太奇的魅力;体育教师也可以将电影中简单的武术、舞蹈、体操动作节选出来进行合理编排并在课堂上加以训练,从而起到强壮学生体魄的作用。

[①] 杨远婴,李彬.电影教学:实践与探讨——北京电影学院老教师教学经验谈[M].北京:中国电影出版社,2011:1-7.

四、"影视教育进校园"与影视人才进校园

在"影视教育进校园"的基础上,有条件、有实力的学校还可以邀请影视专家、讲师、明星、从业者进校举办讲座。"影视教育进校园"工作的开展刚刚开始,很多中小学缺乏相关经验及教学思路,尤其面对的是"电影"——这门专业性要求极高的综合性艺术学科,很难快速掌握教学的方式方法,这时就有必要借鉴"拿来主义"。较之中小学,我国部分专门设立影视相关专业的高校在理论和实践方面都积累了丰富、宝贵的经验,也培养出一大批优秀的行业专家和年轻人才。鼓励专家、讲师走进中小学校园,既有利于高校人才从基层交流中总结经验,为日后更加深入的影视教育研究工作夯实基础,又有利于中小学师资从高校团队中汲取专业营养,加快影视教育的推进、普及。让明星、从业者走进校园,可以更好地调动中小学生的学习积极性和学习兴趣,同时,他们能够为中小学教师、学生带去电影制作一线的经验,为中小学日后组织短片、微电影拍摄实践起到指导作用。

五、"影视教育进校园"的双翼

"影视教育进校园"要充分利用校内硬件设施和网络信息化时代的软件条件,建起双翼,两者无缝衔接,为中小学生提供优良的学习环境。目前,大多数中小学校都已开通了网络、安装了投影设备,有的地区甚至安装了电子屏幕,实现了多媒体数字化教学,也有的中小学校已建立了独立的、较为专业的多媒体实验中心并有专业教师进行管理和负责,并对学生进行技术培训。这些物力、人力的投入无疑为"影视教育进校园"提供了较好的条件和保障。然而,如何充分利用现有条件并结合或整合网络时代的碎片化信息,取其精华,去其糟粕,让网络的便捷在影视教育中发挥最

积极的作用，使其最大限度地为中小学生学习影视知识服务成为我们要共同面对的问题。

六、"影视教育进校园"与教学成果出校园

在"影视教育进校园"的同时，要让中小学影视教学成果走出校园，与社会接轨、与时代接轨。微电影、短片、短视频是电影工业的延伸内容，是一种符合时代要求和传播发展的创意表达工具。学校要鼓励和支持中小学生拿起单反、DV，甚至手机参与到微电影、短片、短视频的创作中，从实践中初步接触影视创作的各个工种，掌握编写微电影剧本、选择器材及拍摄、录音、剪辑等与电影相关的基本技能。有条件的学校可以挑选专业优秀的学生进行培养，组建更专业的拍摄团队，将拍摄作品向校内外进行展映或选送至全国性的大赛当中。这些不仅可以充分调动学生的主观能动性、激发创造力，也可以让他们在创作过程中学会协作、学会分享、学会自信，也学会承担不足，这也是"影视育人"的意义所在。

七、"影视教育进校园"与行业创作

"影视教育进校园"工作的开展和推进离不开社会各界人士的支持和帮助，尤其是一线电影工业从业者及影视教育工作者的努力和创新更是与其息息相关。据《人民日报》报道："截至2021年12月8日，2021年中国电影总票房和银幕数量稳居世界首位，全国银幕数达81 317块，巨型银幕规模位居世界第一。过去5年，中国电影生产总量超过4000部，观影人次超过80亿。"[①] 可见，无论从银幕数量、电影作品产量还是观影人次来看，

---

① 明振江.中国电影：唱响主旋律 弘扬正能量（坚持"两创"书写史诗）[N].人民日报，2021-12-09（20）.

我国都已跻身世界电影大国、强国前列，但专门针对中小学生成长教育创作的影片比例还相对较少，这就需要我们影视从业者对中小学群体的生活和学习状态多些关注和关爱，从而激发灵感，创作出更多适合中小学生观赏的优秀影视作品。与此同时，影视教育工作者应该在高校专业学科教育的基础上编纂出更适合中小学生学习影视相关知识的专项教材，并向全国中小学进行校园宣传、推广和普及。

"十年树木，百年树人""百年光影，生辉校园！"中国电影也是经历了百余年成长才焕发出今天的光彩与荣耀，所以中小学影视教育的发展也绝非一蹴而就，幸运的是，它站在了"中国梦"与中国"百年光影"的巨人肩膀上，加之我们的共同努力，相信，3~5年，我们一定能够交出一份中小学影视教育的满意答卷！

作者：中央戏剧学院中国戏剧文化发展战略研究中心　张灏

| 理论探索与实践展望

基于语文核心素养的中小学影视文化价值研究

摘要：新一轮基础教育课程改革强调语文学科的育人价值，在核心素养的统领下完成语文教育的使命。新课标凸显了语文教育的"情境性"，即语文教育必须置于一定的语境，把学生的语言运用与积累、阅读与鉴赏、文化理解与传承统摄在具体的"情境"之中。相较于文字，影视的综合性特点更容易吸引学生的注意力，也更易于学生学习活动的开展。作为一种独特的精神文化产品，影视作品很自然地具有文化价值。

关键词：核心素养；影视；文化价值

在中小学语文课堂中引入影视作品，可以最大限度地实现语文教育的"立德树人"教育目标。

一、核心素养下的中小学学科教学新形态

2014年，教育部《关于全面深化课程改革 落实立德树人根本任务的意见》发布以来，核心素养逐渐进入我们的视野。紧随其后，中国学生发展核心素养总体框架正式公布，高中新课程标准修订也已完成，新一轮课程改革风起云涌，中国基础教育正迈入核心素养的新时代。新版普通高中课程标准对"核心素养"的内涵专门做了阐释与说明，认为学科核心素养

是指学科教学的核心要素和关键内容,是育人价值的集中体现,就语文学科而言包括语言建构与运用、思维发展与提升、审美鉴赏与创造、文化传承与理解等。

核心素养讲的是学生的关键能力和必备品格,要求我们从教学向教育转变,落实立德树人的根本任务,培养全面发展的人才。就语文学科来说,需要充分发挥语文课程的育人功能,让语文成为学生的精神家园。但立德树人不等于空洞说教、思想宣传,那样既不适合语文教育的特质,也不能取得很好的效果。我们应该发挥语文审美化育的优点和长处,在鉴赏与创造中进行熏陶感染,潜移默化地进行教育,收到润物细无声的效果。审美一方面尊重人的感性需求,能够发展人的自然人格;另一方面给人提供一个理想境界,使人获得超越性的精神享受。审美教育不脱离感性,以有意味的形式,理性和感性相融合构成的和谐有序的情感经验引发共鸣、亲和感动,从而净化情感、陶冶性情、调节身心矛盾、完善心理结构,最终建构理想人格,成为一个顶天立地的大写的人。

语文本身具有文化属性,含有文化密码,语文教育从某种意义上是一种文化活动。所以说,文化传承与理解也是语文教育的题中应有之义。语文教育要求传承和发展中华文化,理解多样文化,关注、参与当代文化。

二、核心素养下的影视文化价值

19世纪末和20世纪初,由于现代科学技术的迅速发展和工业化生产的支持,作为现代艺术的电影和电视相继问世,成为人类科技史和艺术史上的重大事件。为艺术家族——音乐、舞蹈、诗(文学)、美术(绘画和雕塑)、建筑和戏剧六大艺术门类——增添了新门类,因此有人把电影称为"第七艺术",将电视称为"第八艺术"。它们以璀璨多姿的作品成为人类的精神财富。

当今,电影和电视已深深地渗透进人们的日常生活。在媒体融合的背景下，人们除了走进影院观看电影外，还可以通过互联网观看影视作品，并且还会对其进行谈论、评价。可以说，观看影视剧已成为当代人重要的生活方式与生活内容。影视在一定程度上重构了人们的生活经验和情感体验。

作为艺术殿堂中的后起之秀，影视是在各种已有艺术成果的基础上建立并发展起来的。正如李泱所说："影视向文学学来了表现复杂的社会生活的叙事手段，向文学中的现代派作品学习了诸如意识流等创新技巧。影视向绘画、雕塑等造型艺术学来了造型结构与技巧，学来了光线、色彩和构图的原则和技法。当然影视艺术是动态的造型艺术。影视向音乐学来了由不同音响材料完成的节奏感、和谐感。音乐与画面的对位或对立，构成了新的声画蒙太奇手段。影视向戏剧这门古老的综合艺术、舞台艺术学到的东西显然更多，诸如导演、表演、舞台美术、结构形式、人物语言、通过动作显示的戏剧冲突等。"影视成了集造型艺术、表演艺术、语言艺术以及摄影、剪辑、录音等方面的艺术"工序"于一身的新艺术。

影视艺术同其他艺术形式一样，都是为了人们的审美需要而创作的；影视艺术对不断提升人们的审美能力和艺术创造能力做出了自己的贡献。由于影视艺术是综合性的艺术，影视审美的途径也是多方面的：既要通过感官经视听享受获得审美快感，也要通过理性思维对影视作品的意义进行深度解读获得审美愉悦；由于画面、叙事、演员的表演、对话、音乐、运动镜头、蒙太奇手法、精妙的剪辑等建构了影片在形式上的美感，所以影视审美还要通过对上述各种元素的把握从总体上建构作品的艺术风格，只有这样，才能使得影视艺术的审美价值浮现出来。

作为一种独特的精神文化产品，影视作品很自然地具有文化价值。创作者所取材的现实生活包含着特定的文化元素，这些文化元素都汇聚在影视作品中，使其文化价值得以凸显。我国地域广阔、多民族共居，影视艺术毫无疑问会体现出特定的地域文化，这种特定的地域文化能让其他地域的观众产生审美上的满足，比如《黄土地》《双旗镇刀客》《人生》等影片，都带有中国西部地域文化的印记；《五朵金花》《黑骏马》《花腰新娘》

等影片，则带有少数民族特有的文化印记。《红高粱》《大红灯笼高高挂》中炽烈的红色就鲜明地表征着民族文化；而《黄土地》中的求雨、腰鼓、民歌，《红高粱》中的酿酒、颠轿，《菊豆》中的染布、葬礼，《大红灯笼高高挂》中的点灯、灭灯、封灯，《盗马贼》中的天葬等，则以鲜明的民俗文化符号将影片的文化价值凸显了出来。在全球化语境中，影视艺术的民族文化价值是提升国家文化软实力的重要指标。

由于影视艺术的大众性特征，影视作品参与到社会道德观念与社会主流价值的建构中来，而这正是由于影视艺术具有道德伦理维度的价值。对影视创作者来说，应该将积极、健康的道德观念渗透到创作之中，使影视作品提升观众的道德素养，对社会价值的建构起到正面的作用。在中国当下较为浮躁和混乱的道德语境中，一些影视作品就以严肃的态度和批判性的立场对人们的道德困境进行了揭示与思考，从而对社会道德观念的重构起到了积极的作用。比如根据同名小说改编的电影与电视剧《手机》，在幽默与讽刺之中对当下人们的婚姻状态进行了反思；电视剧《蜗居》则对婚恋的物质倾向进行了反思；电视剧《裸婚时代》传达了人们对纯真爱情与稳定婚姻的呼唤。

三、影视文化艺术对新课改的意义

新一轮基础教育课程改革强调语文学科的育人价值，在核心素养的统领下完成语文教育的使命。新课标凸显了语文教育的"情境性"，即语文教育必须置于一定的语境，把学生的语言运用与积累、阅读与鉴赏、文化理解与传承统摄在具体的"情境"之中，相较于文字，影视的综合性特点更容易吸引学生的注意力，也更易于学生学习活动的开展。在中小学语文课堂中引入影视作品，可以最大限度地实现语文教育"立德树人"的教育目标。比如，通过观看《建党伟业》《建国大业》《八佰》《长津湖》等革命题材影片，不仅可以丰富学生的历史知识，加深学生对党史的认识，还能对学生进行人生观、价值观教育，帮助学生在新时代树立正确的人生理想。

总之，影视文化以其独特的综合性和文化性特征，对中小学生历史观、价值观、生命观等方面的影响有着其他艺术形式无法比肩的优势，所以，影视文化进课堂既是时代发展的需要，也是当前我国基础教育面临困境与挑战的现实需要。

作者：甘肃省庄浪县第四中学　高艺

图像时代下中小学影视教育课程建设的几点思考

摘要： 在信息化、网络化的时代背景和多屏化、图像化的社交场景下，动态图像已然成为信息传播和日常交流的主要方式。中小学生有效提高自身对影视作品的鉴赏、辨识和创作能力，才能积极应对扑面而来的影像热潮。因此，青少年影视教育乃时代之所需。然而，现阶段中小学影视教育课程的全面开展和课程体系的建设面临多重困难，影视教育教学的管理制度、专业教师的培养和储备、学生观影环境和教学条件的缺失都对影视教育课程的规划、设计和实施提出了考验，如何建设科学有效的中小学影视教育课程，是亟待解决的现实问题。

关键词： 影视教育；中小学；课程建设

在当下信息化、网络化的时代背景和多屏化、图像化的社交场景下，动态图像已经成为信息传播和日常交流的主要方式。中小学生可以轻易地通过各种渠道接触和欣赏到各种各样的影视艺术作品。但面对参差不齐的作品，中小学生只有提高自身对影视作品的鉴赏和辨识能力，才可能积极地应对扑面而来的图像时代，才可能在图像时代背景下更好地建立正确的世界观、人生观和价值观。

2018年年底，教育部、中宣部联合印发《关于加强中小学影视教育的指导意见》（简称《指导意见》），正式开启了图像时代背景下中小学影视教育的新阶段。《指导意见》指出，力争用3~5年时间，全国中小学影视教育基本普及，形式多样、资源丰富、常态开展的中小学影视教育工作机制基本建立。①面对即将在全国范围内开展的中小学影视教育实践工作，我们该如何规划和设计中小学影视教育课程？如何对课程进行有效实施？如何建立和完善协调机制？都是课程建设中面临的问题。本文针对中小学影视教育课程体系的建设和实施展开讨论，以期为课程的具体开展提供一些思路。

一、中小学影视教育课程的现状与问题

20世纪90年代初，国家已经开始重视青少年的影视教育。之后几年，在北京市、上海市、天津市等开展试点工作。虽然中小学影视教育的课程实践已经进行了20多年，但是课程的目标、标准、内容以及教学模式等方面并没有一套相对完整的参照体系。一些试点中小学校尝试开发自己的影视教育校本课程，如余韬教授在《影视教育在小学阶段开展的现状、问题及对策：基于一个浙江样本的分析》中的样本学校浙江省东阳市横店中心小学开发了第一门校本课程"文化横店"，探索将横店影视、旅游的地方特色融入小学生综合能力培养体系。②而更多的中小学影视教师困惑于影片的选择、影视教育的教学目标、课程标准以及具体教学实践的开展。

据参加"中小学影视教育师资人才培养项目"第二期的一线中小学教师反馈：首先，多数学校并没有可使用和参照的课程标准；其次，大部分中小学影视教育教师并非影视专业出身，自身的影视专业知识相对匮乏，并不具备课程开发的能力；再次，影视教育在多数中小学校不受重视，原本极其有限的课时也可能被压缩；最后，中小学影视教育课程的实施缺少

---

① 中华人民共和国教育部.教育部、中央宣传部联合印发关于加强中小学影视教育的指导意见［EB/OL］.（2018-12-25）. http://www.moe.gov.cn/jyb_xwfb/gzdt_gzdt/s5987/201812/t20181225_364730.html.

② 余韬.影视教育在小学阶段开展的现状、问题及对策：基于一个浙江样本的分析［J］.浙江师范大学学报（社会科学版），2019，44（2）：71-76.

学习和交流的平台。显然，中小学影视教育课程建设是现阶段亟待解决的问题，课程的规划和体系建设需要自上而下的设计和自下而上的反馈。

二、多层面进行课程的规划与设计

中小学影视教育课程宏观的内容规划可以分两个层面：一是影视鉴赏能力的培养；二是影视创作能力的培养。周星教授称之为"理论的艺术性教育"和"实用的职业性教育"。影视鉴赏能力的培养属于观念教育，是"理论的艺术性教育"，关注的是中小学生对影视作品整体的审美能力。影视创作能力的培养属于技能教育，是"实用的职业性教育"，关注的是对影视作品创作感兴趣的学生和他们的影视创作实践能力。学生在青少年阶段有机会参与影视作品的创作，有机会多了解和掌握影视艺术语言的表达与传播特点，既有助于锻炼他们的想象力、创造力和鉴赏力，使其形成对影视语言的肌肉记忆，又可以为未来的中国影视行业输送人才。

中小学影视教育课程微观的规划设计还应该考虑到多个层面的因素，这是由影视艺术直观性、形象性、综合性、产业性、科技性等特点和国内外影视行业的历史与发展现状决定的。首先，影视教学文本的选择需要考虑青少年的认知特点，这一点主要体现在"教什么"的问题上。选择哪些影片作为影视教学的文本？在具体的文本鉴赏中如何引导中小学生理解、体验和挖掘艺术作品的审美价值？影视艺术发展百余年来，产生了很多优秀的影视作品，但是中小学生的认知水平和生活经验不足以支撑他们的影视鉴赏。所以课程的设计、教材的编撰等都需要考虑到青少年的认知、情感和心理特点。其次，课程的设计需要考虑现实的影视教学管理制度、各地区的师资力量等，也就是"谁来教"的问题。除一线城市和一些试点学校外，大部分地区没有完善的影视教育教学管理制度，没有专业的影视教育教师，没有良好的观影条件。这些都是课程规划和设计中必须考虑的现实问题。再次，课程的设计需要考虑影视教学的条件和教学过程中的方法和手段，这体现在"怎么教"的问题上。影视教育教学过程中，教师怎么教？只是单纯地播放影片还是进行引导？进行什么样的引导？是否要教学生如何拍摄和制作？具体应该怎么教？最后，课程设计还需要考虑课程的可持续发展。影视产业已经进入快速发展期，影视行业的发展和变化日新月异，影视作品数量不断增长，尤其是短视频平台和5G技术推动了动态影像变革。中小学影视教育课程的设计需要具有开放性和包容性，不能只停留在对历史作品的鉴赏和探究上，更应该关注当下电影的动态，建立可持续发展的课程体系。

三、多环节进行课程的实施与实践

影像语言是当今时代情感表达和信息传递的时代语言，而电影作为动态影像艺术的最高形式，凝聚了影像语言的精髓。今天的中小学生是在影像语言的包围中成长的，他们与生俱来对影像语言有亲近感和驾驭感，他们的思考方式或许不再局限于文字的思维能力，影像的思维和表达已经融入他们的肌肉记忆中。所以学习、掌握和运用动态影像语言必将成为中小学生的必修课。《指导意见》指出，要让中小学生在看电影、评电影、拍电影、演电影中收获体会和成长。所以中小学影视教育课程的实施和实践需要围绕学生看、评、拍、演等环节进行。"如何看""如何评"是针对影视鉴赏能力的培养，"如何拍""如何演"是针对影视创作能力的培养。

影视教育教学的实践可以从如何看、如何评、如何拍、如何剪、如何演等环节入手，充分利用现有的校内资源和网络资源，循序渐进地实施学生的观影活动、赏析活动和创作活动，利用"中小学教师影评联盟"等影视交流平台进行教育教学的反馈和探讨。在影视鉴赏教学活动中，教师可以引导学生发现影片中的各种知识点，可以对影片创作的背景、影片中人物的心理和情感过程以及影片的叙事、声音、构图、色彩、光线、蒙太奇等方面进行分析。在影视创作的教学过程中，一方面，教师可以多观察学生学习和生活中的思想和情感变化，尝试捕捉学生心理和情感上的细微变化，有意识地引导和指导学生将内心的想法用影像的方式表达出来。另一方面，教师可以鼓励和引导学生发现身边的知识和有趣的事物，培养学生观察、发现、解决、传达事物的能力。同时，培养学生用影像的方式去思考和编构故事。未来中国影视教育课程将会在各中小学校常态化开展，影视教育教学需要探索更多有效的教学模式，以期达到预期的教学效果和教学目标。

结　语

青少年影视教育是时代需要，且迫在眉睫。但师资缺乏、制度建设需要谋划、教材和适应性影片亟待确立等都是当前面临且迫切需要解决的问题。[①]然而，现阶段中小学影视教育课程的全面开展和课程体系的建设面临多重困难，影视教育教学的管理制度、专业教师的培养和储备、学生观影环境和教学条件的缺失都对影视教育课程的规划、设计和实施提出了考验，如何建设科学有效的中小学影视教育课程，是亟待解决的现实问题。

作者：四川师范大学文学院　王成莉

---

① 周星.青少年影视教育的历史使命与实施路径[J].浙江师范大学学报（社会科学版），2019，44(2)：58-64.

关于"翻转课堂"进入中小学影视教育的思考

摘要： 本文从时间利用的灵活化、授课模式的合理化、教育资源的共享化等三方面来论证"翻转课堂"对中小学影视教育改革的积极作用。同时分析了实施"翻转课堂"过程中对中小学影视教育从业教师提出的坚定"立德树人"的教育理念、打造"以学生为中心"的教学理念、提升自身修养和专业能力等要求。

关键词： "翻转课堂"；中小学影视教育；"慕课"

2018年年底，教育部、中宣部联合印发的《关于加强中小学影视教育的指导意见》，从多方面部署了影视教育的相关工作，将影视教育置于更重要的位置，强调影视教育对于提高学生素养的重要意义。影视艺术固有的审美教育和认知作用，可以在潜移默化中引导中小学生形成正确的世界观、人生观和价值观。推进影视教育，对加强思想道德建设、培养和践行社会主义核心价值观具有重要意义。如果在中小学阶段引入影视艺术的基本知识，不仅可以培养学生的影视素养和动手能力，对于开设影视相关专业的大学来说也有所裨益。高校在选拔学生方面不仅可以有的放矢，也可以节约课程设置方面对学生进行基础普及的时间，而把精力集中放在如何培养和提高学生的专业能力上面。当下的现状是，除了个别学校，大部分的中小学基本没有基础影视教育的支撑，地方教育行政部门对影视教育较为陌生，具体表现为国家政策"硬着陆"和"浅实施"。[1]这种情况下高校需要面临的即是"学生进入大学后，从课程设置、教学安排到教学实践，几乎每个环节我们都只能从'零'开始。这正是大学影视教育和中小学影视教育严重脱节带来的后果"[2]。作为一名高校影视专业教师，在多年教学经验的基础上综合考量当下现状，笔者认为中小学影视教育势在必行。

一、"翻转课堂"的混合式教学模式进入中小学影视课堂的优势所在

习近平总书记强调"学术创新要坚持与时代同步伐"。在学习强国软件中，"看慕课"作为一个重要的频道，每天为全国各族人民提供各个不同领域的视频知识，不知不觉中新技术、新媒体已经在国家层面的传播和教育领域中发挥着重要的作用。"互联网+"概念的引进，正在悄然改变着传统的教学模式与方法，随着教育信息化的深入，混合式教学近年来成为国内外教育界关注的热点，正在引发教育模式的变革。"翻转课堂"是其形象化的表述，基本思路是：把传统的学习过程翻转过来，课前完成知识传授，课堂完成知识的内化，即课前学生在网络平台自主完成知识点的学习，课堂则主要进行师生互动式答疑讨论，解决自主学习过程中遇到的问题和难点，实现知识的掌握。基于"互联网+"的混合式教学将线上教育和线下教育有机结合、优势互补，一方面在线教学高效地传播知识，另一方面课堂上面对面的讨论式教学进行了深层知识的引导和情感的沟通，形成了网课与实体课教学相长的互动模式，是目前高校教学改革的一个重要研究方向，也在实践中积累了宝贵的经验。沿着这个思路我们可以推导，"翻转课堂"的混合式教学模式或许也可以适用于中小学的影视课堂，其

---

[1] 陈燕.文化自信视域下中小学影视教育探析［J］.农家参谋，2019(13)：248-249.

[2] 颜纯钧.中小学影视教育势在必行［J］.福建教育，2019(9)：9-11.

优点表现在以下几个方面。

1.时间利用的灵活化

在现有的中小学影视教学模式中，普遍存在着只放映电影或者放映电影加教师讲解，这种模式因为教学时间长而遭到了众多学校的"阳奉阴违"，学校更多地把时间省出来放在文化课上，而不舍得投入时间和精力在影视教育中。"翻转课堂"的引入可以一定程度上节约课堂时间，教师把需要鉴赏的影片布置下去，同时通过视频录制的方式把影片的基本内容、创作背景和叙事模式等基本信息录成"微课"，让学生课余时间自行观看，用于了解和把握相关的知识点。网络课程的灵活性使中小学生能够有效地利用碎片化时间来完成视频学习，课堂时间用来讨论和鉴赏影片甚至进行基础的视听语言分析，为学生能够"拿起机器，自己动手"打下理论基础。

2.授课模式的合理化

传统的课堂教学倾向于教师讲授为主，缺乏对学生自主学习、主动探究的心理需求的应有关注，不利于学生养成自主思考的主动性学习习惯。通过实行"翻转课堂"的模式，在课堂上的教学时间里，教师可以通过提问对同学们的掌握情况进行了解与检测，根据检测结果，总结和调整课堂内容的重点与难点。教师依循学生的年龄阶段、心智发展程度，因势利导、因材施教，合理安排课堂讨论，培养学生自主思考的能力，遇到意识形态方面的问题，教师可以从旁加以引导和辅助。在这种互动性的课堂中，学生收获的不只是知识本身，更重要的是知识处理、问题分析的过程体验，有助于其创新能力的培养。

3.教育资源的共享化

对于那些目前尚无条件进行"微课"制作的学校，可以由周星教授带领的中小学影视教育团队统一录制一批以中小学生为受众的"微课"，学生可通过"慕课"平台在线观看和聆听影视专业大咖们的精彩解读。不仅增强了视频课程的专业性，同时也弥补了欠发达地区资源配置不平衡的欠缺，扩大了中小学影视教育的普及度。

二、"翻转课堂"进入中小学影视教育的实施条件

"翻转课堂"的引入有如此利好的同时,也对中小学影视教师提出了更高的要求,具体体现在以下几个方面。

1.坚定"立德树人"的教育理念

"国无德不兴,人无德不立。"育人之本,在于立德铸魂。在影视作品的选材方面,要取其精华,去其糟粕,题材健康,符合社会主义核心价值观的作品应着力推荐。同时又不囿于本国题材,国外的优秀作品也可以纳入考量的范围,各美其美、美人之美、美美与共、天下大同。在教学过程中,将蕴含中华优秀传统文化的思想观念、人文精神、道德规范、担当意识、爱国情怀、荣辱观念、社会风尚、行为方式等,以优秀的影视作品为载体,对学生进行影视教育和人格培养。[①]引导学生树立共产主义远大理想和中国特色社会主义共同理想,做社会主义接班人。

2.打造"以学生为中心"的教学理念

在"翻转课堂"中,教师和学生的角色定位发生了变化,教师从传统课堂中的知识传授者和课堂管理者转变成为学习指导者和促进者。[②]影视作品因其可观赏性、强思辨性的特性,所搭配的课堂教学也应从传统的"以教师为中心"模式转向"以学生为中心"模式。培养学生的问题意识,激发他们的好奇心和敢于质疑的魄力。中小学阶段正是思维的训练和养成期,作为教师要鼓励他们天马行空的猜想,保护他们的创造性,发散和拓展他们的思维。给学生打造一个利于生发创造性的教学和学习环境。

[①] 陈燕.文化自信视域下中小学影视教育探析[J].农家参谋,2019(13):248-249.

[②] 刘震,曹泽熙."翻转课堂"教学模式在思想政治理论课上的实践与思考[J].现代教育技术,2013,23(8):17-20.

3.提升自身修养和专业能力

一方面,要培养专业的影视教育人才,高校影视专业可以和相关中小学达成合作,针对目前中小学影视教育人才匮乏的问题,实现影视专业大学毕业生的定向输送。另一方面,除了"引进来"还要"走出去",加强现有教师的继续教育,提升其专业技能。定期参加影视培训,周星老师的教学团队已经连续4年成功举办了中小学影视教师的培训项目,获得了极大的肯定和成功,中小学影视教师能够聆听业内大咖的亲授课程,面对面请教和交流,实属难得。同时,中小学影视教师也要努力提升自身的知识储备和教学能力,做到给学生一瓶水,自身至少要有一桶水。"翻转课堂"形式中教师很大的工作量都放在课前,撰写文案、录制视频、后期剪辑,这对教师提出了更高的要求。多阅读专业相关的书籍和论文,多进行视频录制的实践、加强对剪辑软件的学习,同时善于归纳和总结学生的疑问和反馈,进行教学方法和教学改革的实践探索,为应对"翻转课堂"中学生的疑问和好奇心做足够的储备。

结　语

中小学影视教育正在起步阶段,"翻转课堂"的混合式教学模式给正在摸索中的中小学影视教育提供了很好的思路和方法。不仅能够更有效地利用课堂上的宝贵时间,还能够调动学生主动学习的积极性,可以在一批试点学校先开设起来,开掘一条适合中小学影视教育的新路径。

作者:大连工业大学　徐辉
大连市第七十九中学附属小学　田雨嘉

开展中小学影视教育的价值意义与路径思考

摘要： 2018年年底印发的《关于加强中小学影视教育的指导意见》强调，要把影视教育作为中小学德育、美育等工作的重要内容，纳入学校教育教学计划，使观看优秀影片成为每个中小学生的必修内容。在互联网快速发展形成的视听景观下，要树立中小学生观影、评影、造影的自觉性，培养能够合理使用社交媒介与科技产品、正确表达自我意识与思想观点的青少年。本文从开展中小学影视教育的价值意义出发，不仅将影视教育放置在通识教育与专业教育的维度下，还延伸到意识形态的思政教育，深刻分析在不同影视教育层面上的意义与作用。并分别在不同层面的影视教育理念下，提出了具有可行性的路径策略，希望为进行中小学影视教育的指导者与一线工作者提供借鉴。

关键词： 中小学影视教育；价值意义；路径研究

2018年年底印发的《关于加强中小学影视教育的指导意见》强调，要把影视教育作为中小学德育、美育等工作的重要内容，纳入学校教育教学计划，使观看优秀影片成为每个中小学生的必修内容。这是一剂强心针，旨在引起教育界、学界及整个社会对于青少年成长的关注与重视；也是一盏指路灯，希望影视管理部门、影视生产机构能够恪守职责，为青少年提供更适合他们成长的影像环境；还是一颗维生素，势必营造出一个影视教育的生态系统，营养全社会，带动整个影视教育领域健康发展。

理论探索与实践展望

一、影视教育是学科通识教育的融合剂：培养审美鉴别能力

将影视教育放置在通识教育的教学体系中，尤其在文史哲课程的观照下去开展。《美国影视教育与作品研究》一书提到纽约电影学院的教学目标，值得我们借鉴。其中提到影视艺术教育以通识教育的理念，通过跨学科、跨文化的培养方式使学生最大化地汲取人文知识，形成批判性、辩证性思维。这一阶段的影视教育，其目标是培养具有远大眼光、通融识见、博雅精神和优美情感的人。

1.经典世界电影的解读探析，拓展思维向度

一线教育者与相关从业者开展中小学影视教育工作的第一个难点就是影片篇目。到底哪些影片适合中小学生观看并且具有解读的价值意义？首先应该列入篇目名单的就应该是经典世界电影，当然需要先剔除一些包含暴力、血腥等不适于中小学生年龄段接受的内容的影片。并且根据中小学年级与成长阶段进行分层次、分类型的划分。经典电影已成为我们人类绚丽多彩的精神财富的重要组成部分，它们蕴含着深刻的道德观念与哲理，影像风格也极具特色。对于经典世界电影的解读，不仅可以帮助中小学生开阔他们的国际视野，培养他们以世界历史发展格局的视角去看待问题，也拓展了他们思考问题的维度，更广泛地汲取世界电影中关于人类、自然、情感、互助等正向的价值观。比如《阿甘正传》告诉孩子们要发现自己身上的优点，并且大胆去做自己认为对的事情；《忠犬八公的故事》启示孩子们关注动物的情感，珍惜自己的家人与朋友；《奇迹男孩》帮助孩子们正视自己的缺点，并勇于面对困难，大胆创新；而《当幸福来敲门》则鼓励孩子要相信自己，抓住机会不放弃等。

2.优秀国产电影的推荐讨论，延续情感交流与凸显人文精神

我国电影发展一直有着文化逻辑的基因，从延安电影到人民电影，从

新时期电影到新时代电影,从主旋律题材的建构到现实主义的表达。我国电影类型片得到了泛化的扩展:从重大革命历史题材到工业农村题材;从少数民族题材到现代都市题材,向着主流价值观拓展。在中小学影视解读篇目中"红色经典""传统文化经典""共同价值理念"都是我们中国电影宝库中的精品。比如"红色经典"电影作为众多文艺形式中的一种,其价值是难以估量且永恒存在的:它还原中国革命战争的历史;表现中国革命的正义性、必胜性;歌颂革命英雄的英勇无畏、誓死不屈精神;表现普通人民的斗争精神;唤起人们对辉煌的革命岁月的追忆;让下一代或几代人接受革命传统教育,加强历史使命感等。这些都可以在《红色娘子军》《董存瑞》《焦裕禄》《开国大典》等影片中得到印证。尤其在人文主义关怀上,我国有一批优秀的电影作品,比如关注自闭症青年的《海洋天堂》、关注老人精神层面的《飞越老人院》、对传统文化保护的《百鸟朝凤》、对宗教信念发声的《冈仁波齐》、对留守儿童情感表述的《米花之味》等。

3.影评写作方法的传授练习,巩固逻辑判断与表达价值观点

如果说小学生影视教育更加关注对于心智、情感与认识观的培养,那么中学生影视教育则更加注重逻辑、思考与价值观的锻炼。影片评论其实就是一篇议论文,要有中心论点、论据及论证方法。对于影评写作方法的传授练习,可以更加突出学生对影片进行有理有据的主观评判。指导教师可以引导学生进行正确的逻辑判断,表达自己的情感诉求与价值观。

解读经典与推荐优秀影片一方面有利于未来中国电影发展进程中观众的消费导向的培养,另一方面有利于激发孩子们有"爱"的能力(包括亲情、友情)。配合影视教育教学中的多种教学方法,比如案例分析法、项目教学法、"翻转课堂法"等,渗透观念教育,认识并反观现实,建立正确的价值观。

二、影视教育是专业精英教育的提取器：创建实操创新工作坊

正如周星教授所说的"技能教育"或"实践教育"，影视教育的进阶培养目标是通过第一阶段的通识教育，培养工匠型影视人才的后备力量，对今后电影质量提高与产品发展进行人才储备。这一阶段的培养目标是掌握一定的拍摄、剪辑基础，能够有效运用视听语言执行短片作品的创作流程，并具有实验创新意识。中小学校可以在校园创建影视实操工作坊并配备指导教师与实践场地，丰富学生业余生活，也便于开展有针对性的专业教育。

1.短片故事文本创作练习，掌握叙事写作的规律

影片创作是在故事文本的基础上进行拍摄剪辑完成的。在中小学生语言文字思维训练中，如何讲好故事、写好故事，其实是非常具有效能的方法训练。短片故事文本长度可以不用字数来衡量，而是按照场次，从独幕剧到多幕剧不断拓展训练，这样可以训练学生在"事件"上下功夫，甚至会让他们去琢磨"人"在"事件"中的主体作用。短片故事文本写作训练，在掌握叙事写作规律的同时，更是培养了学生观察生活、体验生活、感受生活的能力。

2.图片摄影建构故事框架，建立情节矛盾的设计

用照片记录生活是中小学生的生活常态。他们作为智能手机与智能相机普及下的"原住民"，对于拍摄照片具有天生的表现欲与创作欲。但是图片摄影并不是简单地按动快门，在这一阶段要培养学生的审美艺术能力，比如加入景别、构图、色彩、后期修图等知识块，让他们可以投入摄影的艺术情景中去，并且利用一定数量的摄影组图，训练学生用图像讲故事的能力。比如"九张图讲故事"训练，可以有效地锻炼学生抓住关键人物与关键动作，并通过情节逻辑设计去解构矛盾关系。

3.命题短片创作实拍练习，进行新媒体传播反馈

通过阶梯式的有效训练，中小学生影视专业教育的最终成果便是短片创作。随着互联网的快速发展与升级，短视频成为一种流行的新媒体形态，并迅猛延伸到人们生活的各个领域，中小学生更是短视频消费的主力军。短视频与Vlog都是个体自我认同与虚拟时空的对话，这符合了"00后"的成长特征与性格特点。所以作为影视艺术的教育者，我们必须与时俱进，用技术去服务教育、用思想去驾驭科技。利用命题短片的创作训练，既可以实时有效地与其他课程活动相结合，又可以引导学生进行现实观照，注重受众反馈交流。有利于培养出未来短视频健康生态的生产者及中国电影发展的储备军。

4.中小学电影展创作嘉年华

各级部门可以根据实际情况，在校级、区级、市级甚至省级、国家级建立中小学电影展创作嘉年华的机制，旨在鼓励中小学生积极地进行影视作品创作，提升全民关注、全面参与、全程资助的中小学影视教育生态的生命力。根据开展中小学影视教育的发展现状，对作品形式、作品长度、作品内容、作品技术，尤其是作品主创成分等进行要求，不断提高中小学生影视创作的质量高度与艺术精度。通过电影节类的活动，促进全国中小学生进行广泛交流学习。比如在活动期间，开展不同层次的学习论坛，深化影视教育的理论与实践研究；培养师资人才，利用人才流动与人才孵化激活影视教育的人才库；举办颁奖典礼，利用仪式感增强中小学生影视创作的自信心，关注中小学生在家庭、学校、社会的话语权。

三、影视教育是意识思政教育的辅助器：践行社会主义核心价值观

党的十九届四中全会审议通过的《中共中央关于坚持和完善中国特色社会主义制度 推进国家治理体系和治理能力现代化若干重大问题的决定》

（简称《决定》）指出，核心价值观是文化最深层的内核，决定着文化的性质和方向，体现着一个国家、一个民族的文化理想和精神高度。按照《决定》的部署和要求，要推动理想信念教育常态化、制度化。青少年是祖国的未来、民族的希望，要完善青少年理想信念教育齐抓共管制度，调动各方面力量教育引导广大青少年树立正确的世界观、人生观、价值观，立志肩负起民族复兴的时代重任。中小学影视教育正是在马克思主义与社会主义核心价值观的指引下开展的教育内容，要努力把深化教育内容与拓展教育形式相结合。

1.公益广告关照基层群众

鼓励中小学生拍摄体现社会主义核心价值观内容的公益广告，使其深植于中华优秀传统文化。根据《决定》要求，引导学生深入挖掘中华优秀传统文化蕴含的思想观念、人文精神、道德规范，并结合新的时代条件和实践要求继续发展，看似是学生在创作文化产品，实则是在创作的过程中对学生进行了深刻的文化教育，关注身边的好人好事，发觉身边的真情真意，关照基层群众，真正地实现以文化人、以文育人的目的，有效地推进中华优秀传统文化传承发展工程。

2.大学生志愿服务基地

志愿服务是社会文明进步的重要标志，是培育和践行社会主义核心价值观的有效载体。《决定》指出，要大力弘扬奉献、友爱、互助、进步的志愿精神，有效调动各种资源和力量，不断创新志愿服务内容和方式，推动志愿服务制度化、社会化、专业化。目前，各省几乎都有开设了传媒专业相关的高等教育学院，所以在中小学影视教育中，我们可以充分利用相关专业大学生的人力资源开展志愿服务，让中小学影视实操工作坊成为大学生志愿服务基地，通过志愿服务既可以加强中小学生与大学生的专业交流学习，又可以增强大学生的社会责任感与专业获得感，达到双赢的效果。

3.影视交流进入社区教育

中小学影视教育的最终目标是全面提升人民的媒介素养。我们要发挥一个孩子身后是一个家庭的辐射范围，将中小学影视教育下沉到社区，做到全民参与、共建共享。在视听时代，每个人都离不开视听产品，如果我们可以联合社区在周六、周日开展以中小学生为主体的影片分享会，或者项目比赛式的家庭短视频创作活动，不仅可以成为促进家庭交流沟通的桥梁，加强学生与家人的情感交流与观点互动，还可以搭建社区居民乐于参与、便于参与的文化活动平台，引导群众在文化建设中自我表现、自我教育、自我服务。

结　语

中小学影视教育是中小学艺术教育中以德育人、以美化人的特殊形式，是时代美育的有效手段及不可或缺的形式，也是增强中小学生媒介素养的需要。中小学影视教育的全面开展，肩负历史责任与时代使命，要平衡中小学生文化教育与艺术教育的时间精力消耗，既不能本末倒置，也不能不痛不痒。在互联网快速发展形成的视听景观下，要树立中小学生观影、评影、造影的自觉性，培养能够合理使用社交媒介与科技产品、正确表达自我意识与思想观点的青少年。

作者：山西传媒学院　石丹

泛论青少年影视教育的价值、意义和任务

摘要： 时代迅猛发展，使得影视艺术凸显为当代视觉艺术最核心的对象。本文针对一般化的影视艺术教育的基本原理做文化的读解，也针对大中学生，以及与从事影视教育的教师一起进行教学方法的探讨。希望通过这一片天地，我们能共同理解影视艺术的奥秘，更深入地认识中国影视教育无限广阔的天地，感受中国影视艺术的美妙之处。

关键词： 影视教育；青少年；实现路径

时代迅猛发展，使得影视艺术凸显为当代视觉艺术最核心的对象。对青少年而言，影视和他们的生活、审美感知、精神愉悦息息相关。毫不夸张地说，影视已经成为人们生活最重要的组成部分之一。理解和认知影视、欣赏和评价影视作品已经成为时代素养的重要组成部分。青少年是接受影视作品的主要对象之一，他们在直观的影视作品面前，或悲或喜、或感知到生活的丰富、或接受关于生活景象的熏陶、或感受剧中代表光明的英雄人物的鼓舞，当然也可能会看到复杂生活的多个方面，因此，影视作品在青少年教育中具有独特优势。由此，影视教育显然已经成为时代认知的重要命题。2018年年底，教育部和中宣部联合印发文件，力争用3~5年时间基本普及全国中小学影视教育，这无疑将青少年影视认知的重要性提升到一个新高度。承担精神召唤任务的教育工作者，理应更好地把影视教育和影视艺术的熏染提到议事日程上来。

然而，就目前的师资构成而言，当下教育体制之中能够认知和传授影视艺术最核心、最基本概念的师资严重不足。其实，包括大学在内的专业影视与公共影视教育的师资也并不充足，遑论满足中小学影视教育专门人才的需要。专业化的影视艺术教育和文化熏染意义上的影视艺术的认知，迫切需要获得更好的指导。北京师范大学艺术与传媒学院和北京师范大学中国艺术教育研究中心的同人深感自己肩负的责任，已经开启落实两部委文件的师资培训工作。大家不仅为拥有中国高校"双一流"的影视教育学科而自豪，更为中国视野如此广阔的影视普及教育的宏大任务而忧虑。于是，他们倡导超越课堂教育，用现代化的网络手段进行影视教育的普及，为中小学培育能够从事基础影视教育的师资，再加上更多的高等学校，尤其是师范院校的师资参与影视高规格的培养，反过来形成不同地域的影视教育群体，一起为各个地区的基础影视教育奉献力量。他们的努力目标是召唤更多人参与影视教育，惠及更多的中小学生，提升影视及视觉艺术教育的普及度，引领大众深入认知。强调影视普及教育已经迫在眉睫，作为"双一流"学科的影视学教师，笔者愿意承担起这样的责任，引领实施中小学影视教育，从多层面进行深入，同时也期望和全国高校的影视艺术教育的专家共同努力、协同开展工作。革命先驱毛泽东说："一万年太久，只争朝夕。"我们说："面向智能时代，我们要马不停蹄。"为了让青少年更好地认知视觉形象、更好地理解影视艺术、更好地享受健康向上的影视文化，我们需要尽快行动。从表面上看，影视通俗易懂、形象且好理解，但事实上形象背后的奥秘、形象表现的曲折、形象的内涵和对生活的反映，都需要我们进行诠释分析，并上升到审美的境界。

一年来，我们首先开展了全国范围的针对青少年影视教育的多个培训，包括将要开展对其地区内青少年影视教育的大学教师的培训，也包括对期望从事影视教育的中小学师资的培训。我们还将和全国有志于青少年影视教育的同人携手开拓，期望和全国影视教育工作者一起、与青少年一起鉴赏、分析和更深入地理解影视艺术。本文针对一般化的影视艺术教育的基本原理做文化的读解，也针对大中学生，以及与从事影视教育的教师一起进行教学方法的探讨。希望通过这一片天地，我们能共同理解影视艺术的奥秘，更深入地认识中国影视教育无限广阔的天地，感受中国影视艺术的美妙之处。

但显然，开拓影视教育的新天地需要各界一起努力。因此，观念和理论认知必然要梳理廓清。

一、青少年影视教育思考的出发点

第一，青少年影视教育需要行动。我们开启一年多的青少年影视教育师资培训已经在北京市、浙江省金华市、新疆维吾尔自治区乌鲁木齐市、甘肃省兰州市等地多次开展，作为全国第一个培训师资的机构，我们及时对教育部和中宣部发布的对中小学生进行影视教育文件精神做出呼应，即刻召集专家研讨，原因包括两个方面。一是我们的研究需要面向现实，意识到时不我待。二是不深入进行显然难以适应现实。影视的发展迅疾，因此，影视"沉入"互联网需要即刻跟进。青少年的媒介适应性很强，如果我们的媒介素养教育滞后，将失去影响力，对中小学生所做的影视教育也难以发挥其基础作用。

第二，如何实施需要思考。如何认识两部委文件的精神是我们需要研讨的重点之一，显然，中小学影视教育的缺乏已经严重影响了学生的媒介认知，普及影视教育迫在眉睫。而以往的无论是体制的不完善还是师资、认识价值的不足，抑或是对影视教育实施方略的掌控不足等都亟待改变。只有以国家的力量进行强化才是上上之策，但更需要有具体可行的实施措施来实现。

第三，适应性的认知。谁才是适合中小学影视教育的对象？如何来实施中小学影视教育？通过什么途径加强中小学影视教育？怎样的机构和教师培训才能实现目标？都是我们试图要探讨的。

第四，现实矛盾性破解。中小学的影视作品到底指的是什么？允许、倡导和规避什么？其实人们有各种议论。目前看来，只是有指令性地发布推荐作品（实施如何就另当别论），发布的影视作品是不是真的适合中小学生，也并没有做过很认真的调查。从理论上来看，我们应该提出一个新的适应时代的标准，告知什么才是中小学生值得看、需要看和必须看的作品。如何让理想中的面对中小学生的作品能够发挥最大的效益，是不是需要分层次的影视作品，如基础的中小学影视作品、扩展的中小学影视作品、泛读性的和精看的作品等，使之形成承接性。

第五，我们可以在践行两部委文件精神的基础上，提出一些更好的实施步骤和阶段性目标，由此促发艰巨任务的推进。两三年之内，中小学课堂的影视作品及中小学自身的影视作品的阅读理解都需要推进，显然，无论是步骤、方略、方式方法还是有针对性的实施途径等，都是摆在我们面前的难题。

总之，回到我们的初衷上，要呼应国家的要求，在理论上论证如何来实现这种要求，对于中小学影视作品的理论的认知和寻找什么样的途径实践，则还需要思考大学影视教育工作者能做些什么，如何更好地为基础教育服务等。倡导和践行结合、行动与思考相伴，对于难度很大的影视教育任务进入中小学既要有赖于政府机构作为，也需要专家、学者提出自己的真知灼见，更重要的是要全身心投入和推动；同时也要引起舆论界的关注，号召从大学到中小学一起为影视教育奉献力量。我们已经先行一步试图探索新的路径来引导和服务于基础教育，但还只是走出了第一步，前面路途依然漫长。

二、影视教育对青少年具有的多重意义

人们似乎认为有了两部委文件，细节也就一概清楚了，事实远非如此。在观念认识、对影视意义的真实理解等方面还难以令人满意，所以需要再次加以辨析。

首先，学习影视是适应整个时代发展的需要，影视是视觉艺术的一种聚焦中心，也是现代文明的一种体现。青少年认知影视，能够更快地通过视听聚合掌握认识世界的方法，拓宽视野。无疑，我们的影视工作者面对时代需要必须有开阔的视野，其推荐的好的影视作品，应具有世界的眼光、世界的创造性、世界的设计理念，使学生的影视学习能够直接和生活产生更密切的关联，促发其更为鲜活的认知和创造。北京师范大学在开启影视教育师资培训活动时，首先是以"影像透视时代生活，少年熏染影视文化——贯彻落实两部委文件，强化青少年影视教育精神学术研讨会"来开宗明义的。我们把影像透视时代生活作为应试教育的基本方向，因为影视剧是对生活现实的一种观照。在这样一个时代，中小学生对视觉文化的认知是非常重要的。因此，这个题目还包含另一层含义，即影像应该能够透视时代生活，让人看到丰富多彩的生活和有主流形态的价值观的内容，让青少年在好的影像之中更好地认知生活，更好地认识自己所处时代的特色。应该说，影像天然能够对青少年及其青春生活产生巨大的影响力。但是，影像针对特定的处于生长发育期的青少年而言，具有两重性。严格而言，专门针对青少年的影像作品既不多，也并不好。即便有一些专门为青少年制作的影片，但在内涵和内容上也多存在缺陷。特别在动画类的作品中，不是过于幼稚就是为了迎合市场需要在价值观和审美引导上有不良的倾向。既能够很好地适应当下青少年身心需要又具有非常强烈的时代特色，还能和整个学校教育和人生成长相得益彰的创作少之又少。同时，有些专门为青少年创作的作品也仍然缺少一种高端的提升，不能适应实现国家、民族和价值观认知提升的需要。影像缺乏青少年的喜欢和接受，是现实存在的问题。反过来说，影像作品对青少年而言，不但能更自觉、更容易地触发他们展望生活理想、舒畅身心，还能拓宽他们对世界的认知。所以，影视之于青少年不可缺少，而这正是强化影视教育进校园的最重要的意义。

其次，学习影视也是对生活的多重意义、多方面、复杂情貌的认知。影视是一种直观认识世界的方式。因此，在影视的世界中，不能简单地按照传统的学习方式来延续，要结合年龄特点给予学生观看影视的差别性指南。事实上，影视既然作为更快、更直观透视世界的方法，就应该通过更多、更丰富、更深刻的认知形象，给予学生对复杂生活的呈现和理解。不能简单地套用既往的年龄分组来主观地安排接受对象，影像世界如同一个平行的生活世界，如何让学生在得到保护的同时还能得到对于更开阔的世界的认知，是我们需要解决的问题。他们需要在影视作品里感知生活的复杂性，影视其实既要有牵连却相对隔开现实的预防功能，也要有必要的透过影视以超越性的认知来锤炼学生的功能，这可能更利于他们将来的成长。观看影视作品肯定不是以"温室意义"为妙，犹如孩子不能在温室中纯净成长一样，筛去了生活的无常和丰富性的"教育"，事实上会害了他们，即既往已经在教育上呈现出的过度保护的弊端。

再次，强化助长的辩证法。毋庸置疑，给青少年观赏的影视作品要有更好的思想、更纯正的对于人类文明和积极性的生活观念的灌输。其实，不仅对青少年，对于成年人而言，好的影视作品也会给人以正向的鼓励，引导他们设身处地感受影视作品所反映的生活中的所作所为。因此，他们可以更多地积累从影视作品中感知生活的经验，以及认识影像和生活之间的关系。进一步说，从网络时代的迅速发展来看，新的一代人被称为"网生代"，实际上就是他们直接接触了网络时代，且很好地适应了网络时代的生活，而对于超越年龄段的影像有更强的承受力。如此而论，还简单地、按部就班地、带有拘束性地制定学生观赏影视作品的标准，显然是落伍的认识。对青少年来说，感知面向生活的影视作品，既不能过于复杂，超越他们的认知，也必须给予他们生活复杂性的一种警示。所以，教育绝对不是按部就班的约束，也绝对不是在一个遮蔽的温室之中的一些简单的生活教化。影视作品应给予学生更丰富的启示和警醒，使他们能够接触和承受生活的复杂性。旧的习惯或简单的直线平面覆盖的方式会让学生觉得无趣和反感，因为他们自己所接触的生活远远不是学校的简单生活，也不是家庭所希望和维护的一种单纯的生活。影视作品会是另外一种生活的启示、生活广度的投射，延伸到网络之中的影视生活更是对现实生活丰富多样性的一种演练。让影视承担带有趣味和形象化的扩展生活的责任，来给予学生更多的思想的启迪、更好的人格的锤炼、更积极向上且能够为了人类命运而搏击的承担。

最后，注重审美形象性感受。影视作品不同于一般商品，其适应图像时代并且天然亲近青少年，其观赏感受和一般的阅读不一样，具有声画结合和动感呈现的特点，所以影视是从视觉、听觉到整体的一种审美的感知，能够给人以审美的感受和提升。但我们有理由要求影视作品成为一种精致化的审美文化载体。影视作品应是美好的东西而不是带有污染的东西的负面载体，或者说在表现复杂生活时必须很明确地带有具有感染力的审美趣味和审美追求，能让学生全方位感受如真如幻的现实世界，且认识到德智体美劳的重要性。换句话说，影视作品要让学生容易接受并感同身受，要让学生真正感受到真善美所具有的动人魅力。

三、青少年影视接受的若干基础概念

一是关于青少年影视接受的基础问题，即青少年影视教育包含什么？是简单地观赏影视作品，还是有更多的内涵？这些概念既要触及中小学影视教育和青少年影视教育之间的关系，也要分析影视教育的影视所指，以及我们对这两个概念的梳理。

一般而言，中小学影视、戏剧的教育似乎只针对在校的中小学生，但其实不妨扩展其范围。中小学阶段的影视教育还涉及校外的影视教育类的培训班，以及媒介的相关教育。这样的辨别并不是锱铢必较，实际上包含扩展的认识，即针对青少年或者是中小学生的影视教育的途径其实是不一样的。比如，针对中小学生可以接受的影视作品，每年已经有相关国家机构发布的作品指南，即告知中小学生可以阅看和不可以阅看的影视作品的指南。但是放大到社会的影视教育，从影视表演、朗诵到播音主持，甚至影视评论等培训班的教育，却未必局限于推荐作品范畴，学生接受影视作

品的范围及途径更为多样、广泛。所以必须认识到，对于这个年龄段学生进行的影视教育，既有学校正规途径所规范的一些教育（必然受到一些限制），也有社会层面的教育（可能超越指定的范畴）。需要注意，对整个中小学年龄阶段的孩子而言，无论是学校教育还是社会层面的教育都要包括在青少年影视教育范畴。

　　二是扩展的影视视听素养教育。影视到底包括什么？简单而言，似乎就是电影和电视剧。但应注意，对于这样一个年龄段的学生来说，影视是一个符号，它包括放映的电影、不同媒介所出现的电视剧及网络媒体上所呈现的影音作品。这就意味着影视的范围不但包含单纯的电影和电视剧，自由无拘和各种途径能看到的具备多样性形态的视频也不可忽视。同时，很多时候，中小学生在网络媒体、移动手机媒体（比如抖音、快手，还有其他的诸如此类以影像声音为呈现方式的媒体平台）上所看到的视频作品铺天盖地而来，也具有无形的诱惑力。综合性的影视教育当然应归之于媒介素养的教育，而以影视来概括的这个媒介的多样性教育必须有主动的意识，否则只将影视限于电影、电视剧教育就会显得孤立，缺乏对学生有针对性的引导。笔者想说的是，当下面对青少年的影视教育是一个大概念，因为人们已经进入了视觉时代，无论是成年人还是未成年人，阅读方式已经发生相当大的变化。2019年4月中国新闻出版研究院发布的《第十六次全国国民阅读调查报告》显示，2018年，0~17周岁未成年人的图书阅读率为80.4%，低于2017年的84.8%，而其中0~8周岁的儿童图书阅读率为68%，低于前一年的75.8%。14~17周岁的青少年图书阅读率为86.4%，低于前一年的90.4%。而2019年公布的网络发展数据显示，到2019年6月，中国的网民规模达到8.54亿，手机网民8.47亿，所占的比例达到98.6%。网民中使用手机上网人群的占比由2018年的98.6%提升至99.1%。截至2019年6月，网络直播、网络音乐、网络视频等应用的用户规模半年增长均超过3000万人，在线教育用户规模达2.32亿。无论是成年人还是未成年人，移动互联网的阅读，包括影像视听作品的比率有了非常高的提升，这都是一个不争的事实。时代变化迅疾，影像概念的扩展更不可忽视，要高度重视时代带来的在互联网上包括影像作品的阅读日渐影响人心的趋向，并要解决越来越需要去引导、指导乃至于管控的问题。毕竟我们已经看到越来越多的人在忧虑包括抖音等在内的短视频对人们的影响力，最新的研究提及，近四成的大学生每天会花费两小时关注网红，这不能不引起我们思考。

归结起来就是对青少年的影视教育，其实应该放大到更大范围的影视、音频作品素养的教育。否则，我们会因为文件所规定的一个具体对象，而忽略将来一定会遇到的如何辨别网络所承载的影像作品（包括短视频等）对青少年成长的影响力。提高中小学生视听感知的素养已经迫在眉睫。

三是需要反思取舍影像作品的难题。上述问题的思考焦点在于既要有学校正规推荐的影视作品，又要有更大的视野看到青少年是通过不同途径接触影像作品的现实，否则影视教育的效果就会大打折扣。没有主流的推荐固然不对，但是不把影视放在更大的互联网环境看待，就可能忽略影视教育还有一个更大的存在空间。给青少年什么样的影像作品是一个值得我们思考的难题。

问题在于，如果我们还一直处在所谓的符合青少年身心发展特点的简单化认知阶段，而不是着眼于青少年能够成长向上，以及触及应该引导而有待去辨析的高端平台的认知上，推荐的作品就会遭遇问题：一方面，学生通过不同途径接触到各式各样的复杂的影像，犹如游戏一样天然地会被喜欢；另一方面，对比之下，被推荐的所谓纯正的、符合身心需要的作品就显然势单力孤，难以抗衡。这里的关键就是既应该给予青少年更多样化的观看可能，又应有主流价值观在其中起引导作用，让他们透过影视去经受摔打，获取更高的思辨因素，给予他们不仅是臆想中的青少年知晓和接受的这一传统观念指定的对象。如果不突破这个关口，青少年影视教育的效果、情感接受和能起到的作用都会大打折扣。教育观的问题在于如何符合青少年身心特点，青少年处于人生的成长阶段，成长要经历挫折，成长要向前走，要通过自己的阅历去判别。当然，这样思辨地选择影像作品的难度其实更高，但我们要信任教师对于多样性作品的引导作用，同时，我们更应该相信丰富性和成长性是可能统一的，影视教育一定会越来越好。

回到现实，谁来承担青少年影像作品的指导责任？时间紧迫，在影视教育体制尚不健全、影视教育师资严重缺乏、影视的价值和意义并没有得到乡村教育高度认同、影视教育教材和教学方法都没有完善的背景下，一步步推进解决是时不我待的任务。

首先，在我们的观念中，应有教材和引导性教材，引导性应该更多地触及能给予指导的教师，使其获得更大的提升和专业化的指导。同时，推荐的作品不应该限于简单地推荐，而应选取人类文明之中最重要的又适合青少年欣赏的作品。

其次，要能够引导青少年看到影像作品中多样的艺术内容，艺术和审美毕竟是要给予青少年思想和道德哺育的真正重要的要素。要相信人类的基因之中，对美好事物的本能接受是恒定的。无论教化与否，亲近感和精神情感的需要有其自然的内涵价值。而教师在讲授这些作品的时候，也自然会把自己的情感给带进去。这就是问题的关键。

最后，不要仅限于教科书，社会的教育、网络上的影像视听作品，以及相关的现代教育手段的引导和指引必须建立体系，而这是当下极其缺乏的。在校园之内看的作品有限，而校园之外供成年人观看的作品既丰富多彩又亟待引导，网络上的影像又没有被列入计划之内，师资的缺乏一时半会儿得不到解决。于是，影视教育应借助社会力量，为青少年提供带有主流价值观的、有更好引导性的影像作品，让青少年接受正规的、向善的引导。

作者：北京师范大学　周星